© Editora Mundaréu, 2024 (esta edição e tradução)
© María Moreno, 2018
© Penguin Random House Grupo Editorial S.A., 2023

Título original *Oración*

COORDENAÇÃO EDITORIAL Michel Sapir Landa
PROJETO GRÁFICO DA COLEÇÃO Bloco Gráfico
ASSISTENTE DE DESIGN Lívia Takemura
PREPARAÇÃO Silvia Massimini Felix
REVISÃO Vinicius Barbosa

CAPA fotografia de autoria de Lilia Ferreyra. A editora coloca-se desde já à disposição de eventuais herdeiros e/ou detentores de direitos sobre a fotografia para a concessão dos devidos créditos em futuras edições.

DEDICATÓRIA "... *esta noche toco yo*" é uma citação do tango "Pa que bailen los muchachos" (1942), de Aníbal Troilo e Enrique Cadícamo.

Edição conforme o Acordo Ortográfico da Língua Portuguesa (1990)

Dados Internacionais de Catalogação na Publicação [CIP]
Aline Graziele Benitez – Bibliotecária – CRB-1/3129

Moreno, María
    Oração: carta a Vicki e outras elegias políticas / María Moreno; tradução de Sérgio Molina. – São Paulo: Editora Mundaréu, 2024.
    ISBN 978-65-87955-24-7
    Título original: Oración: carta a Vicki y otras elegías políticas.

1. Jornalismo – Argentina 2. Política e literatura – Argentina
3. Walsh, Rodolfo J., 1927-1977 I. Título.

24-212079   CDD 070.92

Índices para catálogo sistemático:
1. Jornalistas: Biografia e obra 070.92

Obra editada no âmbito do Programa Sur de Apoio às Traduções do Ministério das Relações Exteriores, Comércio Internacional e Culto da República Argentina. *Obra editada en el marco del Programa Sur de Apoyo a las Traducciones del Ministerio de Relaciones Exteriores, Comercio Internacional y Culto de la República Argentina*

Programa Sur

2024
Todos os direitos desta edição reservados à
EDITORA MUNDARÉU LTDA.
São Paulo – SP

María Moreno

Oração

Carta a Vicki e outras elegias políticas

tradução de
Sérgio Molina

- 15 **DIÁRIO DE BORDO**
- 17 Carta a Vicki
- 19 Carta aos meus amigos
- 23 VI A CENA COM SEUS OLHOS

- 27 **DA VOZ DO SANGUE AO SANGUE DERRAMADO**
- 29 Pôr a filha
- 33 Édipo, Antígona, Ismene relidos
- 39 ESSE CORPO NÃO CHEGOU VIVO ÀS MÃOS DOS SEUS INIMIGOS
- 41 A revolução entre irmãs
- 49 Vinte anos depois
- 57 Cartas
- 77 O romance da ação
- 83 ELA SE MATA OU SE DEIXA MATAR
- 91 Política do número
- 103 Chamar-se Walsh
- 117 NÃO FORAM SUAS PALAVRAS, ENTÃO

- 119 **NOTA DE RODAPÉ**

- 133 **H.I.J.A.S. FILHAS DA LÍNGUA**
- 135 EU ESTAVA DORMINDO NO QUARTO DO TERRAÇO QUANDO ESCUTEI O TIROTEIO
- 139 Mães cativas
- 149 MINHA IRMÃ SE SUICIDOU, MAS NA VERDADE A MATARAM
- 153 O legado do desejo
- 157 Política capilar
- 173 O jogo das diferenças
- 181 Filha em rede
- 189 Ossos
- 197 Coisinhas deles

203 EU MESMA, NA VÉSPERA DO QUE ACONTECEU NA RUA CORRO, TINHA IDO BUSCAR A MENINA
209 Minhas coisinhas
211 *Escrache* viralizado
213 Pais sem fio
217 As sabinas

223 **DO SANGUE DERRAMADO AO SANGUE AZUL**
225 Sangue plebeu
233 O choque e o reino
239 O PAI É O HOMEM DOS MAPAS
243 Nobreza

251 **29 DE SETEMBRO DE 1976**
255 Patricia Walsh
265 Lucy Gómez de Mainer
273 Maricel Mainer
279 Juan Cristóbal Mainer
283 Stella Maris Gómez de García del Corro

287 **AS SIMETRIAS ASSIMÉTRICAS**
289 Com ela até a morte
301 Fogo
309 A CASA DA RUA CORRO 105 É UMA CASA FEIA
311 Dar-se à morte
317 Verdade da ficção
319 De dormir a morrer
323 OS TIROS DE BAZUCA FORAM SEGUIDOS DE UM LONGO SILÊNCIO

326 **LEITURAS**

327 **OBRIGADA**

Para
Graciela Camino
Silvia Catalá
Noemí Ciollaro
Lila Pastoriza

In memoriam
Ana Amado e Lilia Ferreyra:

"... *esta noche toco yo*"

Em 2002, ganhei a bolsa Guggenheim para escrever sobre a moral sexual nas organizações revolucionárias argentinas dos anos 1970. Não escrevi aquele livro: escrevi este aqui.

As mulheres exibiam uma enorme liberalidade sexual, eram más donas de casa, más mães, más esposas e particularmente cruéis. Na relação de casal, eram dominantes e tendiam a se envolver com homens mais novos do que elas, para manipulá-los. O estereótipo construído correspondia perfeitamente à descrição feita por um suboficial chileno, egresso da Escola das Américas, assim como muitos militares argentinos: "[...] a mulher guerrilheira era muito perigosa; [os instrutores da Escola] sempre insistiam nisso, em que as mulheres eram extremamente perigosas. Sempre apaixonadas e prostitutas, e procurando homens".

— PILAR CALVEIRO, *Poder y desaparición: los campos de concentración en Argentina*

Pouco depois do golpe de Estado de 1976, em plena orgia do horror dos sequestros e desaparecimentos, a repressão capturou as três filhas pré-adolescentes de Santucho, com a cunhada, numa casa da Grande Buenos Aires. À cabeceira da mesa do Birô Político, ele presidia aquela que talvez fosse a sessão mais difícil da sua vida. [...] Lá estava o pai confrontado ao comandante Santucho, em silêncio, o olhar fixo naquele intervalo entre a profundidade e a fuga que eu pensava captar. Ele olhava para todos nós e parecia não enxergar ninguém. Seu rosto não dizia nada. Era a tensão extrema entre o pai e o chefe, e talvez como nunca antes saltava aos olhos sua estatura de chefe, aquilo que o diferenciava. Eu tentava entrar nele, para ajudar, mas era insondável. Apenas as alterações nos tons morenos do seu rosto davam algum indício do que se passava na sua alma. Tons? Não exatamente: mais do que a cor, era talvez a textura da pele. Emanava aquele imponderável do mármore esculpido por Rodin, como se a pele já não pudesse conter a energia do corpo e uma tristeza imensa não encontrasse nem sequer o consolo da enxurrada de lágrimas.

    E eu pensava perceber tudo isso naquela espécie de ponto intermediário do seu olhar entre a profundidade e a fuga. E hoje vejo algo que não entendi naquele momento: que aquele é que era o Santucho por quem dávamos a vida sem hesitar. Não o sujeito todo-poderoso, mas o que conseguia agir apesar de tudo.

— LUIS MATTINI, "Reencuentro con Mario Roberto Santucho", *La Fogata*, 19 de julho de 2001

DIÁRIO DE BORDO

CARTA A VICKI
POR RODOLFO WALSH

1º de outubro de 1976
Querida Vicki. Recebi a notícia da tua morte hoje às três horas da tarde. Estávamos em reunião... quando começaram a transmitir o comunicado. Escutei o teu nome, mal pronunciado, e demorei um segundo em assimilá-lo. Comecei a me benzer maquinalmente, como quando era criança. Não completei o gesto. O mundo ficou parado nesse segundo. Depois eu disse para Mariana e Pablo: "Era minha filha". Suspendi a reunião.

Estou aturdido. Muitas vezes temi por isso. Pensava que era sorte demais não ser golpeado, quando tantos outros são golpeados. Sim, tive medo por você, como você teve medo por mim, mesmo sem dizermos um ao outro. Agora o medo é aflição. Sei muito bem por que coisas você viveu e combateu. Estou orgulhoso dessas coisas. Eu te amei, você me amou. No dia em que te mataram, você acabava de fazer 26 anos. Os últimos foram muito duros para você. Gostaria de te ver sorrir mais uma vez.

Não vou poder me despedir, você sabe por quê. Nós morremos perseguidos, na escuridão. O verdadeiro cemitério é a memória. É aí que eu te guardo, te embalo, te celebro e talvez te inveje, minha querida.

5 de outubro. Falei com tua mãe. Ela está orgulhosa na sua dor, certa de ter entendido tua curta, dura, maravilhosa vida.

Ontem tive um pesadelo torrencial, com uma coluna de fogo, poderosa mas contida nos seus limites, que brotava de alguma profundeza.

Hoje no trem um homem dizia: "Estou sofrendo muito. Queria me deitar para dormir e só acordar daqui a um ano". Falava por ele, mas também por mim.

13 de outubro. (Carta a Emiliano Costa, genro de Rodolfo Walsh, então detido.)

Emiliano: Quando Vicki morreu, a menina ficou nas mãos do Exército. Depois a entregaram ao teu pai. Vicki queria que ela ficasse conosco. Hoje isso não parece possível sem desencadear um conflito familiar com consequências difíceis de calcular. Por isso estamos propondo ao teu pai um acordo que, sem alterar essa situação de fato, reconheça aos familiares da Vicki, que antes da sua morte mais conviviam com a menina — e portanto mais se afeiçoaram —, o direito de vê-la e ficar com ela dois dias por semana. Eu garanto o cumprimento desse acordo. Assim, o pai poderia ver a menina regularmente, a memória que ela tem da mãe não seria apagada e aqueles que a amam poderiam continuar a vê-la. Como, por um lado, temo que tua família possa opor reparos e, por outro, entendo que tua opinião é a que pode pesar mais na solução do problema, escrevo para pedir teu apoio nessa proposta. De resto, eu te acompanho na tua dor como sei que você me acompanha na minha. Envio esta carta em duas vias. Uma delas é para o teu pai, que está autorizado a lê-la. Espero tua resposta. Um abraço. CAPITÃO

CARTA AOS MEUS AMIGOS
POR RODOLFO WALSH

29 de dezembro de 1976
Hoje se completam três meses da morte da minha filha, María Victoria, depois de um combate com forças do Exército. Sei que a maioria dos que a conheceram choraram por ela. Outros, que são amigos ou conhecidos distantes, gostariam de ter me enviado uma palavra de consolo. Eu me dirijo a eles para agradecer, mas também para explicar como Vicki morreu e por que ela morreu.

O comunicado do Exército publicado nos jornais, desta vez, não difere muito do ocorrido. De fato, Vicki era 2º oficial da organização Montoneros, responsável pela imprensa sindical, e seu nome de guerra era Hilda. De fato, naquele dia estava reunida com quatro membros da Secretaria Política, que combateram e morreram com ela.

Não sei os detalhes da sua entrada nos Montoneros. Aos 22 anos, idade que ela devia ter ao entrar na organização, já se destacava pelas decisões firmes e claras. Por essa época começou a trabalhar no jornal *La Opinión* e em pouco tempo se tornou jornalista. O jornalismo em si não lhe interessava. Foi eleita delegada sindical pelos colegas. Nessa função teve de enfrentar, num conflito difícil, o diretor do jornal, Jacobo Timerman, que ela desprezava profundamente. O conflito se complicou, e, quando Timerman começou a denunciar seus próprios jornalistas como guerrilheiros, ela pediu uma licença e não voltou mais.

Começou a militar numa *villa miseria*. Foi seu primeiro contato com a pobreza extrema em nome da qual combatia. Saiu dessa experiência convertida a um ascetismo que impressionava. O marido, Emiliano Costa, foi detido no início de 1975, e ela nunca mais o viu. A filha dos dois nasceu pouco depois. O último ano da minha filha foi muito duro. O senso do dever a levou a renunciar a toda gratificação individual, a se empenhar muito além das suas forças físicas. Assim como tantos rapazes que de repente viraram adultos, viveu aos solavancos, fugindo de casa em casa. Nunca se queixava. Só seu sorriso esmorecia um pouco. Nas últimas semanas, vários dos seus companheiros foram mortos; não pôde parar e chorar por eles, por causa de uma terrível urgência em criar meios de comunicação na frente sindical, que era sua responsabilidade. Nós nos víamos uma vez por semana; a cada quinze dias. Eram encontros curtos, caminhando pela rua, às vezes dez minutos no banco de uma praça. Fazíamos planos de morar juntos, ter uma casa onde conversar, recordar, ficarmos juntos em silêncio. Pressentíamos, no entanto, que isso não ocorreria, que um daqueles encontros fugazes seria o último, e nos despedíamos simulando coragem, consolando-nos da perda antecipada.

Minha filha estava disposta a não se entregar com vida. Era uma decisão amadurecida, refletida. Ela sabia, por uma infinidade de testemunhos, o trato que os militares e marinheiros dispensam a quem tem a desgraça de cair prisioneiro: o esfolamento em vida, a mutilação de membros, a tortura sem limites no tempo e no método, que tenta ao mesmo tempo a degradação moral e a delação. Ela sabia perfeitamente que, numa guerra com essas características, o pecado não era falar, e sim cair. Levava sempre com ela uma cápsula de cianureto — a mesma com que nosso amigo Paco Urondo se matou —, com a que tantos outros conseguiram uma última vitória contra a barbárie.

Em 28 de setembro, quando ela entrou na casa da rua Corro, estava completando 26 anos. Levava a filha no colo, porque na última hora não teve com quem deixar a menina. Foi se deitar com ela, de camisola. Usava umas absurdas camisolas brancas, sempre muito folgadas.

Às sete da manhã do dia 29, foi acordada pelos megafones do Exército, pelos primeiros tiros. Conforme o plano de defesa estipulado, subiu no terraço com o secretário político Molina, enquanto Coronel, Salame e Beltrán respondiam ao fogo no térreo. Vi a cena com seus olhos: o terraço sobre as casas baixas, o céu amanhecendo, o cerco. Um cerco de 150 homens, os FAP[1] posicionados, o tanque. Recebi o testemunho de um desses homens, um recruta.

"O combate durou mais de uma hora e meia. Um homem e uma moça atiravam de cima. A moça nos chamou a atenção, pois cada vez que disparava uma rajada e a gente se jogava no chão, ela dava risada."

Tentei entender essa risada. A submetralhadora era uma Halcón, e minha filha nunca tinha atirado com ela, embora tivesse aprendido a operá-la nas aulas de instrução. As coisas novas, surpreendentes, sempre a fizeram rir. Sem dúvida era novo e surpreendente para ela que, com uma simples pressão do dedo, brotasse uma rajada e que essa rajada fizesse 150 homens mergulharem nos paralelepípedos, a começar pelo coronel Roualdes, chefe da operação.

Os caminhões e o tanque receberam o reforço de um helicóptero, que girava em torno do terraço, contido pelos tiros. "De repente", diz o soldado, "houve um silêncio. Ela largou a metralhadora, subiu no parapeito e abriu os braços. Paramos de atirar sem receber a ordem de ninguém e pudemos ver bem a moça. Era magrinha, tinha o cabelo curto e estava de camisola. Começou a falar em voz alta, mas muito tranquila. Não me lembro de tudo o que ela disse. Mas me lembro da última frase; na verdade, não me deixa dormir. 'Vocês não nos matam', disse, 'nós é que escolhemos morrer.' Aí ela e o homem apontaram uma pistola pra cabeça e se mataram na frente de todos nós."

Embaixo já não havia resistência. O coronel abriu a porta e lançou uma granada. Depois entraram os oficiais. Encontra-

---

1 Fuzis Automáticos Pesados. [N.T.]

ram uma bebê de pouco mais de um ano, sentadinha numa cama, e cinco cadáveres.

De lá para cá, tenho refletido sobre essa morte. Eu me perguntei se minha filha, se todos os que morrerem como ela, tinham outro caminho. A resposta sai do fundo do meu coração e quero que meus amigos a conheçam. Vicki podia ter escolhido outros caminhos, que eram diferentes sem serem desonrosos, mas o que ela escolheu era o mais justo, o mais generoso, o mais racional. Sua lúcida morte é uma síntese da sua curta, bela vida. Não viveu para ela, viveu para os outros, e esses outros são milhões.

Sua morte, sim, sua morte foi gloriosamente dela, e nesse orgulho me afirmo e sou quem dela renasce.

É isso que eu queria dizer aos meus amigos e o que desejaria que eles transmitissem a outros pelos meios que sua bondade ditar.

VI A CENA COM SEUS OLHOS: o terraço sobre as casas baixas, o céu amanhecendo e o cerco. O cerco de 150 homens, os FAP posicionados, o tanque. Mas eu não a vi, eu a li. E a recitei como uma oração. Por ela, a moça. A de olhar claro, cabelo curto, a que apareceu nos jornais, dizia a canção.

Lembro dos seus traços vietnamitas, como se a anatomia, por conta própria, tivesse tentado encarnar um ideal, uma causa, e a tivesse xerocado, dando a ela um rosto que podia parecer mestiço — era escura, forte e esguia, aquela cabeleira sacrificada —, mas que era também irlandês, embora nessa genética tivessem se perdido os olhos azuis do pai. Essa mulher não é "Essa mulher", um butim, um monumento escondido, um símbolo ou um álibi. Mas não consigo parar de lembrar dela, de pensar no seu último gesto. Se matar. Fazer isso diante de um exército. Antecipar a jogada para não se entregar viva. Na sua glória.

Eu não a conhecia pessoalmente. E, se a tivesse conhecido, penso agora, ela teria me desprezado. Cheguei a vê-la em alguma mesa do bar El Pulpito, na esquina do jornal onde eu trabalhava. Acho que nunca ouvi sua voz em meio às outras — a de um jornalista-estrela que intercambiava informações aos brados com um membro da SIDE,[2] decidido a dar o nome de não sei quem em troca de que não se publicasse não sei o quê; um cronista policial que anunciava um furo como quem saca um ás na jogatina; dois redatores de jornais rivais contando

---

2 Secretaría de Inteligencia del Estado, hoje Secretaría de Inteligencia (SI), órgão que durante a ditadura de 1976-83 atuou subordinado ao Exército, aplicando a política de extermínio instaurada pelas forças golpistas. [N.T.]

piadas misóginas, negociando assim suas tensões cotidianas em torno de uma manchete.

 Sempre tive medo dela. Fomos apresentadas fugazmente na penumbra de um teatro. Não sorriu — já não tinha tempo para nenhum protocolo, nenhum beijinho burguês de cumprimento convencional. Olhou para algo atrás de mim, não a retive — poderia ter retido, tínhamos tanta coisa em comum, nomes de jornalistas, redações, a peça encenada, que não recordo, mas que ela já tinha visto (estava de saída).

 — A gente poderia dizer — diz Alejandro, o legista — "morreu em consequência de um disparo de arma de fogo realizado com o cano encostado". Se foi ela mesma que o encostou, o companheiro que estava ao seu lado ou um milico, isso eu não posso dizer.
 — No peito?
 — Não, no parietal.
 — Mas os milicos estavam nos terraços. Não teriam chegado até a casa...
 — Há uma versão de que ela e o companheiro se abraçaram e atiraram um no outro. E eu diria que a arma não era militar.
 — Isso reforça a hipótese do suicídio.
 —Totalmente. E quando o tiro é dado com o cano encostado, a arma deixa um anel de pólvora. Não adianta escovar o crânio, que não sai. Esse anel ninguém apaga.

Tinha o apelido de "Cabeçuda", como eu — lembro que nessa época se usavam as capelinas, e quando eu fui comprar uma, a balconista da chapelaria foi esvaziando a prateleira, e só a última coube na minha cabeça, e a moça dava risada —, mas não era por isso que eu me identificava com ela. Eu queria ser jornalista, mas não me atrevia a pensar nisso. Aos 23 anos, Vicki Walsh já escrevia na revista *Primera Plana*. Impossível igualar esse prodígio. Procurei na sua prosa precisa e fresca algo para criticar. Não encontrei. Evitei a justificativa presunçosa: "Mas também, com esse pai...".

A julgar pelas fotografias em que ela posava com expressão séria contra um fundo de paisagem provinciano — a chefia da revista lhe confiava coberturas fora da cidade —, era bonita.

No fim de 77, nas rodas de jornalistas que resistiam acuados na imprensa sob censura, já abalada pela prática do assassinato e do desaparecimento — a cada ano os nomes se encadeavam mais rápido: Pedro Barraza, Jorge Money, Ernesto Fossati, Luis Guagnini... —, comentava-se que Vicki Walsh se suicidara durante um confronto. No jornal *La Opinión*, a notícia do aniquilamento de um grupo de militantes montoneros numa casa da rua Corro tinha saído na primeira página e merecido uma página interna dupla, mas não se falava em suicídio. Rumores desse tipo se naturalizavam até a ausência de qualquer gesto de rebelião — a paranoia se desatava a portas fechadas —, circulando na surdina, mas se tratava da atonia do terror.

Depois, apagão, anestesia, hiato. Quando li "Carta a Vicki" pela primeira vez (na verdade, não é uma carta, depois do seu nome há um ponto e não dois, mas resolvi chamá-la como todos a chamam) e "Carta aos meus amigos", tive um choque. Nas duas, uma crônica de minuciosidade implacável, um réquiem com detalhes horários em que se agitavam imagens cristãs, dados jornalísticos e apólogos militantes para a construção de uma heroína que decidira ser dona da sua morte.

Imagino que tenha ocorrido algo assim como um retorno do recalcado — não é o caso de corrigir a vulgata. Na época eu era secretária de redação do jornal *Tiempo Argentino*: dizer que com a volta da democracia meu estilo atingira um preço razoável no mercado da abertura é mais correto do que supor que eu tinha emergido das trevas da censura através da minha participação em alguma forma de resistência.

"Carta a Vicki" e "Carta aos meus amigos" me remeteram a outras páginas em que a experiência vivida mesclava o informe clandestino com a pedagogia da catástrofe, o testemunho com a ficção, esse gênero que a épica revolucionária proscreveu sem nunca abandonar.

Quis escrever. Pensei que, se não o fizesse, não conseguiria escrever mais nada. Demorei, desisti, voltei a tentar. Hesitei. Até que o prazo que tinha dado a mim mesma venceu: já tenho idade para morrer. E então, às pressas, terminei o que eu me impusera como uma dívida. As idas e vindas saltam aos olhos nas mudanças bruscas de registro, nas vozes que se sucedem — às vezes demandantes, imperiosas; às vezes de uma desolada lucidez —, no estilo, temeroso dos dados políticos recém-adquiridos, com medo de cometer erros crassos em pontos cuja seriedade exige do neófito uma cautela respeitosa e grandes escrúpulos. Quis usar a diagramação e os estilos tipográficos ao meu favor, obrigá-los a se engajar: escolhi destacar as palavras do inimigo em itálico com uma fonte diferenciada; o depoimento dos sobreviventes, completos, num capítulo à parte; as entrevistas, quase sempre destinadas ao relato oral; as notas, no mesmo corpo que o texto principal e como parte dele. Que a repetição, a densidade, o avanço penoso fossem para a leitura, como fora para a escrita, uma das formas da oração.

DA VOZ DO SANGUE
AO SANGUE DERRAMADO

PÔR A FILHA

Talvez por causa dos publicitários olhos verdes de "Tania" na Sierra Maestra e da suspeita de que em cada Vênus de faculdade portenha havia um *quadro* capaz de manejar com destreza uma submetralhadora, nos anos 70 a guerrilheira havia sido transformada numa figura mítica (na verdade, ao dizer "guerrilheira" falava-se de militantes políticas com diferentes níveis de compromisso na luta armada). Daniel Viglietti cantava a personagem um tanto embasbacado, com uma forte carga de erotismo, mesmo que a imaginação popular, colada à ideia de risco, ainda não a tivesse associado a uma dimensão trágica, e sim às sagas de donzelas guerreiras do romanceiro velho: "*la muchacha de mirada clara/ cabello corto/ la que salió en los diarios/ no sé su nombre [...]/ pero la nombro: primavera./ Estudiante que faltaba a clase/ yo la recuerdo/ la que dijo la radio/ dijo su sombra [...]/ pero la veo: compañera*".[3] Podia ser Vicki Walsh, pelo corte do cabelo, por ter saído nos jornais e noticiada no rádio, por ser a que deixou uma sombra, a companheira. Mas nada mais longe desses versos acompanhados por um módico violão do que o retrato que Rodolfo Walsh faz da sua filha Vicki, pouco depois da sua morte em combate: é de uma precisão impressionante, como se buscasse mais a visada científica do que o impacto da retórica para dar conta de uma *verdade em detalhes*. Ele a fixa em dois textos: um, "Carta a Vicki", escrito quando a destinatária já estava morta, e outro, "Carta aos meus amigos", escrito para

---

[3] A moça de olhar claro/ cabelo curto/ a que apareceu nos jornais/ não sei o seu nome [...]/ mas eu a chamo: primavera./ A estudante que faltava às aulas/ eu a recordo/ a que o rádio disse/ disse sua sombra [...]/ mas eu a vejo: companheira. [N.T.]

seus companheiros de militância, que ele traduz em "amigos" talvez no sentido político-militar de que existem amigos e inimigos. "Carta a Vicki" estava entre os papéis apreendidos pelo Grupo de Tarefas da Escola de Mecânica da Marinha (Esma, na sigla em castelhano), que revistou e saqueou a casa do escritor em San Vicente [na província de Buenos Aires]. Uma sobrevivente do cativeiro, Lila Pastoriza, viu a carta quando estava no centro de operações da Esma e arrancou essas páginas, que mais tarde entregou à viúva de Walsh, Lilia Ferreyra. Consta de três partes onde se registra o dia em que foram escritas, marcando as sucessivas distâncias cronológicas do evento trágico. Nessas pausas pode-se suspeitar o espaço tomado pela dor e no qual a ferramenta familiar — a escrita — parece tornar-se impotente, mas constante. "Carta a Vicki", lida *en pendant* com "Carta aos meus amigos", torna-se, apesar de ter ficado oculta entre papéis pessoais, uma *carta aberta*, a exemplo das mais excelsas peças do gênero, como "Moi, l'intellectuel", na qual Drieu La Rochelle explica seu iminente suicídio aos membros da Resistência francesa que iriam julgá-lo, num movimento retórico que equivale a dizer "eu me mato para me adiantar aos seus planos e zombo de vocês eludindo suas injúrias na minha dignidade e desprezo final", e *Viva a morte*, de Fernando Arrabal, que incrimina o caudilho Francisco Franco através de um romance familiar desfigurado em miniatura política de uma Espanha subjugada.

"Carta aos meus amigos", que foi distribuída entre os exilados três meses depois da morte de Vicki, tem o tom de uma antecipação aos fatos; neste caso, os fatos da interpretação, e até se pode dizer que é *uma ordem de interpretação*. No seu ascetismo, o texto constrói um pai personagem que se recupera e se assume como autor, sem o registro de pausas e horários que escandem "Carta a Vicki", mas que, aparentemente escrito de uma sentada, traz as marcas dessa *superação* como mais uma vitória sobre o inimigo — Walsh imaginava a máquina de escrever como uma arma. Ele escreve, como sempre, para desbaratar os planos de silenciá-lo, mas também com a necessidade peremptória — agora tristemente livre das exigências do fechamento da edição, como seria se escrevesse para uma revista ou um jornal — de incluir a filha em um *quem é quem* de sinal radicalmente oposto do original, que faz o catálogo dos privilegiados: "Começou a militar numa *villa miseria*. Foi seu primeiro contato com a pobreza extrema em nome da qual combatia. Saiu dessa experiência convertida a um ascetismo que impressionava. Seu marido, Emiliano Costa, foi detido no início de 1975, e ela nunca mais o viu. A filha dos dois nasceu pouco depois. O último ano da minha filha foi muito duro. O senso do dever a levou a renunciar a toda gratificação individual, a se empenhar muito além das suas forças físicas. Assim como tantos rapazes que de repente viraram adultos, viveu aos solavancos, fugindo de casa em casa. Nunca se queixava. Só seu sorriso esmorecia um pouco. Nas últimas semanas, vários dos seus companheiros foram mortos; não pôde parar e chorar por eles [...]". Deve-se ler em voz alta esse encômio biográfico, a enumeração que busca uma síntese de imagens capaz de decompor em muitos outros o verbo "militar", verbo matreiro que define a ação contra um inimigo, que na sua forma substantiva é a mesma palavra (militar): "pobreza extrema em nome da qual combatia", "senso do dever", "renunciar a toda gratificação", "não se queixava". É um modo de dizer que a vida que Vicki tirou já não lhe pertencia e que agora, quando era uma companheira morta, não havia tempo para chorar por ela. Era escrever ou morrer.

ÉDIPO, ANTÍGONA, ISMENE RELIDOS

Ao usar a palavra "rapazes" [*muchachos*], Walsh deseja não estabelecer diferenças de gênero num momento em que a igualdade é fatalmente obtida na tortura ou na morte, mesmo quando não efetivada no interior das organizações armadas. Mas a escolha do substantivo revela mais: Walsh desejaria ter filhos homens, mas concedia que as mulheres pudessem ser *iguais em tarefas masculinas*.

Patricia Walsh, numa entrevista para a revista *La Maga*, em março de 1995, recorda sua infância e a da irmã Vicki numa ilha no Tigre, numa casa chamada "Loreley", e depois em outra, chamada "Liberación". Na sua memória, as brincadeiras e jogos propostos pelo pai provam que as meninas são não apenas *iguais aos meninos*, mas também *iguais entre si*: olhar o céu no atracadouro e registrar as constelações; pescar e caçar numa simulação de pobreza e princípio do mundo; e, uma mais ousada, provar a credibilidade da telepatia pensando numa palavra que ele adivinharia graças a uma concentração treinada com a leitura de recentes experimentos russos, como o do engenheiro Vladimir Fidelman, do departamento de Bioinformação do Instituto Popov de Moscou. Fossem ou não verdadeiras certas histórias sobre Walsh, ou reconstruídas à luz de revelações posteriores, demonstram seu pendor pela decifração; como fizera em Cuba, quando interpretou, baseando-se num manual de criptografia recreativa, um despacho de tráfego comercial da agência Tropical Cable que lhe permitiu situar em Retalhuleu, na Guatemala, o local onde os Estados Unidos treinavam forças mercenárias para invadir a ilha por Playa Girón.

Vicki escreveu no seu diário íntimo que entre a irmã, a mãe, o pai e ela havia uma relação que chamou de tácita: quando se encontravam, depois de meia hora juntos, ou até antes, logo explodia o conflito, ao ponto de (segundo sua conclusão) não constituírem uma família, e sim um grupo de indivíduos capazes de lutar seriamente pela vida arriscando-a dia após dia. Claro que isso do seu ponto de vista, ressalvava.

Na entrevista a *La Maga*, Patricia afirma que sua família era formada por pessoas parecidas, com imensas diferenças políticas, que discutiam aos gritos, longe de toda etiqueta da burguesia ilustrada, sem que ninguém cedesse até o murro na mesa, o arremesso de guardanapos, a saída precipitada que faz a louça estremecer, sem medo do olhar dos outros. Na época em que Vicki e Rodolfo Walsh militavam nos Montoneros, a ortodoxia da Associação Psicanalítica Argentina (APA) afirmava com simplismo que muitos jovens abraçavam a luta armada levados por uma equação edípica mal resolvida com os pais militares, ou como uma passagem ao ato feita em nome de pais que transmitiam ideais políticos revolucionários, mas que haviam se furtado da ação. Na realidade, muitas famílias entraram de corpo inteiro ao mesmo tempo na mesma causa, ainda que, com frequência, em diferentes espaços da luta que, aos poucos, foi se tornando "armada". Em outras, os corpos foram separados pela política: houve pais que tiraram o corpo fora, recusando-se a ser instrumentos de uma tática que os expunha ao inimigo, mas sem conseguirem convencer os filhos a fazerem o mesmo, pois esses filhos enunciavam a razão de outro sangue, o derramado.

"Falei com tua mãe. Ela está orgulhosa na sua dor, certa de ter entendido tua curta, dura, maravilhosa vida", Walsh escreve na "Carta a Vicki". Esse "falei" reveste de ambiguidade a situação com a ex-mulher, da qual estava separado; sem mentir, põe em cena um luto a dois que talvez, na realidade, tenha se limitado ao pesar compartilhado durante um encontro clandestino ou um contato telefônico.

Lilia Ferreyra conservava alguns tesouros: um velho dicionário Casares desconjuntado pelo uso, uma lupa, a mesinha onde Rodolfo Walsh escreveu suas últimas invectivas e o diário de Vicki — umas poucas páginas fotocopiadas, de um cinza escuro devido ao sistema rudimentar da época e com os erros de datilografia riscados com enérgicos x. Lilia me emprestou o diário. Não tive coragem de tirar uma cópia da cópia; reproduzi à mão alguns parágrafos, ignorando que não poderia publicá-los sem a permissão dos sobreviventes da família Walsh. Recordo o impacto que me causaram aquelas anotações próprias de uma adolescente: histórias de amores — alguns amargamente descritos e julgados —, reflexões sobre cada ato da vida cotidiana considerado importante, da decisão de fazer uma dieta até a promessa de trabalhar mais, ler mais e, intermitentemente, o registro do desejo imperioso de assumir um compromisso político, imaginado como uma fusão com os outros, encontrando entre eles um lugar de pertencimento. O estilo era sério, mas também brincalhão. Por exemplo, no detalhe de um jogo oracular, talvez provocado por uma conversa entre amigos ou com algum membro da família, que começa com o anúncio de uma guerra entre Oriente e Ocidente liderada pelos chineses. Vicki não hesita: no futuro, os russos serão aliados dos Estados Unidos e, nessa época, Cuba terá sumido do mapa. A causa da guerra será a questão árabe. A guerrilha na América não triunfará porque a guerra será mais importante. Régis Debray será condenado à morte, Fidel Castro permanecerá exilado na sua própria ilha.

A julgar por essa *boutade* profética, o pai que instruía as filhas sobre constelações, telepatia e sobrevivência parece ter legado a paixão por investigar, mas na sua vertente técnico-científica: ela trabalhará com isótopos com o objetivo de tratar esquizoides, mas sobre isso não dá maiores detalhes. Toda profecia é hermética. Ganhará a vida sem recorrer ao inglês, esse bem de família tardio que seu pai adquiriu num colégio para órfãos e pobres em Capilla del Señor, mas fazendo uma espécie de teatro que ela chama de "tosco", talvez num rompante de provocação juvenil.

Há nessas figuras delirantes alguns cálculos sobre o futuro que se realizaram: o crescimento da China, a questão árabe, o fracasso da guerrilha na América Latina. Outros não: Régis Debray não será condenado à morte, mas renegará a revolução, e Fidel não permanecerá exilado dentro da ilha nem será imortal. O rival do seu pai é Sabato, intui Vicki, que terá mais popularidade do que ele graças ao seu servilismo, e é verdade que a sustentou por algum tempo, por causa — além da sua fama literária — do seu trabalho na redação do relatório da Comissão Nacional sobre o Desaparecimento de Pessoas (Conadep) durante o governo de Raúl Alfonsín, antes que se recordasse seu almoço com o general Videla no qual um sacerdote, o padre Castellani, perturbou a digestão de vários presentes sendo mais firme do que Sabato ao pronunciar o nome de um escritor desaparecido: Haroldo Conti.

Equitativa, Vicki lê em cada um dos membros da família a realização dos seus desejos sob a forma de êxitos internacionais. Ela ganhará o prêmio Nobel de Medicina, e seu pai, o da Paz. Mas seu prêmio se deverá a uma descoberta roubada da irmã Patricia, que escreverá um romance contando tudo, e é melhor que seja assim, conclui compreensiva (todos os Walsh são justiceiros); ninguém acreditará na versão de Patricia, pois Vicki teria pavimentado seu caminho ao Nobel com outras descobertas importantes. Apesar de vaticinar o desaparecimento de Cuba, imagina que esse será seu destino, assim como o do pai e de outros militantes revolucionários desse período. É taxativa (a radicalização do pai já é evidente aos seus olhos?): ele não se realizará na literatura.

Imagina-se fora da Argentina, morrendo em Birmingham — seria por causa da sonoridade do nome "Birmingham"? Se antes ela descreveu a família como uma unidade em conflito entre intransigentes, na profecia há perdão para ela (de Patricia, por seu plágio) e justiça para a mãe, que muitas vezes fica um tanto excluída de uma narrativa sobre a família que parece se reduzir a um triângulo ("minha irmã, meu pai e eu"): terá sua própria escola para cegos. Será preciso esperar mais para saber se, como ela afirma, o comunismo de fato deixará de existir, restando apenas chineses. Toda a profecia é megalômana, internacionalista: os filhos dela e de Patricia serão "de proveta", gerados em diferentes países europeus. A ideia do exílio atravessa todo o texto, e uma certeza: ela conhecerá o amor *agora*, frase que de certo modo interrompe o gênero "profecia".

Como as Walsh não são o Walsh, mas não deixam de ser Walsh, os temas do pai podem ser ordenados de outra forma: o delito — o plágio —, a informação internacional — todas as noites, conta Horacio Verbitsky, ele escutava a BBC de Londres, "A voz da Alemanha", "A voz da América", a Rádio Canadá Internacional e a Rádio Netherland — e os prêmios — aquele Pulitzer que diz desejar como todo jornalista "de raça".

Vicki profetiza que Patricia vai morrer do coração. Ou seja, a morte considerada mais rápida, mas, por outro lado — se é verdade que as coincidências não existem —, o prenúncio de um coração partido é a obscura intuição do efeito que terá, na sobrevivente, a morte do pai e a sua própria.

A singularidade dos membros da *não família* Walsh, pensada como um corpo comum em que cada qual imprime uma marca própria, continua sendo escrita, e o prêmio Nobel, conforme Vicki anuncia no final da sua profecia, ficará em família.

Para Michel Foucault, o *Édipo* de Sófocles é uma lenda sobre um momento na história do sistema judicial grego, uma provocação à psicanálise e ao seu Complexo de Édipo como drama burguês e cerco triangular de desejos sempre dispostos a fugir das formas. Nele se chega à verdade por meio da indagação de diversas testemunhas. Gosto de imaginar que, se a indagatória judicial é o modelo de toda indagação, Édipo foi o primeiro jornalista, o primeiro a colher um testemunho, apelando ao saber sem poder: o dos pastores. Sua condição de sujeito a quem a investigação conduz à própria culpa e condenação, assim como a morte de Antígona, autorizam uma leitura edípica *dos* Walsh, mas não no sentido da tarefa psicanalítica, e sim da construção ficcional que pai e filhas parecem ter sustentado quanto ao seu próprio *conjunto*. Esse corpo imaginário se distanciava dos laços de sangue para tramar uma espécie de parentesco na consciência social, cujas artérias se separavam inexoravelmente em diferentes posições para instalar uma ideia de grupo no qual a igualdade residiria no fato de todos os seus membros estarem radicalmente comprometidos com suas ideias; inclusive a mãe, Elina Tejerina, brilhante pedagoga que, a partir da sua atividade na escola para cegos nº 315 de La Plata, fundou uma nova política educacional voltada a integrar os cegos nas escolas comuns, desmontando seu formato caridoso e diferencial.

Portanto, Patricia Walsh, sob a figura de Ismene, já não é quem cede à lei e reivindica a legalidade na pólis, mas quem luta, ao longo dos anos, no espaço democrático e dentro de diversas organizações de esquerda.

ESSE CORPO NÃO CHEGOU VIVO ÀS MÃOS DOS SEUS INIMIGOS. Se o tivessem aberto, teriam lido nele que tinha dado à luz; que o sorriso das fotos fora retocado num consultório odontológico; teriam constatado, como muitas outras vezes, que, se o cadáver fala, fala quase exclusivamente dos seus assassinos, de que os venceu ao conseguir não falar, pagando o alto preço de levantar a mão contra si mesmo, obrigando-os, por sua vez, mesmo na sua máxima vulnerabilidade, a se verem privados dos segredos guardados nele. Nem sequer foram os primeiros em feri-lo; essa virgindade já havia sido tirada por cirurgiões, deixando-lhe uma grossa cicatriz que irrompia na beleza cortando-a com um desenho de escalpelo, ao abrir um rastro de identidade, um primeiro marco da sua história.

— "Sua lúcida morte é uma síntese da sua curta, bela vida", escreveu meu pai — diz Patricia. — Essa frase me deu raiva. Quer dizer que a vida da Vicki foi bela? Ele sabia perfeitamente que nem sua vida nem a minha tinham sido belas. Não há dúvidas de que a vida da minha irmã foi curta, porque a mataram aos 26 anos. E já tinha vivido circunstâncias muito difíceis. Quando minha sobrinha nasceu, o Emiliano estava preso. Mas nem tudo tem a ver com a militância. Quando, alguns anos antes, minha irmã se mudou de La Plata pra Buenos Aires, logo teve uma doença chamada ptose renal, que significa que o rim desce abaixo da sua posição normal. Foi operada no Instituto de Pesquisas Médicas, uma experiência muito dolorosa. Ela era jovem, bonita e tinha uma cicatriz que começava no umbigo e terminava na coluna. Como eu estudava medicina, minha mãe achou que eu devia cuidar dela. Só a acompanhei algumas noites, mas foi muito duro, não pelo fato em si de cuidar da minha irmã, mas por compartilhar com ela a surpresa diante daquela dor e daquela ferida. No conto "O 37", meu pai relata como ele e seu irmão Héctor foram levados ao internato pra pobres e órfãos de Capilla del Señor quando ele tinha dez anos e seu irmão, oito. E esse texto me lembra quando ele nos levou pela mão, à minha irmã e a mim, ao colégio María Auxiliadora, na rua Soler, em Buenos Aires. Em 1968, meus pais acabavam de se separar e, pouco depois, minha mãe teve que ir pro Chile, pois tinha ganhado uma bolsa da Unesco pra fazer um curso sobre educação de crianças cegas. E meu pai estava ocupado investigando o caso Satanowsky. Minha mãe deixou as malas prontas com toda a nossa roupa numerada — minha irmã era o 56, eu era o 22 —, e meu pai nos levou até o colégio. Por isso, quando eu releio em "O 37" aquela cena do meu pai com o irmão e meu avô deixando os dois no colégio, penso "repetição, repetição".

Por isso, mais outras coisas que eu me lembro da nossa infância e adolescência, não dá pra dizer que a vida da minha irmã e a minha tenham sido belas.

A REVOLUÇÃO ENTRE IRMÃS

"Embaixo já não havia resistência. O coronel abriu a porta e lançou uma granada. Depois entraram os oficiais. Encontraram uma bebê de pouco mais de um ano, sentadinha numa cama, e cinco cadáveres." Ao escrever, no final da "Carta aos meus amigos", que o coronel lançou uma granada quando já não havia resistência, Walsh, como de costume, emite um julgamento por meio de uma descrição lacônica para se antecipar a uma previsível pergunta sobre a responsabilidade materna, para a qual não basta a explicação implícita que ele sugere ao dizer "assim como tantos rapazes...". É uma pergunta que, vinte anos depois do fim da ditadura militar argentina, aparecerá de diversas formas, quando o legado da guerrilha para os sucessores dos militantes exige ouvidos dispostos a entender a dimensão épica que põe em segundo plano os laços de sangue com os filhos; e, trinta anos depois, quando alguns desses filhos usarem a câmera ou o computador para investigar o sentido da vida dos pais sem separá-la do sentido de terem sido pais. O fato de Victoria María Costa ser tão nova — tinha pouco mais de um ano — certamente a preservou dos conflitos da testemunha. Pode ter se assustado com os tiros, com o estrondo da granada, mas sem diferenciar esses ruídos dos objetos de terror das crianças, como o escuro ou a dor física; pode ter se angustiado com a ausência da mãe, o único espécime humano que importa quando a pessoa ainda não atingiu seu desenvolvimento autônomo; pode ser que ela recorde ou pense recordar esse dia. Esse olhar infantil que pode se deter numa cena e focar a si mesmo como testemunha dirigindo-se à câmera — a câmera no lugar da sociedade incriminada — aparece, possivelmente pela primeira vez, no final de *Os anos de chumbo*, de Margarethe von Trotta.[4] É o olhar de Jan, o filho de uma militante do grupo Baader-Meinhof cujos olhos furiosos *fecham* o filme, logo antes de uma mulher, sua tia, resolver explicar a escolha que o expôs à solidão e à violência.

  É um mistério o fato de que, no final de 1981, a censura argentina tenha liberado a exibição desse filme. Talvez por não ser muito habituada à metáfora não tenha percebido nenhum inconveniente em autorizar o acesso a uma ficção ambientada na remota Alemanha. Ou, ao contrário, talvez a censura tenha incentivado a divulgação de imagens que atestassem que, até numa social--democracia, os limites para a ação terrorista devem ser severos e incluir métodos ilegais, como o encobrimento de assassinatos sob a forma do suicídio forjado. O filme pretende expor *objetivamente* os conflitos entre a militância na luta armada e aquela que abre caminho criticamente nas estruturas democráticas, como as do feminismo e do compromisso intelectual com a esquerda; para atingir seu objetivo, assume uma pretensa equanimidade. Por isso a imagem da guerrilheira Marianne é a de uma mulher endurecida, que considera o suicídio do ex-marido, Werner, um gesto de egoísmo e covardia, abandona o filho em nome das condições de vida das crianças do Terceiro Mundo e seus desejos são ordens para aqueles que ainda vivem na comodidade da vida burguesa e das batalhas jurídicas, como sua irmã Juliane, jornalista de um veículo político alternativo que reivindica a descriminalização do aborto. Ou, talvez, quando Juliane finalmente aceita acolher o filho de Marianne, a censura tenha achado que isso poderia ser lido como um castigo e escarnecimento público de uma mulher que escolhe não se casar, dá em adoção seu próprio sobrinho e denuncia a relação entre nazismo e expansão demográfica, representada pelas multíparas de 1932 premiadas pelo Führer.

---

4 *Die Bleierne Zeit*, de 1981. Em espanhol, o filme foi intitulado *Las hermanas alemanas*. [N.T.]

Embora a obra de Von Trotta não esteja a serviço de uma causa, fadada à arenga didática e crédula de que a arte muda o destino do mundo, abraça um simplismo que é sempre associado ao projeto cultural revolucionário. Por isso os diálogos são quase pedagógicos, destinados a substituir a narração cinematográfica, ou seja, os personagens *falam* de acordo com esquemas preestabelecidos, organizados conforme um sistema de oposições: Wolf, o amante que respalda com alguma discrepância a preocupação de Juliane com a irmã, é o herói individual que não se intimida com o grupo guerrilheiro nem aceita ser um cônjuge passivo; Werner, o marido de Marianne, que não sobrevive ao seu abandono e interpreta sua militância através do ciúme; Jan, o filho que vai da desolação à violência e que já carrega no corpo as marcas do atentado político — enquanto brinca perto da casa dos pais adotivos, alguém põe fogo no seu esconderijo. A cena em que Marianne aparece intempestivamente na casa da irmã, na companhia de um grupo de militantes do Baader-Meinhof, é quase estereotipada: longe de desfiar uma arenga ou tentar a persuasão política, eles ostentam a atitude hostil dos guerrilheiros para com os *otários*, os que não são reconhecidos como integrantes do povo a cooptar, e sim como desertores sem alistamento. Ocupam a casa com gestos quase militares e, ao se retirarem, ante o silêncio dos seus moradores — Wolf e Juliane —, deixam um rastro caótico de roupas burguesas, dentre as quais Marianne procurou peças ascéticas, afins à sua missão no deserto palestino.

A exemplo da narrativa dos Walsh, aqui também se encena uma espécie de corpo comum em que o vínculo político se justapõe ao familiar, sem se acoplar a ele, mas assumindo uma espécie de delimitação de lugares. O que une o pastor protestante, de dogmas rigorosos e sentenças apocalípticas, às suas filhas é o radicalismo, ainda que numa posição perfeitamente adaptada ao sistema. Como se a luta democrática de

Juliane — antes a irmã mais radical, a que se rebelava contra o pai, ia à escola de calça, dançava sozinha nas festas e lia Sartre —, em contraposição à revolucionária de Marianne — antes a sensível, conciliadora e preferida do pai —, a rebeldia infantil de uma e a passividade filial da outra, o compromisso único que funde o destino das duas irmãs a partir da morte da mais intransigente, fossem como os diversos fluxos de um único indivíduo. Basta recordar a terrível beleza desses corpos que jazem exilados dos outros: o de Marianne no caixão — a abertura dos olhos mortos parece durar uma eternidade na qual se projeta uma acusação muda à História —; o de Juliane, alimentado com soro, como se aquela morte tivesse tirado sua própria vida. A câmera ilumina essas transposições, ao registrar imagens sobrepostas das duas irmãs nos vidros do parlatório da prisão e dos seus corpos jazentes, postos em contiguidade. Juliane sonha insistentemente que Marianne rouba seu lugar na cama de Wolf, e a dureza da vida da segunda — clandestinidade, prisão, morte por suicídio ou assassinato — parece transposta para sua própria linguagem, em palavras irresponsáveis: "Em outra geração, você seria fascista", "Não escolha pra mim a vida que você não quis pra si mesma", "Vou dar a criança em adoção, escolhi não ter filhos". Em compensação, da parte da intransigente Marianne estão seus bruscos abraços comovidos que rompem a rispidez da irmã, a carta — lida com doçura por Barbara Sucowa — que ela lhe escreve da Palestina, fascinada com o pertencimento a um coletivo revolucionário e com a acolhida do povo. A variante é a substituição: a morte de Marianne levará Juliane a se confrontar com os limites do sistema democrático. A passagem se fará depois de um ritual em que a irmã sobrevivente, a que decidiu provar na própria carne a alimentação por sonda que a outra havia recebido na prisão para interromper sua greve de fome, ainda sem morrer, *cairá* como a outra.

O fim de Marianne, a terrorista, permitirá a redenção da irmã aos olhos dos espectadores, que se verão persuadidos a também justificar essa Juliane que encara a busca da verdade, ao preço de perder seu homem, Wolf, e acolher a criança que escolhera não ter.

O filme se abre com a imagem de uma estante cheia de dossiês policiais amarrados, da qual Juliane extrai o que corresponde a 1977, ano das ações do grupo Baader-Meinhof na Alemanha e do acelerado extermínio da guerrilha na Argentina. Seria, em princípio, uma investigação na qual, assim como nas de Rodolfo Walsh, se verifica que o Estado não responde à Justiça nem tenta restabelecê-la.[1] E, também como nas investigações de Rodolfo Walsh, a engenhosidade e os saberes genéricos contribuem para a invenção de recursos: com uma balança de cozinha e uma máquina de costura, Juliane reconstrói a morte da irmã e levanta a possibilidade do crime.

Von Trotta propõe nos seus filmes a utopia feminista de *um amor sem nome*. A criação das mulheres se daria *entre irmãs*, longe do modelo pederasta em que o discípulo injeta no saber herdado o germe parricida capaz de manter viva a história. Sua mensagem é a de uma fecunda *sororidade* que se insinuaria na cultura patriarcal como uma *contracultura* ou *transcultura*. Mas o que significa "sororidade"? Não se trata de uniões homossexuais com "instintos inibidos em sua meta", como Freud definia o vínculo civilizador entre homens que sustentou a Igreja e o Exército. Não é a indagação da própria feminilidade o que leva as mulheres às outras mulheres, nem tampouco a homossexualidade. Entre Olga e Ruth (*A caminho da loucura*), entre Rosa e Luise Kautsky (*Rosa Luxemburgo*), entre as irmãs Juliane e Marianne há, em diversos graus de intensidade e "sublimação", um sentimento sem nome, daí o efeito que o filme suscita. Ainda não tem história nem foi coagulado pela linguagem. É impossível expurgá-lo de erotismo, pelo simples fato de que não joga com a genitalidade, nem reduzi-lo a um lesbianismo apreciado por um falocentrismo esgotado. E se procura o regaço, e não o púbis, não nega que ali embaixo há um idêntico sexo de mulher. Daí o escândalo da carcereira quando Juliane e Marianne despem seus seios como num espelho que volta a duplicar a fonte da vida e trocam suas malhas, e com elas o calor dos seus corpos. Esse vínculo poderia ser associado a uma palavra estranha: *mesmidade*. A mesmidade não é a identidade nem a identificação. Nada pode ser *o mesmo* sem de algum modo romper o princípio de unidade. Trata-se de uma narrativa que, no entanto, sustenta a esperança de *não ser um*, numa espécie de transição para o múltiplo corpo político.

No final de *Os anos de chumbo*, Jan, que recuperou seu nome — Thomas Brauer era o que recebera da família adotiva —, indaga sua própria história com a mesma dureza com que sua mãe presa exigia caros elementos de maquiagem como "rímel e delineador Payot cor nogueira, tesouras para unhas, pinças de depilação, pó compacto branco-marrom" — menos por capricho do que para se refugiar no mundo das necessidades. Será preciso esperar essa pergunta nas *ficções reais* da Argentina dos anos 1990. *Dar a vida* seria uma oposição radical de *dar vida*? O *dar a vida* dos que haviam *dado vida* não era pensado de início em termos sacrificais, mas na certeza de que não se chegaria a ver a *revolução realizada* com os próprios olhos (a ética do sacrifício foi mais uma enunciação perante fatos consumados do que uma mística a ser seguida). É por isso que a Marianne de *Os anos de chumbo* diz à irmã: "Daqui a vinte anos, você me dará razão", referindo-se à vitória do Al-Fatah.

Em *Os anos de chumbo*, *olhar* equivale a tornar-se responsável por aquilo que se olha, ao levá-lo na memória como regente dos próprios atos futuros: a imagem das vítimas do Holocausto que horrorizam as duas irmãs num filme visto na infância, o cadáver de Marianne com o rosto desfigurado ("é preciso procurar muito para achar um rosto assim", grita Juliane, antes de pôr em dúvida a rubrica de "suicídio"). Para Jan, é *ter olhado*, ter sido testemunha através do sofrimento na própria pele até exigir, sem dar trégua nem aceitar protelações, o relato que possa justificar a decisão da mãe.

Antes do *fade out* final de *Os anos de chumbo*, o rosto de Juliane permanece mudo, e sua palavra ficará em suspenso para que um livro argentino a desdobre através de um conto de fadas sem fadas que permita *viver* "com um álibi poético" uma criança de ficção, um "filho" ao qual um lapso de tempo permitirá reconhecer-se nessa condição, sem que os pontos a transformem em sigla.[5]

---

[5] Referência à organização argentina H.I.J.O.S. — acrônimo de *Hijos e Hijas por la Identidad y la Justicia contra el Olvido y el Silencio* —, fundada em 1995 por filhas e filhos de desaparecidos com o objetivo de lutar pelo julgamento e condenação dos genocidas da ditadura e preservar a memória histórica das vítimas do terrorismo de Estado. [N.T.]

[1]

Em "Rodolfo Walsh, el escritor que se adelantó a la CIA", Gabriel García Márquez narra o episódio em que o argentino conseguiu decifrar o plano de invasão de Cuba utilizando um manual de criptografia. Mas no prefácio ao livro de Jorge Masetti *Los que luchan y los que lloran*, Walsh atribuirá o deciframento do despacho da agência Tropical Cable à redação da Prensa Latina. García Márquez, por seu turno, devolverá a autoria a Walsh explicando-a pelas leituras de livros policiais que ele fazia na juventude, cujos códigos secretos imitou nos seus primeiros livros: o deciframento da mensagem contendo os detalhes de uma invasão norte-americana evoca o da planta de uma fortaleza esboçada no desenho de uma borboleta na Dalmácia e guardados num caderno de entomologista por um tal Sir Robert Powell, segundo *O livro de cabeceira do espião*, de Graham e Hugh Greene; ou do código Calloway, desenvolvido pelo correspondente do jornal nova-iorquino *Enterprise* na guerra russo-japonesa, o qual, na invenção de O. Henry, antecipou detalhadamente o ataque às linhas do general russo Zassulich na Batalha do rio Yalu.

VINTE ANOS DEPOIS

Passados vinte anos desde a década de 1970, Matilde Sánchez abriu seu romance *El Dock* (1993) com o suicídio de uma guerrilheira durante o ataque a um destacamento militar. Assim como em "Essa mulher", de Rodolfo Walsh, trata-se de uma ficção na qual o saber do leitor lhe permite entrar no texto com a chave de fatos recentes e reconhecíveis. No caso de *El Dock*, a tomada do regimento de La Tablada pelo grupo Movimiento Todos por la Patria (MTP). Por mais que o cenário do romance seja vago e os nomes dos lugares, objetos e marcas, cuidadosamente substituídos por sua descrição exaustiva, certos detalhes divulgados pela imprensa em janeiro de 1989 permitem converter o assalto ao quartel de El Dock, no interior do romance, num resquício jornalístico que, se não autoriza a exigir rigor nos dados e circunstâncias, dá conta de inquietações sociais, como a narrativa a ser sustentada ante as demandas dos filhos de desaparecidos ou como pensar a violência vinte anos depois. *Os três mosqueteiros: vinte anos depois* é também o último livro que a guerrilheira "Poli" leu antes de participar do assalto a El Dock.

A narradora diz acreditar que a mulher que vê agonizar numa tela de televisão, ferida pelo Exército depois de lançar uma granada, é uma amiga de infância. O nome de guerra da mulher, anunciado pelo locutor do noticiário, "Poli", provoca na narradora uma série de associações, de início desconexas, mas que aos poucos dão lugar à certeza de que se trata mesmo daquela amiga, a quem foi muito ligada, quase até a identidade mais profunda, e da qual se afastou. "Poli" era também o nome de uma parente querida, alguém que, por sua vez, como é comum em certos rituais amorosos, chegara a chamar assim a própria amiga. Embora a narradora não explicite essas conexões, "Poli" é não apenas uma chave para despertar as lembranças até que ela consiga reconhecer, no corpo agonizante arrastado diante das câmeras, um rosto querido de outro tempo e a prova de que a amiga esquecida a recordara no momento de se autobatizar solenemente na hora de assumir a luta; é também um nexo com o legado da morta: um filho. Enquanto os eventos de El Dock se desenvolviam diante das câmeras, uma vizinha tomava conta desse garoto com o prestigioso nome de Leonardo, de idade indefinida mas certamente não longe da adolescência, obcecado com as atividades científicas do telescópio espacial Hubble, as potencialidades destrutivas das Nuvens de Magalhães e o futuro distante mas calculável do congelamento da Terra. Será essa "cúmplice ocasional" que entregará o garoto para que *El Dock* seja a história de uma *amizade desigual*. Isso porque a voz que conta a história é a de uma mulher que não quer ter filhos e portanto ignora os saberes das mães, não como uma carência lamentada, mas como resultado de uma escolha pessoal, embora ela mesma reconheça que confundiu a solidão com a liberdade. Assim como a Juliane de *Os anos de chumbo*, deverá rever uma decisão abstrata e aparentemente irreversível para submetê-la a provas que não conseguirá superar, até assumir a responsabilidade sobre um outro vulnerável ao qual a une, no seu caso, uma memória vencida, e no do garoto, uma insubstituível.

  Leonardo e essa mulher queriam resolver o enigma do suicídio em El Dock, cada um acreditando que o outro guarda esse segredo e quer desentranhá-lo. E cada um, a seu tempo, proporá uma hipótese que aponta aos motivos mais torpes, como num inventário em que a degradação tende mais a pôr um limite ao horror do que a destruir um ideal: será que "Poli", uma incurável buscadora de sentido, passou da cerâmica para a luta armada, transitando pela insistente consulta do *I Ching*, como mais uma etapa de uma experiência que tem no extremismo apenas uma das formas mais levianas do diletantismo? Teria ela sucumbido à sedução de um líder que se assemelha a um pastor evangélico de oratória pública e perversões privadas? Os dois desenham e apagam repetidas vezes essas hipóteses talvez como um conjuro destinado a *depreciar o perdido*. Ela não quer, em princípio, romper sua solidão, mas também não quer sair da vida do menino sem o legado de uma narrativa que lhe evite a devastação pelo que aconteceu. Não escapa a ela que o céu do Hubble é também o céu das crianças e que estabelecer o fim da Terra pelo congelamento do Sol ou o choque com as Nuvens de Magalhães é sua maneira de esconder de si mesmo a morte da mãe, fundindo-a com o desaparecimento do mundo e o fim do planeta; que essa obsessão deslocada significa que a morte da mãe é *como* o desaparecimento do mundo e o fim do planeta.

Quando a mulher e o garoto viajam até a casa familiar da morta, em Solís, onde houve um pai e uma comunidade, o que fazem, com o pretexto de uma investigação sempre parasita do mesmo objetivo — esclarecer os motivos de "Poli" —, é ganhar um tempo em que se espera que o *estarem* juntos numa suposta zona liberada precipite a decisão de *permanecerem* juntos. Para acolher Leo, porém, é preciso copiar a mãe, homenageá-la na repetição de certos gestos clandestinos: a entrada sorrateira no apartamento interditado para pegar dinheiro, a passagem ao Uruguai por um percurso tortuoso para burlar o controle da fronteira, a demora em se apresentar às autoridades para solicitar a guarda legal e até o conflito com os supostos parentes de sangue.

Depois de ser incentivado a enterrar as cinzas da mãe no Arboreto e de partes dessas cinzas voarem ao vento, Leo — foi a mulher que encurtou seu nome, como rebatismo para uma nova vida — imagina que elas vão para as Nuvens de Magalhães. Algo da mãe voltaria para a Terra de forma aniquiladora, mas quando ele já não estivesse vivo. Seria esse um modo de reconhecer a mãe como vítima e redimir sua possível vingança, imaginando-a? *El Dock*, portanto, é a narrativa de uma transição. Ilegal e sustentada por uma viagem que poderia ser lida como um sequestro, a protagonista realiza, num campo deliberadamente não político, o plano dos grupos revolucionários dos anos 1970, no qual os filhos, no caso da morte dos pais, eram legados aos companheiros vivos. [1] De certo modo, *El Dock* oferece um modelo anarquista para a assunção de um outro necessitado que não se atém às formas da maternidade nem da restituição legal. E quando alguém bate insistentemente a uma porta da casa comum, que nunca será aberta, atrás poderia estar tanto a polícia como um assistente social ou o pai. O par parece ir se formando nesse tempo de foragidos inocentes, até que uma assinatura possa atestar a filiação e legitimá-la na cidade e no mundo. A mulher que vai firmando seu compromisso com o garoto terá que assumir sua guarda por meio de um ritual de fundação: inventar um mito que restitua a mãe ao seu lugar de insubstituível, destituído pelo suicídio lido como esquecimento e abandono. Por isso a dupla narradora, a do romance e a do mito, vai se inclinando da aceitação dúbia de uma guarda à decisão de uma amizade sem igualdade nem identificação. Porque parece que a invenção de um álibi poético para poder viver daí em diante corresponderia somente a quem está disposto, se não a ocupar o lugar dos ausentes, a acolher seu sucessor. E esse álibi é o argumento do filme *O sacrifício* (1986), de Tarkovsky. Um escritor, um sábio ou algo assim, conta a narradora, tem a visão da sua casa destruída por uma catástrofe, então intui que algo terrível ameaça o que ele mais ama no mundo, seu filho, e decide fazer um sacrifício: incendiar a casa de madeira, que é símbolo e cenário desse amor, ao ponto de uma ser impensável sem o outro. "Um sacrifício aos deuses?", pergunta Leo, mais interessado em exigir precisão do que em escutar nessa fábula uma explicação da morte da mãe. A existência dos deuses é secundária; o que importa, ele ouve como resposta, é fazer algo tão importante que ponha a salvo aquilo que o escritor mais ama, por meio de algo maior do que a ameaça que paira sobre ele. Não é que Leonardo não entenda a complexidade do raciocínio — ele, um cientista-mirim ciente do horror do futuro congelamento da Terra —, apenas reconhece que o homem do filme e sua própria mãe não pensaram nos seus respectivos *homenzinhos*. Entretanto, não é quando a narradora inventa e desdobra essa imagem poética que surge uma narrativa capaz de abrir uma brecha na certeza do garoto de ter sido abandonado, e sim no início do livro: "No mundo sem crianças não havia nada pior nem mais terminal do que a própria morte. Com a chegada de Leo, porém, Poli descobrira que a hipotética morte do menino deslocava esse limite a um patamar inconcebível, uma dor tão extrema que dissolvia a linguagem. Ela mal chegara a vislumbrar o terror dos estragos da tragédia nas doenças infantis. Mas, para além da morte da criança, não havia nada, salvo o deserto da tragédia, do qual ninguém regressa. Um evento corriqueiro, como um tombo feio ou um atropelamento, podia arrasar totalmente sua vida muito mais do que se ela mesma morresse".

Embora Leo aparentemente fizesse caso omisso daquilo que visa constituir uma narrativa capaz de conciliá-lo com a mãe, ele tentará literalmente incendiar o lar (a lareira) do antigo lar em Solís. Será que, como uma forma de aceitação do conto do sábio com que a narradora tenta lhe explicar a conduta da mãe, ele pretende repetir o sacrifício? Para quê? Para que essa mulher que procura lhe deixar algo — uma narrativa —, enquanto se retira da sua vida, ao contrário, permaneça?

A decisão de viverem juntos, no final de *El Dock*, será também, para a mulher, a renúncia do incesto. E se a viagem a Solís encerra uma citação deliberada de *Lolita* no jogo de reconhecer as marcas dos automóveis que vêm na estrada, o olhar sensual que a narradora lança sobre seu companheiro de viagem delimita o território a assumir e a renunciar: "Estava deitado de bruços, com a cabeça escondida embaixo do travesseiro, e tinha uma das pernas dobrada sobre a outra, em ângulo reto. Nessa posição, o tecido da calça insinuava a redondez infantil das suas nádegas, firmes e polpudas. De repente, a fantasia de tocá-las de leve. O desejo, porém, não obedecia à perversão dos adultos, e sim ao delicado, leve erotismo das mães para com seu próprio bebê, isto é, ao anseio de recuperar algo que foi objeto de uma posse, Poli possuída por Leo, mas, ao mesmo tempo, ao impulso natural do tato, que deseja experimentar uma das formas mais perfeitas da suavidade".

A transgressão de *El Dock* reside em propor um vínculo fora da lei e que rejeita *ex professo* os modelos do sangue.

Na casa da amiga morta, recorda a narradora, havia um forte cheiro associado a um prato suculento que, na nostalgia, simbolizava o lar. Quando, perto do final, Leo alimenta na boca aquela que decidiu compartilhar sua vida com a dele — ela está adoentada —, enquanto o fogo cresce *moderadamente* na lareira (lar), é outra família que se encontra em plena invenção. O garoto revelará à amiga que o aroma evocador é o de uma verdura modesta, o alho-poró. Só que esse aroma provinha, na lembrança dos dois, não da casa da extinta "Poli", mas da portaria: o novo pode chegar sob o signo do mais convencional, mas, na transmissão da memória, com uma ligeira distorção.

[1]

A organização Montoneros fundou em Cuba uma creche chamada *La casita de caramelo*, aonde seus militantes clandestinos ou presos podiam enviar seus filhos, para preservá-los e, de acordo com seus projetos, educá-los segundo as premissas do socialismo. Ali havia documentos em que os pais deixavam registrada a vontade de que, em caso de morte, a guarda dos filhos fosse garantida aos companheiros do movimento. Com o advento da democracia, Mario Firmenich decidiu amparar-se na lei e nos direitos do sangue não derramado: "Íamos fazer o mesmo que os outros faziam com nossos filhos? Por quê? Eles são os vilões e nós os mocinhos? Ninguém pode roubar um filho. [...] Havia companheiros que acreditavam, com o senso comum dos militantes que não coincidia com a vida real, que os filhos eram de todos, que os verdadeiros familiares eram eles. Mas eu privilegiei os laços de sangue existentes. [...] A Argentina matou seus próprios filhos. Mas as coisas não podem ser pensadas assim. Nós, em 1983, estávamos vivendo com dois companheiros na Bolívia. Ele era viúvo de uma companheira que havia caído na Contraofensiva. Ele também tinha estado lá, mas sobreviveu. Bom, ficou com a menina, que era filha dela e de outro companheiro morto. Era um caso parecido. Ele formou outro casal, e sua nova companheira a adotou como sua própria filha. Como era muito pequena, não tinha memória dos pais. Um dia decidi tocar no assunto e falei: 'Olhem, vamos voltar à realidade, essa menina precisa de um documento'. Eles estavam convencidos de ser os pais da criança... 'Bom, se os parentes derem o pátrio poder a vocês, ótimo, só que, se não derem, por mais que a tenham criado, não se pode roubar uma filha. Eu entendo tudo, é um drama humano, como queiram. Mas as coisas são como são'. Eu disse ao companheiro: 'Você está sequestrando uma menina que não é sua filha, e pode aparecer a família materna ou paterna, os avós ou os tios legítimos, e reclamar sua guarda'. Para eles era uma tragédia, foi uma discussão muito dura, mas eu tinha que prepará-los. Estávamos em meados de 1983, perto das eleições, no início da transição democrática, e as coisas precisavam ser legalizadas. Finalmente apareceu uma irmã da mãe da menina. É de notar que qualquer companheiro estava disposto a ser pai ou mãe de um filho cujos pais tinham sido mortos ou sequestrados pela ditadura, com absoluta normalidade e com todo o amor. Mas, quando a situação se normaliza, há direitos de sangue, direitos jurídicos, pátrio poder, heranças" (em Cristina Zuker, *El tren de la victoria*. Buenos Aires: Sudamericana, 2004).

CARTAS

Entre as páginas do diário de Vicki, havia uma carta do pai. É de 1963. Na época, ela está com treze anos, já em plena puberdade, e pode-se deduzir nas entrelinhas que ela acaba de fazer uma prova de história. É o momento que Rodolfo Walsh escolhe para instruí-la sobre o que significa ser mulher na Argentina, detalhando algo assim como um quadro de situação para uma jovem que nasceu num país dependente e terá que se adestrar nas artimanhas do fraco para realizar seus desejos — não escreve máximas morais, como San Martín, nem conselhos para uma melhor sociabilidade, como Madame de Sévigné —, mas, como se a revolução fosse proibida para menores de dezoito anos, suas advertências e seus cálculos parecem centrar-se apenas no destino individual.

Para esse pai, assim como para muitos outros que compartilham o sonho da revolução, esta sempre será algo que virá, ou melhor, que terá de ser conquistada, como se — para além da história e suas ações, e das reflexões sobre as derrotas que corrigirão essas ações — a revolução escorresse das mãos como o mercúrio que vaza de um termômetro quebrado; embora sua substância seja o sangue e exista uma ilha onde ela se materializou, uma ilha onde ele diz ter assistido a uma ordem nova, contraditória, às vezes épica, às vezes enfadonha, na qual convivem o suor e os livros, a hipnótica repetição de gritada fidelidade e a cana — não a doce metáfora, mas a que é preciso colher na primeira safra do povo, como símbolo e primeiro açúcar comum. Essa revolução — e Walsh não é o único que pensa assim, embora o faça na calculada derrota — não virá para os que choram nem para os que lutam, como se *seu ser* fosse *o ser para outros olhos*, como se a carne que não ressuscitará e que se ofereceu em seu nome fosse para o enigma ou o túmulo, aquilo que certos homens e mulheres deixam como herança para os filhos em vez de propriedades e bens ou um modo de ser justos ou injustos. Mas Walsh, na sua carta, não fala a Vicki dessa revolução. Fala, sim, da escola, uma escola contra a qual manifesta sua dissidência, como se tivesse dificuldade em escrever cartas quando o correspondente não é um inimigo, então precisasse começar com um tiro por elevação acusando uma instituição de mentir sobre a história do país. Em plena ebulição pela experiência cubana, escolhe não transmitir à filha aquilo que começa a lhe importar mais do que tudo e põe sua escrita em fricção, até converter seu *journal* às eternas lamúrias sobre a incompatibilidade entre o escritor, o militante e o homem que não abre mão da sua "interioridade" ("Sinto às vezes que perdi minha interioridade, que matei um mundo. Por exemplo, conseguiria escrever?"). Ou será que ainda não é a hora de Walsh — como não era a de Cristo antes de ser forçado por Maria, nas bodas de Caná, a aliviar sua angústia e fazer seu primeiro milagre —, e portanto não quer escrever sobre uma causa que transfigura a família, ou então projeta essa causa na decisão de uma Vicki adulta, livre dos mandatos do pai?

Carta terrível, seca e rigorosa na sua ternura contida, já tem o estilo austero da derradeira ("Carta a Vicki"), quando, em vez de contar e tatear no futuro as previsões necessárias, se verá obrigado a intensificar o sentido de uma vida breve e veloz, exaltando-o.

Claro que, no início da carta, ele não pode com seu gênio — adora os desenhos, mesmo quando são apenas descritos — e traça um mapa quadriculado, situando a filha num "subúrbio do mundo" e, dentro desse subúrbio, numa cidadezinha de funcionários públicos que abriga, em vez de artistas ou cientistas, médicos e advogados. Depois de animá-la a não acreditar no domínio do imediato nem no seu êxito tangível como algo que possa se expandir até a totalidade — a carta não menciona, e muito menos registra, como um valor o fato de Vicki ser a porta-bandeira do colégio e de ter saltado do sexto ano do primário para o segundo do secundário, prestando exames livres —, Walsh, borgiano enfim, prescreve a biblioteca como uma ponte precária, sobretudo para apontar as que existem nos países capitalistas (não os chama assim), na Europa e nos Estados Unidos, nas quais imagina um funcionário que, apertando um botão, oferece bibliografias de cem a mil páginas sobre cada tema. E resvala no lugar-comum ao afirmar que em qualquer biblioteca dos Estados Unidos há mais livros sobre a cidade de La Plata do que na própria cidade. Mas há uma compensação e, ao nomeá-la como mal menor, ele decerto responde à sua própria experiência de cronista: aqui se trabalha mais, porém se aguça a inteligência, talvez a imaginação. E em seguida o feminismo, que Walsh temerosamente chama "cultura feminina", aparece na apresentação de uma verdade científica: não existem diferenças entre o cérebro do homem e da mulher, evidência quase risível, mais à maneira de Sherlock Holmes ou das revistas de costumes do que dos trabalhos de Alexander Luria, Leontiev e Zakharova que ele já lia na época. Se no país de subúrbio não há projeto nacional nem feminino, a carta não convida ao exílio, e sim à aceitação alerta.

Uma evidência menos pobre exige um ideal de identificação, e novamente a surpresa: Walsh não propõe como modelo nem Tamara Bunke Bider ("Tania"), nem Eva Perón, nem Rosa Luxemburgo, mas Marguerite Duras, capaz de evidenciar nos roteiros de dois filmes, *Hiroshima, mon amour* e *Moderato cantabile*, o mundo visto por uma mulher que não se pergunta de antemão como um homem o veria (são suas palavras literais). Será que ele leu, na sua voracidade quase canibal, os originais em inglês das feministas da segunda onda e por isso afirma que existe uma cultura feminina que já é um fenômeno mundial? E será que esse feminismo faceiro com o qual ele faz a apologia do "colorido", da "nota da psique feminina", enquanto denuncia aquelas que aprenderam a se expressar como homens, resultou da leitura de *O segundo sexo*? Daquela Simone de Beauvoir que escolheu a pedagogia da aspereza polêmica, bem longe do estilo passional e desenfreado que usou para contar seu amor por Nelson Algren, desmentido por sua imagem com o cepo do turbante rodeando-lhe a cabeça presa à Idade da Razão? Ou será que ele tinha saudade do "colorido" (variado) no verde-oliva do uniforme de gringas como Margaret Randall, que dão seu testemunho na colheita da cana entre mulheres armadas que bebiam rum com os milicianos, ou de cubanas como Haydée Santamaría, sem tempo para conservar, ao dar ordens, a doçura do gênero? Ou simplesmente se lembrou daquela mulher do campo chamada Dora Gill, retratada no seu conto "O 37", que se achava "gente bem" porque sabia preparar a comida e arrumar a roupa, e que ele ouviu ser chamada de burra e analfabeta, no dormitório do Colégio Irlandês de Capilla del Señor, por ter colocado na bagagem dos filhos *overalls*, entendidos como macacões de trabalho e não como aventais? Anos mais tarde, com a habitual demora da vingança, ele tomará conhecimento no seu *Webster* da diferença entre *duster* e *overall*, dando razão à mãe e não à insultuosa Miss Annie: nessa época ele já estaria ganhando a vida como tradutor, quando o que talvez quisesse fosse, simplesmente, fazer a mãe vencer aquela batalha semântica com uma professora de inglês básico que talvez não compartilhasse esse erro com seus pares, mas que podia usá-lo para humilhar pobres incapazes de sustentar os filhos.

Muito antes que Jacques Lacan, autor de um texto intitulado "Homenagem a M. Duras", Rodolfo Walsh advertia e orientava a filha em direção àquela que teria superado a opressão feminina fazendo dos jogos da feminilidade uma estética.

Talvez ignorasse que Marguerite Duras tinha combatido na Resistência francesa, conhecia o manejo das armas e confessara ser responsável pela tortura de um oficial nazista.

No final da carta, uma observação que é quase uma máxima: ele pede a Vicki que nunca se detenha diante de uma proibição sem examiná-la a fundo. Depois poderá aceitá-la ou recusá-la. Uma máxima que ele mesmo cumpriu ao pé da letra, quase sempre para, diante de uma proibição, desobedecê-la e denunciá-la.

Ao longo das duas cartas em torno da morte de Vicki, Rodolfo Walsh vai apresentando os membros de uma família constituída — pai, mãe, filhas, genro, neta, menos a morta — sob a forma de uma lista de parentes; é a primeira estratégia para atenuar a violência do evento que relata: a moça de camisola disparando sua Halcón e rindo quando os soldados — 150, calcula — mergulham atrás dos parapeitos dos terraços. Basta ler os jornais da época para constatar que a escolha do gênero epistolar não apenas retoma a tradição do cronista como correspondente estrangeiro com olhar crítico sobre o capitalismo, à maneira de Martí, e do advogado da verdade, à maneira de Zola, mas também o utilizado pela Junta Militar para fazer propaganda: a partir de meados de 1976, a imprensa divulgava cartas anônimas de um irmão, um "recuperado", ou com mais frequência uma mãe, que relatavam a presença de um militante político na família, como essa irrupção fatal que costuma empurrar a vida cotidiana para a tragédia. Quatro dias antes da entrada do Exército na casa da rua Corro, o jornal *La Nación* publicava a carta de uma mãe que traduzia para o presente o mito criado durante a Guerra Fria de que os comunistas comiam criancinhas, ao atribuir aos militantes revolucionários a ação de, antes de derramar seu sangue, derramar o dos seus descendentes: *"Dias atrás, ao ler um jornal de Córdoba onde anunciavam um confronto com guerrilheiros, no qual tinham morrido cinco destes e encontrado os cadáveres de três crianças, possivelmente assassinados pelos próprios pais, rompeu-se a barragem que ainda continha meu desespero e sofri uma crise terrível.*

Não quero pensar que você é capaz de matar seus próprios filhos; nenhum ideal pode ser tão cruel a ponto de obrigar a isso". [1]

A missivista diz que se casou com um estudante quando era muito jovem, e que ele ainda precisou trabalhar e estudar muito duro depois de casados, por mais de dois anos — decerto para tirar um diploma que lhe garantisse o sustento e o bem-estar econômico graças ao sacrifício individual ("*nossa situação melhorou*") —, e ter quatro filhos criados em proclamado amor, ternura e cuidados, até o dia em que um deles rompeu a beatitude desse lar, supõe-se que cristão, e aí *aconteceu algo*: "*Mas um dia (meu filho mais velho já estava no segundo ano da faculdade) aconteceu algo... não consigo saber o que foi... Esse momento me escapa sem que eu possa apanhá-lo, e não entendo nada... Só sei que a partir daí tudo mudou*". Assim, ela deduziu, segundo a carta, que aquele rapaz que ela logo soube que tinha entrado num grupo guerrilheiro talvez tivesse feito isso por querer ajudar os mais fracos, o que lhe permitiu argumentar — a dama confundia ação social com filantropia — que na sua casa sempre se ajudara os necessitados. Essa mãe dizia compreender os ideais de um Gandhi, que elogiava por mover montanhas sem derramar uma gota de sangue, mas o achado de uma metáfora para pedir ao filho que volte ("*só queremos ter você, que você volte a viver de cara ao sol...*") citava o conhecido hino franquista "Cara al sol". No final, o golpe baixo: a lembrança de um patinho de pano chamado "Buchi", que ela dizia ter achado e lavado, informação essa que permitiria ao destinatário reconhecer a escrita da mãe, funcionando como isca privado-familiar, oposta ao fetiche político que, com o passar das décadas, alguns filhos de desaparecidos poriam em cena nas suas *performances* de artistas.

Com essa carta, na qual se equiparava militância a militância clandestina, "desaparecido" a desaparecido para a família, e se homologava a dor familiar como valor supremo, que foi muito divulgada na imprensa e precedida de longas introduções dos editores, tentou-se criar um movimento de mães "antissubversão".

Em 6 de outubro de 1976, sob o título "Te hicieron cambiar los libros por un fusil", o jornal *La Opinión* reproduziu outra carta publicada anteriormente em *El Litoral*, de Corrientes. Era assinada por um tal "Hugo" e dirigida a "Marcelo", um irmão que "*está na subversão*": "*Aquela noite em que você não voltou, nossa mãe, talvez pressentindo situações de angústia, esperou em vão tentando ouvir os ruídos da tua volta. Nosso pai, nos seus 52 anos, hoje parece um velho derrubado pela dor. Compra todos os jornais procurando ansiosamente o que você pode imaginar, embora os nomes dos delinquentes não sejam dignos de aparecer na nossa imprensa. Eu, na verdade, não te perdoo, Marcelo. O que você fez conosco é terrível. Você destruiu a felicidade do nosso lar e está matando lenta mas inexoravelmente quem te deu a vida. Parece mentira, mas eles lembram de você quando comemoramos o Dia das Mães, e você trouxe um disco e dançou com ela*".

Filicídio e parricídio, então, perpetrados por combatentes revolucionários, atentados à família que constituíam o cenário argumental para os assassinatos e sequestros seguidos de morte que já estavam sendo cometidos. Nenhuma dessas cartas menciona a causa como uma atribuição dos interpelados, fruto de uma escolha afim às suas convicções pessoais: a assunção consciente de uma práxis. Quem entrava na guerrilha era representado como matéria inerte diante de um inimigo que somente contaria com formas de intimidação, das físicas às retóricas, passando pelas da extorsão afetiva. "Hugo" amaldiçoava aqueles que teriam "*cegado*", "*enganado*" seu irmão para "*fazê-lo trocar os livros por um fuzil*", metáfora insidiosa, já que, em geral, boa parte dos militantes eram estudantes. "*Você entrou por medo? Foi ameaçado com nossa morte? [...] Ou será que a droga anulou teus sentimentos a ponto de você não poder diferenciar o bem do mal?*", escrevia a mãe que havia remoçado o patinho "Buchi", segundo o código que faz conviver "luta armada" e "paraísos artificiais" na mesma árvore da subversão. Já *La Opinión* de 1º de setembro reproduziu uma nota da agência Télam na qual um adolescente, de "*efêmera atuação num grupo terrorista*", detalhava o sistema da organização "*para recompor suas fileiras*" — a mensagem subliminar era convencer que a destruição quase total da guerrilha era um fato: — o encontro com um rapaz mais velho chamado "Cacho", a participação em reuniões onde todos usavam "nomes falsos" — associando o nome de guerra ao codinome criminoso — e o envolvimento com uma companheira de apelido popular e simples: "*Pouco tempo depois, seu amigo lhe apresentou uma garota bonita chamada 'Chola'. Era muito simpática e falante. 'Num bar', diz, 'os dois me falaram dos pobres, da situação do país, de que devíamos lutar pelo socialismo porque era um sistema justo, e seguir o exemplo do Che Guevara.'*

'A partir desse dia, toda semana', diz, 'Cacho ou outro dos rapazes me entregava exemplares da revista El Combatiente.' Afirma que, por demonstrar pouco interesse, 'um dia me trataram aos empurrões, me insultaram e jogaram no chão, pra depois me chutarem nas costas e na barriga, fazendo ameaças'".

A militância era apresentada como fruto de um rapto, o iniciador na militância como uma figura parecida com a do flautista de Hamelin ou das sereias que desencaminham os marinheiros com seu canto. "*O jovem continuou com essa amizade forçada até o momento em que foi detido pelas autoridades legais*", dizia a nota da Télam, esclarecendo que, depois de uma investigação, foi entregue aos pais, como se a militância consistisse em cabular aula com más companhias.

Em todas as cartas, os sinais apresentados por quem *fez contato* eram descritos como uma súbita mudança de comportamento marcada pela inquietação e pelo nervosismo, pelo abandono escolar e pelo isolamento, interpretado como a ocultação de um segredo perante o grupo familiar, sinais esses que constituem os sintomas clínicos das crianças vítimas de abuso: "*Meu filho começou a se mostrar inquieto, nervoso. Passou a se desinteressar por coisas que até ontem ele necessitava...*".

A verossimilhança das cartas se sustentava numa retórica sentimental que apelava aos brinquedos infantis, como o patinho "Buchi", à recordação de uma valsa dançada com o filho (antes de se perder na floresta maligna da guerrilha) ao som de um disco da moda ou a morte de um cachorrinho ("*Não consigo imaginar nas tuas mãos, as mesmas que acariciavam aquele patinho de pano, uma arma assassina, e no teu coração e nesses olhos que tanto choraram a morte do cachorrinho...*"), mas essas imagens inocentes se misturavam com a informação de operações militares bem-sucedidas, com o respectivo saldo de detidos e assassinados.

A sombra terrível de Facundo[6] nessas cartas sobre a mesa... das redações, com exceção da do jovem "*resgatado a tempo da subversão*", eram mães transidas de dor pelo desaparecimento dos filhos (do lar), e, se não eram apócrifas, poderiam ter sido documentação primária daquelas que, com o tempo e a queda do véu em torno dos desaparecimentos, viriam a se tornar as Mães de Plaza de Mayo.

Se a intenção das cartas era persuasiva, tinham um efeito inesperado; erotizavam poderosamente a guerrilha, ao imaginá-la capaz de anular a vontade individual com uma força que o leitor, sempre mais perspicaz do que os publicitários que se dirigem a ele, não poderia explicar pela simples coação.

---

6   O caudilho da província de La Rioja Juan Facundo Quiroga (1788-1835), um dos principais líderes político-militares do campo federalista nas guerras civis argentinas que se seguiram à Independência. Sua figura foi fortemente demonizada por Domingo Faustino Sarmiento no seu *Facundo: civilização e barbárie* (1845). [N.T.]

Chapéus, títulos, narizes de cera, quadros, todo o sistema de diagramação de jornais e revistas organizava a publicidade da ditadura com obediência deliberada. A par dessas cartas familiares que procuravam trazer o "subversivo" de volta ao lar, onde os demais membros da família seriam supostamente adeptos do governo *de facto* e por isso imaginariamente protegidos, foram divulgadas outras que *se perfilavam* de forma mais explícita diante do projeto da Junta no poder. As cartas proselitistas do regime, assim como as familiares, costumavam ser publicadas também ao lado de notícias sobre confrontos com a guerrilha nas quais a mensagem subliminar era sempre o da sua derrota flagrante, limitando-se à descrição meticulosa dos seus últimos focos; como, por exemplo, a matéria de média extensão que acompanhava a central, publicada no *La Opinión* de 2 de outubro de 1976, quase inteiramente dedicada ao informe oficial do Comando do Exército Zona 1 sobre a operação em que Vicki morreu, que registrava as operações antiguerrilha realizadas entre 1º de julho e 22 de setembro de 1976, intitulada "La cúpula recibe golpes decisivos", posicionada ao lado de uma carta do advogado Félix Garzón Maceda para o presidente *de facto* Jorge Rafael Videla e de outra, do chefe da Polícia brigadeiro Edmundo René Ojeda para uma das suas subordinadas; ou como a carta intitulada "Te hicieron cambiar los libros por un fusil", do anônimo "Hugo", que *El Litoral* de Corrientes pôs na mesma página de uma homenagem aos efetivos militares caídos durante o ataque montonero ao Regimento de Infantaria de Monte 29, na província de Formosa.

Em nome da família (restaria calcular de quantos dos seu membros, tirando um) — cuja linhagem remontaria à época da Colônia — e da sua trajetória na imprensa, junto à qual afirmava não ter cessado de denunciar casos de má conduta como esse que agora o afligia, o dr. Félix Garzón Maceda, ao saber que seu irmão, o dr. Lucio Garzón Maceda (denunciá-lo a um governo *de facto* não tirava o reconhecimento do seu título), tinha deposto perante um Comitê do Senado dos Estados Unidos que investigava violações dos direitos humanos, o que poderia gerar sanções para a Argentina, queria deixar clara junto ao general Videla sua posição de total desacordo com esse gesto, que interpretava, com retórica anti-imperialista, como o de testemunhar "*perante uma instituição interna de um país estrangeiro*", julgando-o tão grave que desqualificaria seu autor como credor do respeito à liberdade de pensamento. Entre os Garzón Maceda, que os irmãos não sejam unidos.[7] E o dr. Félix Garzón Maceda frisava com mais ênfase seu desencargo ao praticamente pedir desculpas por não ter enviado a carta em 28 de setembro, devido a uma cirurgia, declarando ainda estar internado no momento em que escreve sua missiva.

A carta do chefe da Polícia brigadeiro Edmundo René Ojeda era dirigida a uma mulher de 78 anos, funcionária de uma repartição, que renunciara aos benefícios da aposentadoria para continuar servindo à arma, exercendo um cargo humilde. Assim como o delegado Batiz, que no início do século XX retratava o submundo de Buenos Aires com o estilo de Rubén Darío, e como o delegado Laurentino Mejías, que utilizava nos seus informes o suspense de Edgar Allan Poe, o delegado Ojeda tentava a prosa literária, no seu caso em busca de uma síntese filosófica: "*A vida do soldado, assim como a do policial, apresenta permanentemente esses contrastes que a matizam e lhe dão o sabor agridoce das coisas sublimes*". O contraste era, neste caso, entre a velha senhora que permanecia no seu posto para além do que a lei obrigava e o velório do primeiro cabo Ariel David Cuña, tombado em ação no confronto com um grupo guerrilheiro,

---

7 Citação irônica dos versos famosos de *Martín Fierro* (1872), de José Hernández: "*los hermanos sean unidos,/ porque esa es la ley primera;/* [...] *Porque si entre ellos pelean/ los devoran los de afuera*". [N.T.]

cerimônia à qual o delegado comparecera naquela manhã e relatava, acrescentando o detalhe de que o morto tinha uma filha leucêmica. O advogado e o delegado, em contraposição ao sangue derramado e suas bandeiras, lançavam mão da ênfase argumental do chamado sangue branco e do contido sob as bandagens cirúrgicas: a privatização do sangue nas famílias.

"Carta a Vicki" e "Carta aos meus amigos" devem certamente se fundir, para Walsh, numa *contracarta*, e é por isso que sua filha é *contada* para nela frisar, repetidas vezes, a vontade e a decisão em cada passo da sua vida. Enquanto nas *cartas de família* divulgadas pela ditadura costumava-se evocar com culpa o momento perdido em que uma confidência aos pais ou a capacidade destes de obtê-la — fazer o filho *cantar* a tempo — poderia ter evitado a fuga do lar, Walsh elogia o segredo diante da própria família e esse morrer da filha para não correr o risco de *cantar*. E, enquanto na imprensa oficial o guerrilheiro era a ovelha negra que cedia ao ter sua vontade submetida, mas que poderia não ter cedido caso se *abrisse* antes no ambiente familiar, ele mesmo libera Vicki do seu próprio legado, apontando, em troca, em cada parágrafo da carta que lhe dedica, sua passagem da família à organização como uma decisão pessoal.

Mas a carta era também um dos gêneros praticados pelos informantes populares com que Walsh contava na Ancla (Agencia de Noticias Clandestina) — da qual foi responsável desde o início, em junho de 1976 —, cujos exemplos nem sempre mantiveram as formas habituais das enviadas pelo correio ordinário: "Um dia o Rodolfo apareceu com dois papeizinhos", recorda Carlos Aznárez, "dois guardanapos típicos de pizzaria, e um deles tinha até manchas de molho de tomate. Dizia: 'Eu moro em Villa Adelina, perto da minha casa sequestraram uma pessoa. Primeiro vimos um helicóptero e depois levaram um rapaz. O bairro nega essa versão, mas vários vizinhos temos certeza disso'. Eu falei pro Rodolfo: 'Só faltava vir com um pedaço de pizza'. E ele respondeu: 'Estes são os informantes populares!'".

Walsh sempre pensara a categoria "cronista popular" como uma figura independente da do militante e do jornalista "amigo". Enquanto, na sua obra como investigador, ele colhia testemunhos, na agência Ancla começou a vislumbrar uma colaboração ativa na qual estivesse latente a passagem do cronista informante ao cronista redator e editor, o que potencialmente daria conta de uma espécie de autoformação política individual, mas para uma tarefa coletiva.

Quem dá a melhor definição desses mensageiros talvez seja Horacio Verbitsky, que, longe de considerá-los "acima dos grupos em luta", possuidores de qualquer tipo de verdade desinteressada, e portanto objetiva, define-os como "gente que sabia muitas coisas e que ignorava muitas outras", cujos testemunhos deveriam ser interpretados em comparação aos obtidos por diversas fontes públicas e clandestinas.

A Ancla pertencia ao Departamento de Informações e Inteligência dos Montoneros, mas ainda assim contou com uma larga margem de liberdade informativa. Era integrada por Rodolfo Walsh, Lila Pastoriza, Carlos Aznárez, Lucila Pagliai e Eduardo Suárez. Sua estrutura era mínima: um local, nem sempre o mesmo, máquinas de escrever, um mimeógrafo e um álibi: a elaboração de uma *Enciclopedia Integral Argentina*. Lucila Pagliai, estudante de Letras, havia escrito um alentado projeto de pesquisa com esse nome, que penduravam na porta das sucessivas sedes, num cartaz escrito com letras artesanais, que de tão tosco sobressaltou Paco Urondo, o qual, ainda assim, teve a ideia "fazer aquilo a sério". As fontes da Ancla eram as dos Montoneros, jornalistas que, sem serem militantes, estavam dispostos a se engajar para romper o cerco informativo, ativistas dos sindicatos e dos bairros, além daqueles cidadãos em geral anônimos e tão elogiados por Walsh, que, espontaneamente, por meio de uma mensagem escrita num guardanapo de papel, no boca a boca ou, mais raramente, numa entrevista pessoal, faziam suas denúncias. Os integrantes da Ancla estavam unidos pela crítica aos rumos do movimento e por uma "hipótese de resistência" que Walsh detalharia nos textos que dirigiu à cúpula dos Montoneros entre agosto de 1976 e janeiro de 1977. Ele costumava analisar exaustivamente a imprensa pública para encontrar, nas entrelinhas, elementos úteis para seu trabalho de contrainformação nas próprias narrativas do inimigo, através das quais deduzia contradições internas nas três forças, que lhe permitiam tanto afinar suas estratégias de combatente de uma organização político-militar quanto satisfazer aquela sua faceta de jogador de jogos de guerra e de engenho que costumava praticar até a obsessão na sua vida civil. Ao ler a seção de anúncios fúnebres e as notas da coluna social de *La Prensa*, *La Nación* e *La Razón*, descobria alianças entre cúpulas militares, eclesiásticas e financeiras que cotejava e cruzava com seu arquivo pessoal — conservado desde a época de *Operação Massacre* —, no qual registrava as ações da Polícia Federal e de membros do Exército; assim, com os testemunhos, as escutas clandestinas e os noticiários internacionais de ondas curtas, ele ia afinando suas hipóteses. Por isso Walsh não desprezava os testemunhos vindos de dentro da imprensa adesista e sabia ler naqueles detalhes que, por sua aparência acessória, costumavam conservar as marcas dos cortes e polimentos da edição interessada. Por isso é possível que ele tenha levado em conta, para escrever sua "Carta aos meus amigos", o testemunho de Amalia x, moradora da rua Calderón de la Barca, vizinha à rua Corro, num anônimo enviado à revista *Gente*: "Desde a noite anterior, eu vinha notado uma séria vigilância em todo o bairro. Vi muitas viaturas patrulhando. Eram exatamente vinte para as nove quando um tenente-coronel tocou a campainha da minha casa e me pediu licença para subir no terraço, pois estavam levando a cabo uma operação de segurança. Pediu para eu não me assustar e não sair para a rua nem me aproximar das janelas. Tratou-me com muita correção, assim como os dois soldados que o acompanhavam. Antes que acabassem de subir, comecei a ouvir tiros. Então lhes perguntei o que estava acontecendo, e me explicaram que tinham achado uma casa onde estavam refugiados muitos guerrilheiros. Parecia uma guerra. Espiei por uma janela e vi que as ruas estavam vazias, a não ser pelos soldados e policiais que corriam de um lado para o outro, agachados, como se esquivando das balas. Durante o tiroteio pude ver com horror que uma mulher de camisola lançava granadas na rua do alto de um terraço".

A credibilidade do testemunho se sustentava na precisão com que a vizinha dizia recordar a hora em que começou a operação e a ausência de um juízo de valor sobre os guerrilheiros. Mas o arranjo dos parágrafos punha em primeiro plano a amabilidade dos integrantes do Exército, que *avisavam*, *protegiam* e *informavam*, em oposição ao horror que provocava a mulher de camisola lançando granadas na rua.

Depois, o coronel Roualdes, à frente da operação, lançou uma granada dentro do quarto. Numa cama, rodeada de cinco cadáveres, escreveu Walsh, havia uma menina, sua neta.

[1]

A carta menciona, logo no primeiro parágrafo, uma notícia que a agência Ancla distribuiu com um sentido diferente do insinuado pela missivista, quando infere que uma das práticas da guerrilha era matar os próprios filhos. O texto era o seguinte: "Buenos Aires, set. 24 (Ancla) Membros da Comissão Argentina de Direitos Humanos (Cadhu) denunciaram a esta agência que em vários procedimentos antissubverssivos realizados recentemente por efetivos militares foram eliminados fisicamente filhos e familiares dos guerrilheiros abatidos.

Em relação aos fatos registrados em uma chácara na localidade de San Isidro (ao norte da capital argentina) na noite do dia 3 do mês corrente, o relatório oficial informa que foram abatidos cinco extremistas que se encontravam em reunião. Testemunhas presenciais afirmaram, porém, de modo categórico, que os mortos foram o casal que ali vivia e três dos seus filhinhos.

O depoimento dos vizinhos dá conta do seguinte: ao iniciar o procedimento — realizado por cerca de quinze indivíduos à paisana e numerosos integrantes de forças militares —, o pai das crianças pediu aos gritos, sem resultado algum, que permitissem a evacuação dos filhos. Depois de quatro horas de confronto, durante o qual a residência foi bombardeada com foguetes, o jovem saiu à frente da casa gritando 'Viva a Pátria, vivam os Montoneros, viva o socialismo', sendo abatido ao atirar uma granada contra os efetivos militares. Foi então que o pessoal à paisana irrompeu na chácara, escutando-se numerosos disparos de armas de fogo durante vários minutos. Minutos depois, eram trasladados em ambulâncias os corpos do casal e das crianças."

O mesmo texto denunciava que, nos primeiros meses de 1976, durante uma operação realizada perto da Faculdade de

Agronomia, foi sequestrado um casal com o filho de dez anos, a quem um policial, segundo o testemunho de um vizinho, teria dito "Melhor a gente te matar agora, pra você não crescer". Também relatava o fuzilamento pelas mãos de efetivos militares da companheira de "Chacho" Pietragalla, sequestrado e desaparecido em Córdoba, e do seu bebê, bem como o assassinato de um casal, dois de seus familiares e seus dois filhos durante uma operação realizada num apartamento da rua Thames.

No livro *Rodolfo Walsh y la prensa clandestina (1976-1978)*, de Horacio Verbitsky, que reúne algumas notas da Ancla, inclui-se a de 24 de setembro de 1976 e, abaixo da fotografia que registra uma exumação a cargo de integrantes da Equipe Argentina de Antropologia Forense, lê-se a seguinte legenda: "Em janeiro de 1984, a exumação dos despojos no cemitério de Boulogne provou a veracidade dessa informação. Foram encontrados dois corpos infantis baleados à queima-roupa e brinquedos da terceira criança. As Avós de Plaza de Mayo persistem na sua busca".

O ROMANCE DA AÇÃO

Rodolfo Walsh escreveu *Operação Massacre*, sobre os fuzilamentos perpetrados pelos líderes da Revolução Libertadora — que derrocou Perón em 1955 —, nos lixões da localidade de José León Suárez e durante o levante do general Valle, crime acobertado pelo Estado. Em *¿Quién mató a Rosendo?*, Walsh esquadrinhou o assassinato de quem ele descreve como "um simpático pistoleiro e capitalista do jogo" pelas mãos do burocrata sindical Augusto Vandor. Em *Caso Satanowsky*, investigou o crime do advogado do jornal *La Razón* Marcos Satanowsky pela Secretaria de Inteligência do Estado (Side). Apesar de investir *Operação Massacre* dessa ingenuidade, Walsh mirava nos três livros o esclarecimento jurídico e a assunção das responsabilidades por parte do Estado. [1] Um dos mitos que circulam em torno da sua figura de escritor é o de ter antecipado a *non-fiction*, termo legitimado por Truman Capote com a publicação de *A sangue-frio*; mas seus textos estão profundamente enraizados na tradição de *Facundo*, de Sarmiento, *Una excursión a los indios ranqueles*, de Lucio V. Mansilla, e *Viaje al país de los matreros*, de Fray Mocho, livros tutelares da literatura nacional, e em mais de uma ocasião ele confessou que preferiria ser Eduardo Gutiérrez, esse escritor de folhetins, a um medalhão como Paul Groussac, Julio Cortázar e até, embora não se explique muito, Roberto Arlt (seria por achá-lo mais populista do que popular?).

O que Walsh desejava não era trabalhar na tensão entre ficção e realidade, entre fatos narrados com as prerrogativas da ficção, ou sobre ficções referidas a materiais reais, ou híbridos perfeitos que operassem de diversos modos, dependendo se o leitor tinha ou não o código, mas em textos que fossem capazes de liquidar essas questões de fronteiras, ao intervir no real modificando-o e deixando a escrita numa espécie de defasagem e, ao mesmo tempo, fazendo dela um *ato*, ao lhe dar a capacidade de transformar as condições daquilo que denuncia.

"Carta a Vicki" e "Carta aos meus amigos" são epinícios em prosa nos quais os fatos exigem uma literatura capaz de superar o romance com o peso da história, peças que deslocam Walsh do lugar do investigador e, ao mesmo tempo, o mantêm nele, mas com o acréscimo da sua condição de *prejudicado*.

"Carta aos meus amigos" não é apenas uma *contracarta*. Também se contrapõe a certa narrativa maliciosa, inspiradora de anedotários espetaculosos que ressaltavam o talento cosmético de Norma Arrostito ou o histrionismo da tupamara que carregava uma bolsa enorme contendo material de propaganda, com uma toalha por cima, e burlou um policial alegando que ia "nadar na ACM".

Vicki Walsh foi cercada, com outros companheiros da organização Montoneros, à qual pertencia, em 29 de setembro de 1976 durante uma operação no bairro portenho de Floresta. O testemunho de um soldado teria chegado até Walsh, e ele o reproduz na "Carta aos meus amigos", que é, além de uma *carta aberta*, um necrológio revolucionário e a despedida privada de um pai. "O combate durou mais de uma hora e meia. Um homem e uma moça atiravam de cima. A moça nos chamou a atenção, pois cada vez que disparava uma rajada e a gente se jogava no chão, ela dava risada. [...] De repente", diz o soldado, "houve um silêncio. Ela largou a metralhadora, subiu no parapeito e abriu os braços. Paramos de atirar sem receber a ordem de ninguém e pudemos ver bem a moça. Era magrinha, tinha o cabelo curto e estava de camisola. Começou a falar em voz alta, mas muito tranquila. Não me lembro de tudo o que ela disse. Mas me lembro da última frase; na verdade, não me deixa dormir. 'Vocês não nos matam', disse, 'nós é que escolhemos morrer.' Aí ela e o homem apontaram uma pistola pra cabeça e se mataram na frente de todos nós."

Durante algum tempo, pensei que esse soldado não existisse, que fosse um artifício de Walsh motivado pela necessidade de criar, a exemplo da abertura de *Operação Massacre* — em que o grito de um recruta durante a repressão ao levante do general Valle é o gatilho do seu desejo de investigar —, uma terceira instância, algo assim como um representante do civil inocente no fogo cruzado entre dois grupos em combate desigual: um recruta é um soldado, mas antes de mais nada é um civil convocado. Sendo assim, nenhum dos dois soldados existiu? A pergunta está mal formulada, porque a ficção é de uma ordem diferente da mentira. Ou melhor, só deixa de sê-lo quando tenta falsificar provas a fim de invalidar um argumento contrário. E Walsh, no início da carta, diz que, desta vez, as notícias do confronto na rua Corro não tergiversaram os fatos.

No entanto... ele silencia e encobre o relato de uma testemunha que precisava resguardar, por razões de segurança e porque pertencia ao seu círculo íntimo. E o que esse informante relatava não se devia à sua posição privilegiada — como testemunha ocular, por exemplo —, e sim a um boca a boca transmitido dentro de uma cidade sitiada, mas onde o silêncio convivia com as meias-palavras, o rumor e até a fofoca, como se ainda fosse a grande aldeia em que o herói se fundia com o vizinho, e a Pátria, com a Família.

Sua filha caçula, Patricia, contou-lhe como Vicki morreu segundo um diz que diz que foi passando de bairro em bairro até entregar a ela o testemunho de um soldado, cujo percurso poderia ser resumido assim: "Patricia disse que a ex-cunhada disse que a prima disse que sua mãe disse que uma colega de trabalho disse que a faxineira disse que seu filho disse...". Ela o transmitiu ao pai durante um passeio pelo Jardim Botânico, um fundo de Thays[8] — bibelô verde legado pela geração de 1880 — para uma narrativa atroz. Ao utilizar essa informação na sua carta, Walsh realizava, talvez nem tão de viés, um ato quase pedagógico ao mostrar que o terror nunca consegue impedir esse fluxo informativo que a língua oral preserva e que alimenta anonimamente a História, como se no fundo de toda autenticidade documental sacramentada pela academia sempre se ocultasse a voz dos pastores de Édipo.

8 Carlos Julio Thays (1849-1934), nascido Jules Charles Thays, arquiteto e paisagista franco-argentino, autor do projeto dos Bosques de Palermo e do Jardim Botânico de Buenos Aires. [N.T.]

[1]

Depois de colher o testemunho de "um morto que fala" — Juan Carlos Livraga, o primeiro fuzilado de *Operação Massacre* —, Rodolfo Walsh diz que escreveu a história de uma arrancada e a quente, para que nenhum aventureiro de um grande veículo pudesse lançar mão e passá-lo para trás, mandando um pelotão de jornalistas e fotógrafos; em troca, teve que rastrear por toda a cidade uma porção de "homens que se atrevem" para começar a publicar sua história em modestas folhas quase paroquiais. Ao dizer isso, Walsh estava sendo ingênuo ou exercendo a falsa modéstia? Quando suas denúncias interpelam o Poder, ele acredita realmente que vai ser escutado ou tenta exaltá-las sob a forma de *outro modo de justiça*?

Gosto de pensar que Walsh é viciado em denúncia, sem que a denúncia perca seu valor pelo fato de ele não poder evitá-la, embora o que escreve nos seus papéis secretos seja sempre sobre uma das suas consequências: a tensão entre literatura e política, entre a literatura burguesa e a literatura "para todos". Ou talvez seu vício fosse essa flutuante mas imperiosa fricção, que nunca se resolve mas mantém sua força à beira da desistência e, como uma droga, é a única força capaz de pôr sua escrita em movimento.

ELA SE MATA OU SE DEIXA MATAR, isto é, suicida-se por mão alheia ou por um pacto entre companheiros, depois de uma decisão já assentada. Liberdade fatal. Não importa. O que importa são as palavras, a quem elas correspondem, quem é seu dono. Quem disse "Vocês não nos matam, nós é que escolhemos morrer". E havia uma testemunha, um recruta, que dizia ter visto essa morte e que mal pudera suportar a situação.

— Se não me engano — diz Patricia —, eu contei o caso pro meu pai durante uma caminhada no Jardim Botânico. Ele já estava na clandestinidade, e era difícil a gente se encontrar. Por isso muitas vezes ele recorria à Lilia pra fazer a ponte. Às vezes eu a via e combinávamos um encontro com meu pai pra dali a alguns dias. Eu não entendia por que ele sempre escolhia o Jardim Botânico, mas é que, isso eu soube muito tempo depois, na época ele estava morando com a Lilia num apartamentinho, uma quitinete, na rua Juan María Gutiérrez.

— E aí você falou pra ele que havia um soldado, uma testemunha ocular.

— Isso mesmo, eu disse que minha cunhada "Chicha" Fuentes, irmã do pai da minha filha mais velha, María Eva Fuentes, tinha me contado como havia sido a morte da minha irmã, e ela soube da história pela mãe da sua prima "Pelusa", a quem uma colega de trabalho contou que a faxineira tinha começado a faltar, preocupada com o nível de angústia do filho depois de ter participado da operação.

— Um recruta.

— Sim, que estava prestando o serviço militar no Corpo 1 do Exército, sob as ordens do coronel Roualdes. Ele viu como minha irmã morreu. E voltou pra casa arrasado, quase em estado de choque, impressionado com o que tinha visto, e contou o caso pra mãe, principalmente o mais impactante: a forma como uma moça de camisola e um rapaz tinham resistido no terraço e depois, quando sua munição acabou ou estava pra acabar, se suicidaram, e que o moço tinha dito estas palavras: "Vocês não nos matam, nós é que escolhemos morrer".

— Na "Carta aos meus amigos", esse boca a boca permanece secreto.

— Sim. E eu discuti essa carta com meu pai. Acho que era a véspera do Natal de 1976. Na época eu vivia com o jornalista Jorge Pinedo em San Isidro, na parte dos conjuntos habitacionais, já grávida do meu filho "Pinchi". Meu pai foi jantar lá, e a Lilia com ele. Era um quarto e sala. A certa altura, a Lilia ficou conversando com o Jorge, e eu fui pro quarto com meu pai e ficamos horas conversando. Aí ele leu pra mim o rascunho da "Carta aos meus amigos". Ainda não começava com aquela referência de que "Hoje se completam três meses da morte da minha filha, María Victoria". A carta estava escrita em papel-manteiga, como se dizia na época.

— Um papel leve?

— Um papel de seda bem fininho, que depois ele dobrou muitas vezes até transformá-lo numa coisa pequenininha, porque, obviamente, ninguém podia andar com um texto desses por aí.

— Uma "bala".

— É que naquela altura era muito arriscado sair na rua com uma anotação pessoal falando de um confronto. Quando meu pai leu o texto pra mim, aquilo me incomodou, e eu falei que ele não tinha me escutado direito, que aquelas palavras, "Vocês não nos matam, nós é que escolhemos morrer", não foram da Vicki, e sim do rapaz que morreu com ela no terraço. E aí, quando ele me ouviu dizer isso, também se incomodou e me perguntou se eu era contra divulgar a carta. Aí eu disse que sim, que achava que ele devia reescrevê-la, pois quem tinha dito as palavras finais não era a Vicki, e sim o rapaz.

— O Molinas?

— Não me lembro. E acho que não me lembro porque a situação, apesar da distância no tempo, ainda me causa muita dor, e aí o nome se apaga.

— Se era o Molinas, o então secretário político em nível nacional, as palavras que ele pronunciou podiam funcionar como uma ordem. A insistência do teu pai em atribuir as palavras à Vicki devia ser pra evitar a suspeita de que ela só cumpriu ordens ao se matar. Por isso ele faz questão de dizer que "sua morte foi gloriosamente dela".

— Tudo indica que a decisão foi mesmo dela. O que eu apontava pro meu pai não é um equívoco menor, porque essas palavras ocupam um lugar central na carta, e é preciso preservar o protagonismo do companheiro dizendo que são dele.

— O herói é feito de últimas palavras.

— E olhe que na época meu pai desconfiava muito da figura heroica. Quando quarenta mil homens e mulheres saem na rua, como aconteceu em Córdoba, o herói pode ser qualquer pessoa, escreveu meu pai, e chegou a desprezar tudo o que se fazia pra construir um herói. Claro que eu não estava dizendo que fosse uma mudança fácil, mas que era preciso dar um jeito de mudar aquilo, pois eu sentia que era muito importante poder falar nos segundos anteriores à morte e dizer essa frase de grande valor, significava que eles não foram capturados nem mortos, mas que, nos últimos segundos, *eles é que tomaram a decisão*. Seria fantástico se minha irmã tivesse dito isso, mas não foi ela que disse. E meu pai ficou consternado.

— O testemunho passou de boca em boca quase que por acaso.

— Isso mesmo. E levando em conta tudo aquilo meu pai achava importante... os fatos, as pessoas, sua alegação de provas, tudo isso que ele construiu como verdade na escrita, não é secundário que as últimas palavras tenham sido pronunciadas não pela minha irmã, mas pelo companheiro que estava com ela. Claro que eram as palavras perfeitas pra pensar na Vicki como heroína dessa cena — se ela as tivesse dito. A carta, claro, está excelentemente escrita, porque meu pai era um mestre. Ele falava pouco, mas o suficiente pra deixar claro que estava muito incomodado com o que eu lhe disse e por eu ter dito que ele não tinha escutado direito o que lhe contei. Mas não havia a menor dúvida de que ele ia corrigir a carta.

— Essa foi a última vez que você viu seu pai.

— Acho que foi. Naquela noite, vi meu pai pela última vez.

— Ele nunca a reescreveu.

— Não. Mas tudo isso que começou como uma discussão acabou sendo uma conversa. O que ficou mais forte foi a imagem do meu pai entendendo minha contrariedade e aceitando meu reparo, dizendo que não ia publicar a carta antes de reescrever aquele trecho.

— Não é a primeira vez que você conta tudo isso.

— Não, mas parece que nunca escutam. É que, quando eu falo do meu pai, costumo discutir com esse personagem que me apresentam e no qual eu não reconheço meu pai, aí me irrito, pois é como se, apesar de eu ser filha dele, ou esse não é meu pai ou eu não me lembro bem dele, porque sempre paira uma vontade de impor aquilo que seria — para chamá-la de algum modo — *a versão oficial*. Então, ao contar outra versão, eu poria em risco aquela em que seu personagem já está em avançado estado de construção. E por pouco não me convencem de que o que eu quero acrescentar é secundário ou impertinente. Pode ser que o que eu tenho a dizer seja pouco interessante, mas nisso eu me identifico com meu próprio pai: quando ele procura as testemunhas das grandes narrativas, escolhe pessoas que estão ameaçadas de insignificância.

E, quando ele mesmo deve ser o porta-voz de determinada situação, não abraça a ideia de que a narrativa deva evitar os riscos. Textos como o que ele escreveu sobre aquele jornalista, Jean Pasel, um completo *loser*, que participa de uma invasão do Haiti e acha que depois vai escrever sobre uma experiência épica, um coitado que fugiu de duas pensões sem pagar, tendo que deixar até a roupa, e vive na rua da Amargura, 303: pro meu pai, isso que é um protagonista. E tem também o conto "Nota de rodapé", em que meu pai mostra o que se passa num texto que parece secundário, que vai como que comendo o texto principal. Mas quando eu relato coisas que acho importantes, tendem a ser transformadas numa nota de rodapé no sentido mais vulgar.[1]

[1]

Um sujeito se suicida num quarto de pensão. Quem vai reconhecer o cadáver é seu editor, representante de uma editora de livros populares que o conto "Nota de rodapé" chama, em sinal de respeito, "a Casa". Não é uma grande editora, pelo jeito, pois tinha contratado como tradutor um ex-borracheiro — o falecido grudava retângulos de borracha sobre pinceladas de cola — que estudou inglês por correspondência na escola Pitman e acabou enlouquecendo e mandando, dentro de um trabalho, uma lauda inteira com a palavra "merda" escrita à mão. A *nota de rodapé* contém sua confissão, sua carta final, onde declara ao seu chefe, o sr. Otero, entre outras coisas, ter perdido uma página inteira de uma obra de Asimov que depois ele inventou de cabo a rabo. Não era Borges, mas era capaz de arriscar essas patranhas, esse tipo de traição que é invenção. No corpo do conto, as recordações do seu editor, que acabará pagando o enterro — ou melhor, "a Casa" é que o pagará. Era um sujeito feio e triste, porém honesto, cuja única ambição era passar da série *Andrómeda* para a *Jalones del Tiempo* e deixou escrito o pedido de entregarem à dona da pensão, para cobrir o mês, os 13 mil pesos do seu trabalho inacabado — um livro de Ballard pago a cem pesos a lauda, num total de 130. Na carta também confessava, quase com alegria, que costumava conversar com seu dicionário *Appleton*:

"— Mr. Appleton, o que significa *utter dejection*?

— Significa melancolia, significa abatimento, significa angústia."

Não deixou dito, porém, que essa resposta de Mr. Appleton calou fundo nele.

Jean Pasel não era um herói da Resistência francesa, como pode parecer; seu verdadeiro nome era Juan Carlos Chidichimo Poso. Pelo primeiro sobrenome, dificilmente alguém recordaria o grande jornalista que ele pretendia ser, e o segundo era de mau agouro, assim como seu endereço em Havana: rua da Amargura, 303. Walsh havia recebido suas coisas e uma informação patética: quando foi morto, durante uma frustrada invasão do Haiti, devia noventa dólares no hotel Nueva Isla e 58 no Nueva Luz. Em ambos, retiveram seus objetos pessoais. No dia anterior, tinha ido ao escritório da Prensa Latina para prometer sua grande reportagem, fato que Walsh não menciona, enquanto se queixa de ter que escrever sobre um joão-ninguém. No seu livro *Rodolfo Walsh, vivo*, na nota de rodapé para "Calle de la Amargura número 303" (endereço do último hotel), Roberto Baschetti escreveu que Jean Pasel foi o primeiro correspondente de guerra argentino morto em ação, em 1959; bastante para um homem nascido na cidadezinha de Bragado, no interior da província de Buenos Aires, onde dirigiu dois jornais, sucessivamente fechados pelo peronismo.

Os dois personagens parecem conjuros com que Walsh se identifica em negativo, dois destinos que ele evitou, mas nos quais reaparece o tema da tradução, do arquivo e desse ato único pelo qual um homem pode se elevar acima das suas misérias. Walsh começa o texto — conto? Necrológio? — sobre Pasel mencionando seu espanto com o fato de o idioma inglês — acaba de ler um artigo a respeito na *Times* — ter uma única palavra, *gorged*, para expressar o que em castelhano precisa de três: *hartos* [fartos], *ahítos* [empanturrados], *atragantados* [engasgados]. Refere-se ao estado dos trinta cubanos que invadiram a ilha e que, depois de se atracarem com um cabrito assado, foram abatidos pelas companhias táticas de Duvalier. Walsh conta que entre as pobres coisas do braguense estava "essa coleção de recortes de jornal, cartas, artigos e projetos de artigos da qual um jornalista não se separa, mesmo quando é obrigado a se separar até da roupa". Certamente, nem o tamanho nem a importância dessa pasta se comparam às do arquivo que ele vem reunindo desde que escreveu *Operação Massacre*, mas a descrição deixa escapar uma empatia que irrompe no seu tom sarcástico, como de compromisso.

León de Sanctis e Jean Pasel são, como disse Patricia, *losers*, sujeitos "ameaçados de insignificância", mas do tipo que Walsh gosta, homens que ousam e, como ele mesmo, são capazes de se entregar por inteiro num só ato final.

POLÍTICA DO NÚMERO

O número é mais poderoso do que a imagem. A única conta regressiva que importa é a dos segundos contados; ritual tolo na partida da corrida de galgos e no grito nos tímpanos de um homem caído e próximo da derrota por nocaute, torna-se música de castigo e eco do coração das vítimas durante o cumprimento de uma pena de morte. Roberto Arlt começa sua crônica da execução de Severino Di Giovanni, intitulada "He visto morir" (*El Mundo*, 2 de fevereiro de 1931), com uma frase ("rostos afanosos atrás das grades") entre duas precisões: "três para as cinco" e "dois para as cinco". O leitor saboreia o horror na cifra que vem, do *menos um* ao *zero*, a partir da qual a hora avançará para todos, exceto para um homem; o tempo então correrá entre a aparição do condenado, seu fuzilamento, a verificação do cadáver pelo médico e o posterior trabalho do serralheiro: tirar os arremates do grilhão e da barra de ferro — não é preciso reter um morto.

Um mito de verdade "científica" cerca o número: seria muito diferente lidar com 30 mil desaparecidos do que com 2 mil, embora a denúncia devesse começar por apenas um. O número mostra sua potência na fileira de zeros, quer dizer, no arredondamento. Não admite a comprovação factual. Seriam 6 milhões os judeus assassinados nos campos de concentração ou uma manobra contábil asseguraria umas dezenas a menos ou a mais? Isso importa?

Rodolfo Walsh, que leu Arlt, descreve a morte da filha Vicki com palavras medidas, mas são as cifras que gritam: 150 FAP e uma moça de camisola, cinco cadáveres e uma bebê de um ano (a moça que entrou na casa da rua Corro estava completando 26).

Para Rodolfo Walsh, o número é uma figura retórica de força irrefutável. Ou ele cultiva a numerologia política. Às vezes seus cálculos são sindicais, embora meçam as façanhas de um homem só. Como quando registra, para discutir sua remuneração com Norberto Firpo — um daqueles chefes obedientes que *jogam* para a empresa e lidam com seus orçamentos como donas de casa sovinas —, que, para escrever uma matéria sobre a luz elétrica, fez sessenta páginas de anotações e transcrições, realizou trinta de rascunhos e vinte de originais, depois de seis horas de gravação ao longo de 87 horas de trabalho. Sua deprimente conclusão contábil é que, se Firpo lhe pagar os 30 mil pesos combinados, ganhará 270 pesos por lauda, quando, pelas traduções, costuma ganhar no mínimo 350 pesos. Acaba sendo um cálculo apenas para desencargo pessoal, de um escritor que não consegue se adaptar aos tempos e à velocidade do jornalismo fazendo tudo *nas coxas*. Porque Firpo lhe corta a palavra, dizendo: "Não vamos entrar numa conversa que vai ser chata pros dois". Walsh já deve saber por experiência própria que não existe um cachê especial para ele, que o que ele faz é e não é jornalismo, pois qualquer outro poderia viajar no lugar dele — no caso de uma cobertura fora da cidade —, entrevistar o correspondente local, o prefeito e dois ou três informantes que lhe permitissem simular o trabalho de campo, e deixar o brilho para o fotógrafo.

Outras vezes, para Walsh, o número aponta para uma síntese dialética; quando suas encruzilhadas o põem diante de alternativas com as quais parece conviver mal, mas que se repetem como uma necessidade: "Um homem pode falar daquilo que o rodeia, do seu passado, do seu presente estado mental e, por último, de certo mundo imaginário que é da sua própria invenção e resultado dos outros três". Na maioria dessas vezes, a conta não fecha: "Com isso volto ao ponto de partida, a necessidade de ordenar, programar, distribuir o tempo em três partes, uma em que o homem ganha a vida, outra em que escreve seu romance, outra em que ajuda a mudar o mundo" ou "Acontece que ainda não participo a fundo, porque não acho um jeito de conciliar meu trabalho político com meu trabalho de artista, e não quero renunciar a nenhum dos dois".

Mas como foi que ele conseguiu calcular a pena com que o juiz Oliva sentenciou um tal Arias, que tinha matado a mãe a pauladas, em 214 anos? Foi isso que ele fez num dos papéis resgatados por Daniel Link no livro *Ese hombre y otros papeles personales*, escrito nos primeiros dias de março de 1965 e intitulado "La fuga. Crecerá un jardín". Como ele pôde concluir ali que, naquele mundo sobre o qual alertara a filha na carta de 1963, a cada cem homens, uma só mulher se sobressai? Tirou uma média consultando estatísticas internacionais de várias décadas? Levou em conta o Terceiro Mundo? Consultou livros especializados? Ou foi um cálculo chutado, apenas uma proporção alarmante que bastaria para dar uma ideia do conflito? Os números são para ele uma figura retórica, sim, mas não são verdade nem mentira, são incomensuráveis, mas ele não os exagera: apenas os aumenta. E poderia dizer que Walsh os aumenta porque, nos seus cálculos, sempre se trata de denunciar e de fazer justiça. Ele não exagera, porque há números justos e injustos; injustos, quando são de pagamentos abaixo do valor, de fábricas fechadas, de bens expropriados, de desempregados, de viúvas, de assassinados, de desaparecidos. Esses nunca poderiam constituir um *cálculo a mais* porque, justamente, costumam ser apagados, ocultados ou castigados até com a morte de quem busca justiça fazendo contas que não mintam com suas fileiras de zeros.

Se o número é um fetiche da informação, sua carga de sentido se descola de outras cifras. Toda a "Carta aos meus amigos" insinua a *desproporção* entre os 150 fuzis posicionados, o helicóptero, o tanque, os efetivos de duas armas — Exército e Polícia — *contra* cinco militantes encurralados. Depois, como *saldo* de tamanha mobilização, cinco cadáveres e uma bebê. Walsh sabe que nem todos foram mortos dentro da casa, mas escreve: "Embaixo já não havia resistência. O coronel abriu a porta e lançou uma granada. Depois entraram os oficiais. Encontraram uma bebê de pouco mais de um ano, sentadinha numa cama, e cinco cadáveres". Num confronto militar legal, em que um dos exércitos pertence ao Estado, a *desproporção* beira a ilegalidade. Para acentuar essa *desproporção*, Walsh omite que no interior da casa estavam Lucy Gómez de Mainer, seu filho Juan Cristóbal, sua filha María Isabel (Maricel) e seu genro Ramón, [1] que não foram mortos, mas detidos, omissão que não poderia ser interpretada como uma propositai sonegação de dados, já que a detenção dos inquilinos da casa da rua Corro foi amplamente divulgada, mas sim por economia narrativa em torno dos seus personagens heróis; com isso, frisa a disparidade de forças *reunindo os cadáveres* em volta da menina viva, quando, nos parágrafos anteriores da carta e de acordo com sua reconstrução dos fatos, haveria três pessoas no andar térreo e duas no terraço. Assim realiza também uma homenagem à testemunha ínfima que, só por estar lá viva, seria, assim como a mãe, uma heroína que, embora não possa falar para contar o que viu, leva nos próprios olhos esse saber potencial. Porque, consumada a morte de Vicki, dando como certa a iminência da sua própria ("Fazíamos planos de morar juntos, ter uma casa onde conversar, recordar, ficarmos juntos em silêncio. Pressentíamos, no entanto, que isso não ocorreria, que um daqueles encontros fugazes seria o último, e nos despedíamos simulando coragem, consolando-nos da perda antecipada"), o que ela deixa como herança é a possibilidade de testemunhar em tempos difíceis.

Vou fazer uma *performance*: cometer a impertinência de me pôr no lugar de Walsh diante da página dupla do jornal *La Opinión* de 2 de outubro de 1976. Fazer alguns cálculos. Imaginar que ele poderia fazer outros semelhantes ou, em todo caso, que com o mesmo objetivo, talvez dispondo de algum recurso técnico melhor do que uma caneta, uma caderneta e saber fazer contas, chegaria à mesma conclusão à qual eu cheguei. Nunca saberei. Esclareço: não quero uma cifra, cuja exatidão seria impossível provar, mas experimentar uma lógica. Estendo a dupla página central sobre minha mesa. O chapéu se alinha à direita e se repete à esquerda: "A luta contra a subversão". A diagramação imita uma estrutura militar, com as bordas protegendo o corpo central, e os títulos reforçam o conteúdo, multiplicando os números do proclamado fim da guerrilha e apresentando duas cartas de apoio ao regime: a do dr. Félix Garzón Maceda abjurando do irmão Lucio Garzón Maceda pelas suas denúncias das violações aos direitos humanos na Argentina feitas perante um organismo internacional, e a do chefe de Polícia Edmundo René Ojeda dirigida a uma subordinada, narrando os funerais do primeiro cabo Ariel David Acuña, morto em combate com a guerrilha. À esquerda, na nota com chapéu e título "Com juízo favorável, suspenso após apelação,/ a Corte Suprema deve pronunciar-se sobre o pedido de deixar o país", o advogado Nelson Domínguez relata a apelação ao habeas corpus apresentado pelo juiz Raúl Zaffaroni a favor de Pablo Alfredo Pizá, que se encontra à disposição do Poder Executivo e solicita sair do país. Abaixo dessa nota: o texto da sentença que foi apelada pelo promotor. Como uma publicidade absolutamente parcial pode gerar o descrédito do leitor a quem não apenas se deve intimidar, mas sobretudo convencer de que a subversão está aniquilada — além de lhe oferecer o espetáculo do poder vencedor, suas armas e operações —, a estratégia editorial consiste em apresentar uma ficção de legalidade, como a sentença do juiz Zaffaroni — valente, exemplar e até ousada. Mas ela com certeza não seria publicada se não estivesse literalmente sitiada por uma esmagadora quantidade de notas, notinhas e "penduricalhos" elogiando o regime. E o texto aparece como uma prova de que a ditadura se submete à lei, mesmo que seja aceitando habeas corpus que depois serão apelados, como o citado por Nelson Domínguez numa pantomima judicial democrata e cercada por esse conjunto de notas secundárias que só fazem enumerar a queda de militantes em supostos confrontos, como a intitulada "La cúpula recibe golpes decisivos", que registra as operações antiguerrilha realizadas entre julho e setembro de 1976. No canto inferior direito há uma notícia que informa sobre a medida do reitor do Colégio Nacional de Buenos Aires, Eduardo Aníbal Maniglia, de ministrar cursos exaltando "a ação dos soldados do Exército na luta contra a subversão". Em seguida, outra notícia, na qual a companhia Ferrocarriles Argentinos denuncia o que considera um "atentado criminoso", ocorrido entre as estações Quimili e Cejolao, na província de Santiago del Estero: o tombamento de uma zorra na ferrovia General Belgrano, causado por um pau fincado nos trilhos, que resultou no ferimento de um capataz e sete operários. No contexto da informação dessa dupla página pedagógica, a denúncia parece insinuar uma acusação de terrorismo ou a tragicômica encenação de uma expressão metafórica: *pau na roda*. Pau na roda da Junta Militar sobre a guerrilha? Ou pau na roda da guerrilha sobre a Junta Militar?

A notícia sobre a operação da rua Corro tem como chapéu "Eram cabeças do grupo posto fora da lei em 1975 e desenvolviam um organizado trabalho de infiltração", e como título "Cinco extremistas mortos e quatro detidos no confronto de Floresta". Tanto o chapéu como o título parecem sugerir que o leitor já está informado e lê as notícias e os informes oficiais como sequências de um procedimento que já conhece, rompendo a regra jornalística de sempre informar como se fosse a primeira notícia sobre um fato: "Cinco extremistas mortos e quatro detidos no confronto de Floresta". Um título que não contasse com o saber prévio do leitor e, talvez, com sua cumplicidade seria "Cinco extremistas mortos e quatro detidos durante um confronto *em* Floresta".

A nota se divide em "Informe oficial" e "Testemunho dos vizinhos". O "Informe oficial" é o relato minucioso e com registro horário dos integrantes do Primeiro Corpo do Exército e da Polícia Federal que cercaram a casa da rua Corro, 105. *8h30* Estacionamento de dois veículos policiais na esquina das ruas Corro e Cervantes, enquanto um terceiro se desloca para a esquina da Corro com a Yerbal. *8h50* Chegada de mais veículos ao cruzamento das ruas Bermúdez e Yerbal, enquanto na esquina da Yerbal com a Cervantes se instala uma coluna militar composta por dois *carriers* artilhados e outros caminhões com soldados avançam pela Corro vindos do noroeste. *8h55* Estacionamento de outros efetivos militares provindos de diversos pontos, presumivelmente pela avenida Rivadavia, e instalação de um cerco no raio compreendido pela rua Bermúdez, a linha da ferrovia Sarmiento, as ruas Cervantes e Yerbal e a avenida Rivadavia. *9h00* Confronto efetivo. *9h30* Posicionamento dos soldados nos terraços das casas vizinhas: "Um forte destacamento militar posicionou-se no terraço do prédio de apartamentos de seis andares localizado na rua Cervantes, 110-114, de onde aparentemente eram dirigidas as operações". Esse "de onde aparentemente eram dirigidas as operações" sugere um número maior de guerrilheiros refugiados na casa, quando havia nove pessoas no total. *9h50* Do interior da casa, teriam lançado duas granadas. *10h00* Aniquilação de um guerrilheiro que estaria escondido num galpão. *Sem registro de hora* Aniquilação de outro nos trilhos da ferrovia (o informe diz que foi "localizado" e "morto"). *10h05* Sobrevoo da zona por um helicóptero da polícia e outro do Exército. *10h10* Instalação de duas bazucas, uma na rua Corro, entre a Yerbal e a Rivadavia, e outra na rua Yerbal, entre a Corro e a Cervantes, e disparo de ambas. *10h40* Cessar-fogo. O informe alterna o relatório com a notícia de que, com regularidade, através de um megafone, o coronel Roualdes pede a rendição, alentando os ocupantes da casa a saírem de mãos ao alto. Cada detalhe do sítio da casa na rua Corro, 105 anima o leitor a se comprometer com a operação, permitindo que a siga como se estivesse lá, do lado das forças que a montaram, quer dizer, do lado dos vencedores, e/ou tomando a brutal consciência do poder e da superioridade das armas de Exército e Polícia. Não se usa a expressão "matou" nem "abateu", mas "foi morto".

A "conta" dos abatidos e detidos no texto intitulado "A cúpula recebe golpes decisivos" é a seguinte:

 1º de julho: 45 detidos e cinco caídos
 2 de julho: doze caídos
 6 de julho: cinco caídos
 8 de julho: quatro caídos
 12 de julho: nove caídos
 19 de julho: três caídos (Santucho, Urteaga e Mena)
 20 de julho: vinte detidos e um caído
 21 de julho: quatro caídos
 29 de julho: três caídos
 3 de agosto: três caídos
 22 de setembro: um detido e um caído.

A conta da nota intitulada "Um procedimento antissubversivo no Sul" dá como resultado dez detidos.

No total, a conta dos abatidos pela Polícia e pelo Exército informada nessa página dupla soma 56 e a de detidos, 81, três dos quais "esclareceram sua situação e recuperaram sua liberdade"; registra-se também o pedido de identificação de um corpo carbonizado e outro de habeas corpus por um funcionário preso no próprio domicílio "por um grupo armado"; dados estes provenientes da nota "Um procedimento antissubversivo no Sul". As ações do terrorismo de Estado não são sistematicamente ocultadas: alternam a propaganda entre práticas legais, ações militares públicas e notícias como as três últimas que, se não fosse por seu laconismo, bem poderiam ter sido publicadas pela agência Ancla, sobretudo a do funcionário sequestrado por "um grupo armado". A análise dessa dupla página central (páginas 10 e 11) permite reconstruir a *contabilidade de denúncia* praticada por Walsh, uma contabilidade que, na "Carta à Junta Militar", parece arredondar para cima os números censurados. Bastou essa prova para eu lhe dar a razão, já que a totalidade das notícias destacam o butim de guerra — arsenais, gráficas, fábricas de armas — e, quando informam sobre o abatimento de membros da liderança dos Montoneros e do Exército Revolucionário do Povo (ERP), omitem a precisão sobre o número dos outros mortos, substituindo-o pelo eufemismo "vários", que deveria ser estimado numa proporção calculada com base na interpretação de testemunhos, no acesso a outras fontes de informação e na leitura dos crimes publicados na seção policial dos jornais, na qual costumam ser camuflados os crimes políticos. Por isso *o número justo é sempre maior*.

[1]

A família Mainer tem, entre seus membros, representantes dos dois lados em conflito: militantes peronistas e membros das Forças Armadas. Lucy Gómez de Mainer, casada com Ángel Pablo Mainer, é irmã do contra-almirante Horacio Gómez, do engenheiro Mario Pío Gómez e de Stella Maris Gómez, esposa do médico Jorge Raúl García del Corro. Os filhos de Lucy Gómez de Mainer são Mónica ("Punky"), María Magdalena ("Malena"), María Isabel ("Maricel"), Pablo Joaquín ("Pecos"), Juan Cristóbal ("Utu"), María Marcela e Milagros ("Coco"). Malena e "Pecos" estão desaparecidos e integraram o "grupo dos sete", detidos ilegalmente na Brigada de Investigações de La Plata e assassinados em novembro de 1977 — tirados em duas levas, com sua bagagem, para que acreditassem que estavam viajando ao exterior —, depois de uma promessa de libertação, para a qual o sacerdote Christian Von Wernich, capelão da Polícia da Província de Buenos Aires, promoveu uma coleta de dinheiro entre os familiares das vítimas, como Maricel Mainer e Stella Maris Gómez de García del Corro, que os visitaram em cativeiro enquanto o sacerdote liderava um projeto de "regeneração" mediante o arrependimento e a conversão religiosa. Segundo o depoimento de Stella Maris Gómez, ela obteve a guarda de Victoria María Walsh, depois de assinar uma ata na delegacia com o aval do tenente Ernesto María Piñeiro, que também assinou a ata de restituição ao seu avô paterno, o comodoro Miguel Costa.

[2]

Alguns trechos da sentença do dr. Zaffaroni dizem o seguinte: "6º) Que, por maioria de razão, entendo que a citada suspensão não pode ser aplicada de outra forma, pois isto implicaria um choque frontal com o princípio republicano de governo, que exige a racionalidade dos atos governamentais; com o princípio do Estado de Direito, que exige a submissão à lei tanto de governantes como de governados; com o princípio de divisão de poderes do Estado, que impede que o Poder Executivo Nacional aplique penas; e com os princípios do devido processo legal e do juiz natural. 7º) Que outra interpretação significaria o desrespeito da Declaração Universal de Direitos Humanos da Organização das Nações Unidas por parte de nosso país, o que evidentemente não está no espírito da medida que nos incumbe interpretar".

Em 2003, quando se discutia a incorporação do dr. Raúl Zaffaroni à Corte Suprema de Justiça da Nação, obscuros caluniadores o acusaram de ter sido um juiz da ditadura que tinha rejeitado pedidos de habeas corpus de acordo com o estatuto da Junta Militar. Então Pablo Pizá enviou a Zaffaroni uma carta que foi lida publicamente: "Meu nome é Pablo Alfredo Pizá e sou um testemunho vivo de que o senhor não foi um juiz adepto do Processo. Saúdo com satisfação sua nomeação como juiz da Corte, entendendo ser este um passo que nos aproxima da verdadeira justiça. Fico à disposição para dar meu testemunho, se for necessário". A recusa do habeas corpus de Pizá se deveu a uma lei da ditadura que proibia às pessoas detidas pelo Poder Executivo a opção de emigrar a países vizinhos.

"Entrar na Revolução era fazer voto de reclusão, de pobreza e de obediência, não de castidade", escreve Régis Debray em *Louvados sejam nossos senhores*, magnífica abjuração da sua experiência cubana. Por isso Walsh escreveu, sem meias-palavras, num dos seus papéis pessoais — ou seja, sem subordinadas de autoironia nem correções ideológicas —, que não existem putas como as de Havana, porque são suaves, quietas, compreensivas. Um enorme tabu separa as putas das filhas, e tanto a declaração quanto a confissão não combinam com a carta que, dois anos mais tarde, ele escreverá à filha mais velha para lhe explicar como ser mulher num país subdesenvolvido, carta que, razoavelmente — como exigir isso dele? —, não dava nenhuma instrução sobre desejos que não poderiam ser sublimados pesquisando num laboratório ou realizando um filme. Contudo, numa anotação de 1961, embora as palavras "filha" e "puta" não se encontrem, a sombra da sua fusão parece se resumir na repetição de outra palavra: "horror". Ali Walsh narra sua última noite em Havana: a revolução, seus artigos incendiários da agência Prensa Latina, tinham rendido inesperados cinquenta pesos, e ele então foi ao Music-Box em busca de uma tal Ziomara, um desses nomes que costumam ser adotados pela nobreza dos prostíbulos e dos circos. Não a encontrou. Mas encontrou uma tal Zoila Estrella, de dezesseis anos. Então ouviu uma história que ele diz já conhecer: a garota não gostava de fazer aquilo, mas não queria voltar a morar com a mãe empregada doméstica. Walsh não tem a desfaçatez cínica dos turistas sexuais que pegam crianças no Oriente supondo que, por tratar bem delas, embelezam brevemente sua vida entre a escravidão precoce e a doença da fome; mas também quer ir para a cama com ela, não ser um falso moralista: a hipocrisia é um mal burguês. Desde que ninguém reconheça esse homem tão respeitado pegando uma garota prostituída, como um gringo aproveitador. Imagina que sua careca é reconhecível e que tirar os óculos pode funcionar como um disfarce, embora todos os olhares recaiam sobre quem sai do bar com uma puta; mas há um homem chamado Jardines (da Babilônia?) que, escreve Walsh, já o viu ali antes, mas não o delatou. "Por favor, não me aperte a cintura. Estou de sete meses": a frase fatídica o apanha de surpresa, mas ainda não o escandaliza. É no quarto do hotel, quando, recebendo as carícias suaves, tateantes, da garota, Walsh desliza a mão entre as coxas da garota e é assaltado pelo que ele chama de "associações" com sua ex-mulher grávida ("o menino se mexia e chutava o ventre de Elina, que está atrás" dessa "umidade", "desse horror"). Ele volta a chamar a criança de "o menino", como quando não sabia que seria menina — Victoria ou Patricia? Então seu pinto se encolhe, escreve, e cai de lado, e ele faz valer, escreve, os dez pesos que pagou soltando um discursinho moralista no qual, apesar do seu desejo de tentar de novo, recomenda a Zoila Estrella procurar a Federação de Mulheres: "... tem que parar com isso, é perigoso para sua saúde e compromete o homem que se deita com você — isso não, ela disse com orgulho —, e era um objeto de horror". A frase é magnífica porque, embora resulte de um erro involuntário, ao dizer o mesmo, diz também o contrário. Pois qual seria o objeto de horror: o ato, a vagina em contato com o bebê ou comprometer o cliente? Essa moral não seria a de um inocente, que não poderia se abster daquilo que não desejou, e sim de "quem imagina o prazer na maldade de comer uma garota de dezesseis anos, grávida, meter fundo e sentir-se um maldito", e resolve não fazer isso. Mas pouco antes ele *poderia ter feito*, sim, só que a garota não diz, como ele escreve, as habituais palavras de incentivo das profissionais, não pede leitinho nem grita *papi* — apelativo que soaria, isso ele não escreve, tremendamente verossímil —, mas na saída ela diz: "o senhor é um homem de consciência", e então ele, que durante toda a narrativa zombou das suas próprias atitudes de patrão, como sempre faz quando escreve sobre putas, leva esse troféu, porque "consciência" é a palavra-fetiche entre os companheiros para nomear algo cuja medida é preciso conquistar, ir aumentando, aspergir os outros com ela. E, como se ainda existisse aquele Deus para quem Walsh fez o sinal da cruz quando ouviu pelo rádio a notícia da morte de Vicki, ele escreve que nessa noite ganhou vinte pesos no cassino, recuperando assim os dez pesos gastos com o programa, e ainda deu os outros dez à esposa, para que comprasse um broche. E nesse final também aparece, com essa ironia, a voz de uma consciência.

Um ano mais tarde e com reticências enigmáticas, Walsh recorda o encontro num hotel de alta rotatividade com uma puta cubana, "um grande felino negro" (o prazer evocado debilita as metáforas). Ele a descreve como uma grande máquina de prazer que se move ritmicamente e parece estar remando numa balsa, até que ele sente um prazer tão grande que se esvazia de um só golpe "num longo chafariz de sêmen". Então, enquanto registra a façanha do "sem tirar", volta a gozar quase com dor, como costuma acontecer naquilo que, em portenho, se chama *dos al hilo* [duas seguidas]. Homem crédulo, como a maioria nessa situação, ele ouve a parceira gritar e a vê morder o travesseiro acreditando nessa cena em que o espetáculo do gozo, seja verdadeiro ou falso, faz parte da transação. E essa negra que não será mãe, pelo menos não logo, ou ele que não lhe perguntou, oferece a reconciliação com aquele lugar que Walsh antes associou ao horror, na sua ex-mulher Elina e em Zoila Estrella, e que, agora, enquanto entra e sai dele, chama de "cavidade quente e sombria". Uma parceira assim, cujos peitos ele diz apertar "como bombas de um frasco de perfume", se é realmente uma máquina de prazer, como não exerce exatamente um trabalho, deve merecer o que Walsh lhe oferece: a miséria de cinco pesos, metade do que pagara a Zoila Estrella. Pela primeira vez, pelo menos nos seus escritos, o cálculo reduz o número. Depois será assaltado pelos escrúpulos, pela paranoia de que descubram tudo na agência e pela culpa que diz sentir, embora o que acaba de viver, escreve, tenha sido fundacional, pois pela primeira vez uma mulher — ele é muito delicado nessa descrição — pôs os lábios no seu sexo sem que ele lhe pedisse. Em seguida volta a zombar de si mesmo, ao pensar que ela faz isso com outros homens e confessando que ficou com nojo, porque "o patrão anda muito exigente".

A exemplo de outros intelectuais da sua geração, Rodolfo Walsh também deve ter debutado com uma puta e dá como certo o prazer feminino; com o sexo entre uns lábios apressados, recusa a boca que o enlouquece exigindo descarregar-se no que a natureza oferece à maioria dos mamíferos, divide suas práticas eróticas entre as do amor e as do prazer pago, mas a culpa que ele nomeia nesses dois textos pessoais já é *de classe* e não *cristã* — ou será que é? E em ambos ele menciona a esposa, a companheira da época, "Pupé", como se precisasse nomear, quando recorda um prazer proibido, o lugar da ordem para um corpo comprometido que lamenta ser burguês. Ao contrário de um David Viñas, por exemplo, é a ironia que rebenta nessas metáforas de "bombas de um frasco de perfume" ou "lambe suavemente como um gatinho" e até o jorro de sêmen definido como "um longo chafariz" parece uma elaboração cômica. Em seguida, passa a discorrer sobre flores e peixes: acredita ter colhido as últimas flores de laranjeira, restam madressilvas, mas poucas, os bagres vêm pelo rio no lugar das piavas, e ele recai nos seus cálculos (já esquecido dos cinco pesos): a cheia baixou de um metro a trinta centímetros, a lâmpada é de 25 watts. Escreve em Tigre, embora não nomeie o lugar, as lanchas não trouxeram "Pupé", e ele volta a recair na culpa, desta vez por ter ido sozinho à ilha e antes ter dormido com uma tal M, por ter de mentir para essa "Pupé" que, se não estivesse com ele — fica sentimental —, seria como uma casa sem paredes. De uma ilha evoca A Ilha, negra (por suas putas), vermelha (pela revolução). Walsh é consciente da sua dupla moral, mas não a mima; se estivesse vivo hoje, seria difícil imaginá-lo homofóbico, seu egoísmo é mais o de um homem que tem uma missão do que o egoísmo de um machista, embora ele tenha nascido em Choele-Choel, que quer dizer "coração de madeira" e, como escreveu numa breve autobiografia, muitas mulheres o recriminaram por isso.

Mas as filhas são outra coisa, merecem outras narrativas e homenagens; uma dúvida atravessa *Operação Massacre*, e é se os filhos pagam pelas escolhas políticas dos pais ou se são seus legatários: em princípio, Walsh só fala de filhas. Há uma menina, Elena, que é retida na delegacia de um povoado de Santiago del Estero para chantagear o pai, Nicolás Carranza, um funcionário da ferrovia e membro da resistência peronista. Outra menina, Delia Beatriz, única mulher entre os cinco filhos homens de Francisco Gariboti, outro dos ferroviários fuzilados de José León Suárez, é testemunha da violência perpetrada pelas forças repressivas contra sua família. E, enquanto Walsh vasculha os grotões à procura de Horacio Di Chiano — um dos sobreviventes — acompanhado da jornalista Enriqueta Muñiz, uma menina intercepta seu caminho.

"— O homem que vocês estão procurando — ela nos diz — está na casa dele. Vão dizer que não está, mas ele está, sim.
— E você sabe por que estamos aqui?
— Sei, sim. Eu sei de tudo.
— Certo, Cassandra."

Walsh escreve "Cassandra" por ter um olhar sobre as mulheres e uma fé no seu saber que parece atribuir-lhes de antemão o papel de testemunhas precoces, cuja *visão* funcionaria como uma reserva para a posterior formação de uma consciência militante. Quando Walsh escreveu *Operação Massacre*, suas filhas, Victoria e Patricia, eram muito novas, mas já deviam alentar essa ideia nele.

O vínculo entre um sobrenome notável e seu legado é dramático. Como filiação política, é interessante comparar os dois necrológios políticos de Walsh — "Carta a Vicki" e "Carta aos meus amigos" — com a *Vida de Dominguito*, de Domingo Faustino Sarmiento, [1] livro em que este procura honrar seu filho morto na Guerra do Paraguai, na batalha de Curupayty. Sarmiento *programou* Dominguito — o jovem pareceu viver sempre no diminutivo — como um investimento pessoal na Pátria sem medir o desafio: se Dominguito fizesse brilhar o sobrenome *Sarmiento* por seu próprio mérito, venceria o pai; se não conseguisse, este é que o venceria, mas fracassando como pai no seu projeto de que o filho o superasse. *Vida de Dominguito* é o avesso das duas cartas desse Walsh empenhado em desfazer qualquer suspeita de que a vida da filha estivesse destinada a continuar a dele, em vez de aperfeiçoá-la.

Como pai, além de cumprir com uma medida de segurança, Walsh insiste em separar Vicki do seu próprio legado ao afirmar que ignora a data exata em que ela entrou nos Montoneros, e que o jornalismo não lhe interessava.

Como jornalista, Walsh assinala que Vicki era segunda oficial da organização Montoneros, responsável pela imprensa sindical, e que naquele dia estava reunida com integrantes da Secretaria Política, que às sete da manhã do dia 29 foram acordados pelos megafones do Exército provenientes de um cerco de 150 homens com os fuzis posicionados, todos os dados de uma crônica profissional.

Como homem de formação católica, Rodolfo Walsh organiza a cena da moça que fala com os soldados como uma evocação da Donzela de Orléans quando, segundo a lenda, ela arengou os exércitos para que a deixassem passar.

Como companheiro, descreve a razão dessa vida embebida dos interesses do seu agrupamento. "Não viveu para ela, viveu para os outros, e esses outros são milhões."

Como político, converte o gesto de rir ao disparar uma arma na irresponsabilidade da inocência, despojando-o de um possível sentido demencial: "Tentei entender essa risada. A submetralhadora era uma Halcón, e minha filha nunca tinha atirado com ela, embora tivesse aprendido a operá-la nas aulas de instrução. As coisas novas, surpreendentes, sempre a fizeram rir. Sem dúvida era novo e surpreendente para ela que, com uma simples pressão do dedo, brotasse uma rajada e que essa rajada fizesse 150 homens mergulharem nos paralelepípedos, a começar pelo coronel Roualdes, chefe da operação". A narração organiza a correspondência entre "rajada" e "mergulho" como se fossem as partes de uma coreografia combinada, como se não houvesse a intenção de matar. É provável que o efeito *disparos dos guerrilheiros-agachada dos soldados* que ele põe na boca do recruta provenha do acervo narrativo de Amalia x, a vizinha interrogada pela revista *Gente*, que teria dito "vi que as ruas estavam vazias, a não ser pelos soldados e policiais que corriam de um lado pro outro, agachados, como se esquivando das balas", assim como a camisola que, como ela declarou, a mulher que atirava do terraço estava usando.

"Em 28 de setembro, quando ela entrou na casa da rua Corro, estava completando 26 anos. Levava a filha no colo, porque na última hora não teve com quem deixar a menina. Foi se deitar com ela, de camisola. Usava umas absurdas camisolas brancas, sempre muito folgadas": reminiscências de Davi e Golias, também na descrição da camisola como "muito folgada", que dá um toque pessoal ao obituário, humaniza o sujeito integrante de um coletivo por meio de um traço individual e, ao *vesti-lo* com uma roupa corriqueira, *desmilitariza* a protagonista de um gesto que, de outro modo, poderia ser lido como excessivo e desesperado. Longe de se despedir da filha assumindo uma posição de esteta da morte violenta, como chegaram a acusá-lo, ensina a ler a bondade e a inocência nas entrelinhas. É com a menção dessa camisola muito folgada que Walsh cobre Vicki e a virginiza, ligando-a por parentesco a "Essa mulher", a da sua *non fiction*.

Como responsável simbólico, ele a livra do destino comum dos militantes, ao reconhecer seu suicídio como *soberano*: "Sua morte, sim, sua morte foi gloriosamente dela, e nesse orgulho me afirmo e sou quem dela renasce". E aponta: "Não vou poder me despedir, você sabe por quê. Nós morremos perseguidos, na escuridão. O verdadeiro cemitério é a memória. É aí que eu te guardo, te embalo, te celebro e talvez te inveje, minha querida". Em outro trecho dos seus papéis resgatados, Walsh deixou uma anotação a respeito de militância e filiação: "Os proscritos não podem reconhecer diretamente os filhos. A mãe se interna com nome falso, a criança é registrada com nome falso".

Eis aí a posição de um pai que respalda a filha no interior do grupo militante em que o projeto exige o desaparecimento do nome próprio no da organização, cuja clandestinidade demanda que um filho leve, desde seu nascimento, um nome de guerra. Se "o verdadeiro cemitério é a memória", é evidente que Walsh não dá como certa a inumação do corpo da filha ou a desmerece por provir da burocracia inimiga em caráter de exceção — então a regra é o desaparecimento —, portanto nada espera da lei jurídica, embora toda a sua obra se dedique a interpelá-la. Embora o verdadeiro cemitério seja a memória e, apesar da sua suspeita de que não sobreviverá a ela, Rodolfo Walsh se considera mais privilegiado, conforme as leis de filiação patriarcal, para acreditar na sua própria inscrição na memória através do comum "Walsh" da lápide, mas também porque a "normalidade" dessa morte pública parece assegurá-la.[2] Se a dimensão trágica reside, justamente, nos deslizamentos entre sua condição de pai, jornalista e companheiro, Walsh se permite, valendo-se da clandestinidade do militante, realizar um ritual de luto "gloriosamente seu": enxergar a última paisagem vista por Vicki no momento da sua decisão "com seus olhos", substituindo o corpo massacrado, como se fosse possível, assim, dar-lhe vida e, ao mesmo tempo, imaginar a corporalidade do inimigo e ensaiar a própria morte, à maneira de um julgamento a sós com leis que não são as mesmas das leis públicas: "Vi a cena com seus olhos: o terraço sobre as casas baixas, o céu amanhecendo, o cerco. Um cerco de 150 homens, os FAP posicionados, o tanque". [3]

Também é o pai, o militante e o jornalista quem deve omitir o nome da filha caçula, Patricia. Cuidar da filha sobrevivente, velar por sua segurança como companheira, preservar a fonte: há duas filhas na "Carta aos meus amigos", só que uma se encontra velada pelo segredo com que se protege a testemunha em perigo. Ela é Ismene, e também o pastor e quem leva no ventre a semente sucessória na qual, pelas leis de filiação patriarcal, o "Walsh" se perderá, mas permanecerá em segunda ordem, como no caso de Victoria María Costa Walsh, do lado das mães.

[1]

Nem mesmo na morte Dominguito escapa dessa vigilância do pai, que, depois do combate de Curupayty e sem ter notícias do filho, Sarmiento pratica sob a forma do *presságio*. Mas como o presságio é coisa de mãe, como sua mulher, *doña* Benita, e de criança, como o capitão Dominguito Sarmiento, que deixa provas escritas de ter previsto seu fim em batalha (numa carta agourenta), ele, Sarmiento pai, só pode explicar certas fantasias chamadas *intuições* apelando ao conhecimento — das ciências divinatórias dos etruscos até as propriedades do telefone, passando pelas do éter e as naturais (dos cães que farejam de longe a chegada do dono). "E Deus que me perdoe, se há que pedir perdão pela morte do filho num campo de batalha em prol da pátria, pois eu o fui conduzindo até seu fim prematuro", escreve o pai em *Vida de Dominguito*. Intuições vagamente associáveis a uma *vontade inconsciente*, mas também onipotência: que nem a morte do filho escape à sua condução.

A ambivalência de Sarmiento é tenaz. Ao mesmo tempo que elenca os dados que engrandecem o filho, apresenta os que relativizam ou põem em dúvida os feitos que justificaram sua promoção. De que estratégias o capitão se valeu para se safar *daquele Sarmiento*? Como jornalista, ironizava sua eterna condição de filho usando o pseudônimo de *Junior*; depois, ao publicar seus informes da Guerra do Paraguai nos jornais *El Tribuno* e *El Pueblo*, escudava-se no anonimato. Em geral, suas crônicas eram atribuídas a oficiais uruguaios, conforme o pai revela baseado no testemunho de Santiago de Estrada. Se, por um lado, Dominguito era capaz de contrapor à acumulação pantagruélica de saberes diversos a dispersão e a livre associação que lhe permitiram passar num exame de filosofia *de orelhada*, por outro, não demoraria a se tornar soldado. Se, por um lado, a certa altura simulou pertencer à Guarda Nacional para seduzir nas províncias, por outro, quando levou a coisa a sério, entrou na guerra na qualidade de recruta, e não como militar de carreira. Se, por um lado, interveio na cultura e na política com um estilo frívolo e publicitário, como o exibido num dos seus poucos escritos — a apresentação do livro *Paris en Amérique*, de Édouard Laboulaye —, por outro, é preciso descer até o rodapé para saber que ele é coautor da tradução, ao lado de Lucio V. Mansilla; nos demais textos — os informes de guerra —, ele se diferenciará da retórica do pai com o ascetismo imberbe — ele, que se pretendia poeta — do militar que se limita a narrar a ação. Se, por um lado, nos seus jovens anos traduziu em dupla com o pai a obra do ornitologista John J. Audubon, por outro, parece oferecer ironicamente em Curupayty, ao morrer dessangrado por um ferimento no calcanhar, uma "tradução" da morte de Aquiles. O testemunho da agonia também foi dado por Estrada, e o pai gosta dessa versão. Porém, segundo o que Mansilla escreve a Sarmiento, o capitão não morreu dessangrado por um tiro no calcanhar, mas por um disparo anônimo no peito, quando o exército já não se encontrava nas trincheiras de Curupayty, e sim batendo em retirada. Morrer na guerra pode se igualar a um suicídio? Todos os combatentes costumam mandar cartas como esta?: "Resolvi então fazer algumas anotações pessoais e deixar a sorte correr para esta carteira, no bolso esquerdo da minha jaqueta. [...] Mas, se o que eu tenho por pressentimentos forem ilusões destinadas a se desvanecer ante a metralha de Curupayty ou de Humaitá, não sinta minha perda até o ponto de sucumbir sob a aflição da dor. Morrer por sua Pátria é viver, é dar ao nosso nome um brilho que nada apagará". *Sua* Pátria, *nosso* nome. Precisa grifar?

Em *Émile perverti*, de René Schérer, há uma citação valiosa do *Eutidemo*, de Platão, o diálogo em que o sofista Dionisodoro recrimina Sócrates por desejar que Clínias seja sábio e, portanto, se transforme em algo que ele não é, deixando de ser o que é naquele momento. Diz Dionisodoro: "Posto que quereis que ele deixe de ser o que agora é, desejais sua morte conforme parece? Seriam mesmo pessoas excelentes os amigos e amantes capazes de desejar a morte de seu amado". É um sofisma, claro. Mas, se a pedagogia ama as crianças sob a condição de que permaneçam como tais, se — paradoxalmente — seu triunfo se erige sobre a morte da infância, a morte efetiva de Dominguito garante pateticamente o triunfo de Sarmiento. "Eu vou valer mais do que meu pai", ele dizia a *doña* Benita nessas confidências íntimas do filho à mãe, como se recordasse que havia sido parte dela. "Vou escrever melhor, porque vou ter melhor escola e mais ordenada educação, sem perder o tempo como ele em *educar-se quando homem*", sonha o pai em *Vida de Dominguito*, vida essa, como se vê, destinada ao aperfeiçoamento do próprio destino.

Em Domingo Faustino Sarmiento, pai e pedagogo se fundem. Então, pobre capitão, ele não apenas deveria se transformar *naquilo que não era e deixar de ser o que era*, mas se equilibrar entre dois desfiladeiros: superar o pai transformando-se no triunfo do pedagogo e marcando com mais força o seu *Sarmiento* até fazer desaparecer o do outro? Fracassar e arrastar nesse fracasso o pedagogo, enquanto o pai se sobressai triunfante, afundando um pouco o *Sarmiento* ou tirando-lhe uma mancha? Transformar-se numa réplica ou ocupar o lugar vazio, o do herói trágico, e sair pela porta da Pátria para escapar da educação?

[2]

Hoje, os restos de Vicki estão num lote do Cemitério Alemão da Cidade de Buenos Aires junto aos de Ernst Kreeb e Wilhem Kreeb. A inscrição é "María Victoria W. de Costa". Porque "o verdadeiro cemitério é a memória", nenhum "Walsh" os identifica, nem ela nem pai.

[3]

Na véspera da sentença que, em 1998, condenaria Armando Andreo pelo assassinato do ex-auditor da Administração Nacional de Seguridade Social (Anses), Alfredo Pochat, a esposa da vítima pediu para participar das alegações por escrito. Durante a sessão do julgamento oral, Violeta Pochat seguiu um ritual similar ao de Walsh depois da morte da filha. A mulher estremeceu a audiência e os magistrados aproximando sua cadeira da mesa de Andreo para lhe falar com palavras medidas mas firmes, usando o poder de fazer com que sua voz não se dissolva por completo nas vozes da sociedade inteira pedindo justiça, para exercer seu direito de tirar aquele peso do peito num *cara a cara* sem mediações e, por um instante, olhar o assassino *com os mesmos olhos que a vítima* ("Foi a esta distância que o senhor matou meu marido, sem lhe dar a chance de escapar", disse). O fato de que, na paisagem da sala do julgamento e por meio da sua dramatização, os olhos de Violeta Pochat tenham procurado inutilmente se encontrar com os de Armando Andreo — para além do ódio, da impotência ou do desejo de justiça — constituiu uma prova definitiva para uma condenação íntima que ela desejou que se traduzisse na sentença do tribunal acatando o pedido de prisão perpétua.

NÃO FORAM SUAS PALAVRAS, ENTÃO. A carta do pai as atribuiu a ela. Mas a quem deveriam ser devolvidas para fazer justiça, para que os filhos de quem as disse possam saber que, diante da morte, eles tiveram um pai que venceu quem pretendia que sua morte dependesse da sua vontade? Um pai que não estava sozinho, mas com uma moça que o acompanharia nesse final, duplicando o gesto de evitar a queda porque, se levantasse as mãos para o alto e se submetesse ao calculado suplício posterior, tendo como único limite a própria força ou fraqueza, a queda poderia ser a de outros, dos companheiros resguardados com esse levantar uma só mão contra eles mesmos? Mas o anúncio já estava feito ("Vocês não nos matam, nós é que escolhemos morrer"), e um soldado o ouviu e repetiu.

O pai da moça diz (escreve) que esse homem é Molina(s). E, assumindo que fosse Molina(s), se atribuísse a ele as palavras finais, estas seriam para sua filha o cumprimento de uma ordem, ainda que não fosse uma ordem, porque há decisões que anulam todas as diferenças, os mandatos, o medo antes da escuridão total. Mas esse desvio na narrativa, o fato de serem outras as palavras do soldado, e não as que o pai da moça diz (escreve) ter recolhido, nunca poderia se assemelhar à falsificação de uma evidência, porque o que o rege é justamente uma atroz suspensão da lei e porque o comunicado do inimigo, escreve, "desta vez" não difere dos "fatos". Então, menos do que a louvação trágica da filha mais velha, o que o pai faz é deixar a soberania ao mais vulnerável, uma mulher, uma moça que mal conhece a arma com que combate e que a usa contra a própria cabeça no dia seguinte ao do seu aniversário. E se só existe a conjetura em meio a uma batalha desigual, a lembrança encobridora, a cegueira do horror onde só a metáfora parece ser mais justa para tocar ao menos um ápice da experiência vivida, por que unir um nome a umas palavras — o do homem ou o da moça — quando esse nome foi deixado de lado porque já se tem outro nome de batismo, o de guerra, e já não se deseja um eu separado do corpo comum do grupo assumido como o lugar da fusão desse eu no dos outros?

NOTA DE RODAPÉ

Muitas vezes me perguntei por que não me juntei a eles. Se eu não tinha dado um jeito de sobreviver usando o pretexto de não lhes dar razão. Ou se essa espécie de acaso que me instalara na universidade boêmia dos bares, em vez daquela que iniciava na dissidência e na politização a ritmo de rajadas, traçara para mim um destino longe da militância, aquele lugar em que as palavras, ao menos na imaginação, eram substituídas pelas armas.

Como tantas outras pessoas, eu tinha recebido o impacto da Revolução Cubana através de um coquetel cujos ingredientes eram a carona de Simone de Beauvoir, os empregos informais e os livros do Centro Editor de América Latina. Meus pais tinham inaugurado nas suas famílias de origem a primeira geração de profissionais com diploma universitário. Eu podia passar ao largo dos portões da universidade sem que isso revertesse a ascensão de classe. Entre pequeno-burgueses, ser "leigo" era uma condição que podia se associar positivamente à vocação revolucionária, em vez de um diletantismo para evitar as agruras de uma carreira.

A arte foi meu primeiro pretexto. A frequência a umas poucas oficinas de pintura me arrastou de um realismo estilizado ao neofigurativismo, sem abandonar uma paleta psicodélica que meus sucessivos mestres, filhos putativos do PC, não chegaram a reprimir. Em 1968 não era necessário entrar na universidade para ser fisgada pela política: eu me iniciei, como muitas da minha geração, para me pôr à altura de um amor que poderia se perder se eu não acatasse a supremacia das causas coletivas sobre as questões privadas. Foi assim, em grandes traços, que dividi a esquerda com meu primeiro namorado. Ele, comunista crítico, stalinista fiel, condenava minha adesão de primeira hora à Antiestética de

Luis Felipe Noé, que me animava a traduzir "ação" por *action*, relegando-a aos domínios da pintura e como um vade-mécum de vida, numa leitura literal das *Memórias de uma moça bem-comportada*. Apesar da minha enorme timidez, ousei me arriscar na crítica das artes plásticas numa revista literária, na qual acusei a liga Spartakus de desumanizar o operário, fazendo dele meio animal, meio máquina. Na intimidade, continuava a sobrecarregar minha paleta fosforescente para bordejar meus temas com complexas guardas que pareciam obra de uma etnia imaginária e revelavam minha saudade de um pertencimento acolchoado.

Não era individualista; cultivava o grotesco de uma rebelião sem camaradas.

Eu disse *uma espécie de acaso*? Em parte. A vida não fez meu caminho se cruzar com o de Néstor Perlongher nem de feministas que começavam a questionar a certeza, comum a todo o campo da esquerda, de que a igualdade entre os sexos se imporia por inércia nos socialismos realizados. De fato, eu era marginal até entre aqueles que pensavam que as forças históricas não eram as únicas responsáveis pelas suas percepções, faziam questão de não separar a justiça social da transformação subjetiva e, em troca, incentivavam relações alternativas entre indivíduos do mesmo sexo e do oposto. Nas *caves* portenhas que eu frequentava, viam-se mais roqueiros obscuros como os da banda *Sandro y los de fuego* do que garotas insurgentes como Ivich, que Sartre fazia encarar os caminhos da liberdade obrigando-a a cravar uma faca na palma da mão. Em vão sonhava em pertencer a constelações que não se diferenciassem demais da vida em quadriláteros dos membros do grupo Bloomsbury, minhas orgias eram vacilantes: costumavam perder seu espírito radical nos consultórios de psicanálise, sob a retórica pouco honrosa do ciúme.

Também não fui suficientemente bonita e fina para ser considerada um butim a ser tomado da burguesia. Nas *orgas* [as organizações de esquerda], a posse de uma ex-atriz ou modelo de tornozelos finos — o *puro-sangue* se aferia com os mesmos critérios que nos haras — rendia dividendos para além das estruturas de comando: o "caçador" podia equilibrar o poder com algum membro da cúpula; a presa, conhecer um exílio parisiense de penúria sem boemia, culpabilizada pelas notícias do massacre, mas com o prestígio do engajamento.

Aqui e ali, eu escutava a oratória incendiária e a escolástica combativa, fazendo jogo com o colarinho Mao ou a *guayabera* com bordado industrial. Conseguiam me intimidar, mas havia algo nesse "nós" que me tentava sem que eu me decidisse. "Se não posso dançar, sua revolução não me interessa": essa frase de Emma Goldman teria me tranquilizado de um modo precário mas estimulante, só que eu ainda não a conhecia.

Pouco depois, a psicanálise impregnou tudo: entrei nela com a veemência de uma convertida, menos como estudiosa do que como uma *groupie avant-la-lettre* que — existencialista de alcova —, ainda assim, não deixava de resmungar os pormenores insatisfatórios que a teoria do inconsciente assestava à transparência do conceito de "compromisso". Era evidente que me atraía mais a teoria do Complexo de Édipo nas meninas do que a da mais-valia, mas, enquanto escutava os atraentes silogismos dos lacanianos *em situação*, eu me perguntava em silêncio: e a história? Assim como, no *outro lado*, o dos militantes comprometidos, eu me perguntara: e as mulheres? E o desejo? Das margens, num espaço ou no outro, eu tinha uma objeção — não a mesma — que me fazia sentir em cada um a falta de algo do outro. Contudo, o molde guevarista que impunha o tudo ou nada até entre os descrentes da política pura me pegava tão disposta a dar a vida pela causa como o mais fanático dos militantes. Pelo Monumento ao Quadrado do Instituto Di Tella? Pelo sapato de Dalila Puzzovio? Claro que não. Um moralismo existencialista de uso estritamente pessoal me fazia cuspir no pop, que eu associava à morte da pintura de cavalete anunciada pela revista *Primera Plana*, e as vanguardas da linguagem me inspiravam, além de um retrocesso ao realismo, uma arte da injúria herdada das mesas onde tagarelavam os jornalistas de Jacobo Timerman: quando li *El fiord*, chamei seu autor, Osvaldo Lamborghini, de "Bataille da província".

Em 1972, eu participava de um grupo chamado pomposamente Nueva Mujer, no qual as ex-mulheres de quadros do ERP propunham leituras feministas em chave de um marxismo interpelado.

Os fuzilamentos de 22 de agosto em Trelew [1] não abalaram o ânimo do Nueva Mujer nem pareceram sugerir uma mudança de rumo. *Elas* estavam lá para explicitar sua desembocadura na *nova mulher* como algo mais complexo do que a versão feminina do *novo homem*. Talvez, e isso é algo que posso entender agora, elas ainda observassem medidas de segurança, enquanto passavam de clandestinas a invisíveis.

Mas, no meu caso, aquela comoção me afastou definitivamente. Eu tinha visto as fotos do prontuário policial que, publicadas nos jornais adesistas, se cristalizavam numa série foragida: lá estavam os rostos daquelas que tinham escolhido as armas para depois serem passadas por elas. E eu não podia me furtar daquela imagem, do seu *chamado à consciência*, no mínimo um enigma a responder em chave pessoal: uma fileira sombria de moças envoltas em casacos folgados, sem bolsa, amarfanhando o rosto diante da luz da câmera, com a expressão entre aturdida e desafiante de quem foi acordado com violência no meio da noite. Uma câmera alienista parecia produzir o efeito da luz sobre o louco do Pinel e sobre a ruptura da clandestinidade pela captura realizada por um amo e senhor estatal.

Lembro-me da maquiagem exagerada de Susana Lesgart antes da fracassada fuga para o Chile, que parecia querer pintar sua passagem à liberdade com cores de guerra ou uma agourenta máscara mortuária. "Uma mulher de alta patente", dizia uma chamada do jornal, membro da Direção Nacional dos Montoneros, onde toda aquela baboseira de gênero se resolvia com o dedo no gatilho de uma arma longa. Os traços acaboclados de Ana María Villarreal, como se ela viesse de outra guerra justa. A expressão infantil de María Angélica Sabelli, que nas suas cartas da prisão, para não preocupar os pais, descrevia sua reclusão como se vivesse num internato de moças, mas que, segundo uma crônica jornalística, atirava melhor do que Buffalo Bill. Obscuras condensações me levam a crer que então eu tinha lido textos que certamente só leria anos mais tarde. Na época, meu fascínio pelos militantes criava um distanciamento literário, suficiente para não pôr em risco o destino de alguém como eu, que era chamada de *perejila* [2] por quem chorava os fuzilados ou nem sequer podia se deter para fazer isso, apelido que dava pé à piada de que a cor verde[9] da erva aromática combinava com minhas preocupações, mais ligadas a outros fluidos que não o sangue: os do sexo.

Eu lia marxismo de segunda linha. E o lia certamente entendendo só a metade, perplexa com sua impossível tradução numa práxis.

Plagiei para sempre a expressão de Lea Melandri "ascetismo vermelho". De não sei quem, "prudência freudiana". As duas viraram minhas fórmulas críticas para exercer o que batizei pomposamente, mas também por razões publicitárias, de *jornalismo da diferença*, que comecei a exercer já entrando na democracia.

A algum sedutor que, sem violar as normas de segurança, insinuasse seu compromisso revolucionário, eu respondia

---

9 *Perejil*, literalmente, salsinha; ver nota [1] da autora para a acepção do termo na gíria dos grupos guerrilheiros. Em espanhol, o adjetivo *verde* comporta os sentidos de "obsceno" ou "pervertido", como em *chiste verde* (piada picante ou suja) e *viejo verde* (velho safado). [N.T.]

"mas é você que carrega o pacotinho": num mundo de machos, minha defesa era ser maldosa apontando para os estigmas pessoais. Se eu ofendia o sujeito tachando-o de *garoto de recados de célula*, não era por estimar a cadeia de comando, mas movida por aquele moralismo neófito que me levava a desprezar o respaldo da militância ao conquistador que ameaçava o sigilo com seu pavoneio.

Como boa burguesinha, eu continuava a delegar o radicalismo político aos sucessivos parceiros.

Um grupo minoritário de militantes, que os "escuros" da P chamavam de "iluminados", [3] costumava se reunir no apartamento que eu dividia com meu companheiro da época. Seus integrantes me doutrinavam com condescendência e sem se dirigir a mim — limitavam-se a debater na minha presença. Assim, iam me enchendo os ouvidos com uma escolástica aparentemente simples, cheia de críticas ao foquismo, por tirar os operários das fábricas em vez de formá-los como propagadores da tendência. COP, LA, MLN[10] eram conjugados sem o atrativo irônico do poema "Siglas" de Néstor Perlongher. Lembro que um dia cozinhei para todo mundo repetindo o gestual da companheira adaptada ao modelo da classe popular. Em seguida, corando até as orelhas, pedi licença para me retirar antes do fim da reunião: tinha que escrever um artigo para a seção "Vida Cotidiana" do *La Opinión* sobre o voo de balão. Depois, estive literalmente no ar sobre aquela cidade já pontilhada de "casas operativas" e de centros clandestinos enquanto o vento empurrava perigosamente a barquinha para as bandas do rio. Mas lá, no meio da reunião, tive a impressão de ver nos olhos daquelas garotas duronas que abusavam de nomes de guerra como "La Negra" ou "El Negrito" um brilho de inveja, como

---

10 COP, Clase Obrera Peronista; LA, Lucha Armada; MLN, Movimiento de Liberación Nacional. [N. T.]

se eu representasse, não a frivolidade burguesa apropriável pelo inimigo, e sim a inocência de uma aventura anacrônica, mas de baixo risco.

Em 1974, eu disse ao meu companheiro que faltavam dois anos para o começo do extermínio. Lucidez profética? Nada disso. Qualquer pessoa que, como eu, estivesse fora da torrente da radicalização acelerada podia ver o que os envolvidos não viam; como se, do alto daquele balão absurdo, eu pudesse ver o avanço dos tanques cercando um quarteirão, enquanto seus moradores dormiam sossegados, apenas por estar voando acima deles.

Em 1976, eu disse adeus a um companheiro anterior que entrava na clandestinidade e me escolhia como seu passado em transição. Aquele rapaz de dezenove anos estava tão identificado com seu líder que chegara a incorporar certo sotaque de Santiago del Estero na sua fala. Eu nada podia lhe dizer que ele não pudesse interpretar como um convite a fugir da história. Aquilo que me faltava — as razões, a paixão por essas razões e o dom da persuasão para demonstrar que retirada não era sinônimo de covardia — gritava mais forte sua ausência até se transformar, na imaginação, nas *únicas palavras que poderiam salvá-lo*.

Conheci por acaso o diretor do jornal *El Cronista Comercial*, Rafael Perrota, hoje mais um desaparecido na lista da imprensa: levei comigo um portfólio que ele mal olhou, mas aproveitou para me medir de cima a baixo com um interesse que me pareceu impertinente. Minha fivela em forma de estrelinha, meus olhos pintados como os da modelo Twiggy, o ar abobalhado de uma tímida à procura de emprego, tudo em mim passava uma imagem kitsch. Ele então me explicou: os montoneros tinham deixado uma mensagem no bar Querandí. Eu teria coragem de ir lá pegá-la? Comigo iria um redator do jornal, Héctor Demarchi, que eu já conhecia: um moreno simpático que costumava elogiar meus textos de

"Vida Cotidiana" que eu publicava vez por outra no *La Opinión*. Fomos até o bar. Demarchi estava nervoso, querendo acabar logo com aquilo. Caçoei dele, que supostamente estava lá para me proteger de qualquer mal-entendido, com sua credencial de imprensa. Encontrei a mensagem enrolada embaixo do secador de mãos. Demarchi parecia não suportar meu entusiasmo pela aventura. Voltamos ao jornal e entregamos a mensagem a Perrota. Não me lembro do conteúdo. Héctor Demarchi foi sequestrado e desaparecido em agosto de 1976, seu nervosismo não era medo, era cautela de delegado sindical e militante clandestino.

Ao voltar do exílio, ao sair do *chupadero*[11] e da prisão, os militantes sobreviventes estavam mais dispostos a acatar as razões pelas quais não se morria: as que a revolução agendava para *depois de amanhã*. Uma amiga recente, ex-militante do Partido Revolucionário dos Trabalhadores (PRT) que enxergava em mim certa vertente "igrejeira" que o acaso teria me impedido de desenvolver, conjeturou diversas explicações: eu pertencia ao lumpesinato intelectual, sofria influência do jornalismo burguês, padecia de infecção precoce da peste psicanalítica. Outra, ainda montonera, mais irônica, concluiu que eu tinha sido salva pela retórica: alertada por leituras precoces de Fourier, sempre me pareceu abominável a metáfora esquerdista do pão duro[12] e que as palavras grandiosas, muitas vezes terminadas em "ção", tendessem à cacofonia.

Escutá-las — porque eram *elas* que, acima de tudo, me interessavam — não fazia desaparecer a tensão de uma desi-

---

11 Os centros clandestinos de detenção, tortura e extermínio instalados e mantidos pelas Forças Armadas durante a mais recente ditadura, de 1976 a 1983, também chamados *pozo* ou *infierno*. [N.T.]
12 Alusão ao grupo de poesia "El Pan Duro", ligado ao Partido Comunista, criado em meados dos anos 1950 sob a liderança de Juan Gelman. [N.T.]

gualdade perniciosa para o encontro: a de que eu não tivesse combatido, a de ser — elas diziam agora com certa simpatia lançando mão de um lacanianismo que impregnava tudo —, além de uma *perejila*, uma *analista de prazeres*.

No princípio eu me dirigia às novas amigas com uma submissão pusilânime ou, no melhor dos casos, uma demanda de reconhecimento que, felizmente, não me levava a alterar meus tenteios ensaísticos, embora os enchesse de vacilações dissimuladas com o estilo das mitologias de Barthes.

Naquilo que as ex-combatentes resumiam como *meu modo de escutar*, elas diziam sentir um convite a se interrogarem por aquela dimensão pessoal que eu havia explorado sem arriscar a vida e para a qual a revolução não lhes fornecera o que um texto feminista denominava *palavras para dizer isso*.

Não me convinha afirmar, como a poeta Irene Gruss, no poema "Mientras tanto" [Enquanto isso], "eu estava lavando roupa/ enquanto muita gente/ desaparecia", porque corria o risco, como aconteceu com ela mesma, de que algum patrulheiro apressado, descrente de metáforas, me acusasse dizendo: "Mas claro, você estava lavando roupa".

[1]

Em 19 de agosto de 1972, uma operação conjunta das Forças Armadas Revolucionárias (FAR), do Partido Revolucionário dos Trabalhadores-Exército Revolucionário do Povo (PRT-ERP) e dos Montoneros organizou uma fuga do Instituto de Segurança e Ressocialização U.6, conhecido como penitenciária de Rawson. Segundo o plano original, seriam resgatados cem companheiros, mas depois o número teve que ser reduzido. Por causa de diversas falhas operacionais, só conseguiram chegar ao Chile seis deles: Mario Roberto Santucho, Enrique Gorriarán Merlo e Domingo Menna do PRT-ERP, Marcos Osatinsky e Roberto Quieto das FAR, e Fernando Vaca Narvaja, dos Montoneros. Os dezenove restantes se renderam no aeroporto, onde exigiram como garantia a presença imediata de juízes, advogados e jornalistas que testemunhassem as negociações com os responsáveis pelo Exército local. Apesar de exigirem ser levados de volta à penitenciária, foram transferidos à base naval Almirante Zar onde, em 22 de agosto, durante um confuso episódio que foi explicado oficialmente como uma tentativa de resistência do militante Mariano Pujadas, foram massacrados na porta das suas celas. Eram Alejandro Ulla, Ana María Villarreal de Santucho, Carlos Alberto del Rey, Clarisa Lea Place, Eduardo Capello, Humberto Suárez, José Ricardo Mena, Humberto Toschi, Mario Emilio Delfino, Miguel Ángel Polti e Pedro Bonnet, do PRT-ERP; Alfredo Kohon, Carlos Astudillo e María Angélica Sabelli das FAR; e Mariano Pujadas e Susana Lesgart, dos Montoneros.

Sobreviveram apenas Alberto Camps, das FAR, que seria assassinado em 1977; Ricardo Haidar, dos Montoneros, desaparecido em 1982; e María Antonia Berger, das FAR, desaparecida em 1978. Numerosos parentes dos assassinados continuam desaparecidos.

[2]

Termo usado no interior das organizações armadas de esquerda para chamar os militantes inexperientes ou superficiais, estendido aos simpatizantes sem prática política. Conforme o caso, pronuncia-se com desprezo ou indulgência. Sua origem é policial, embora a lexicografia do lunfardo atualize assim sua definição: "(insulto) Fanático que ingressa numa organização extremista e é iniciado na comissão de atos de violência".

[3]

Setor ideologizado das Forças Armadas Peronistas (FAP) que apoiou o chamado Processo de Homogeneização Política Compulsória, o qual propunha privilegiar no interior da organização a formação crítica e o debate teórico, mas que acabou sendo derrotado pelo setor mais "movimentista": os "escuros".

H.I.J.A.S.
FILHAS DA LÍNGUA

— EU ESTAVA DORMINDO NO QUARTO DO TERRAÇO QUANDO ESCUTEI O TIROTEIO — diz Maricel Mainer. — Naquela manhã, teve lá uma reunião dos montoneros, mas eu não participei. Acabava de chegar de Santa Fe com meu marido, porque tínhamos comprado um apartamento em Buenos Aires e estávamos esperando as chaves. Todos os nossos móveis estavam lá, na casa da minha mãe. Mas essa mesa que você está vendo aí não era minha; é da rua Corro, a mesa da família.

Quando o ataque começou, acordamos. Os milicos usaram tanquetes, helicópteros, granadas. E lá, na frente do meu quarto, que dava pro terraço, a Victoria apareceu com o Coronel, correndo e atirando. Eu falei: "Me dá uma arma pra eu me defender", e ela respondeu: "De jeito nenhum"; e os dois pularam pro terraço ao lado.

Na qualidade de oficial montonera, Vicki não entregou a arma a Maricel por se tratar de uma civil sem patente para utilizá-la? Ou porque se reconheceu nessa garota, pouco mais nova do que ela, no seu gesto decidido e crucial, e quis preservá-la dando-lhe a oportunidade de viver? Será que ela pensou, sob as rajadas de balas, que com essa negativa conduziria a outra para um caminho diferente, nem por isso desonroso, como aquele que seu pai descreverá na "Carta aos meus amigos", que ela nunca lerá?

— Ela não estava de camisola, nada. Estava era de jeans e camiseta — diz Maricel. — Depois, tivemos que sair pro terraço, de mãos ao alto. E só muito depois fiquei sabendo que a Vicki era filha do Rodolfo Walsh, eu a conhecia mesmo por "Vicki", se bem que agora você me deixou na dúvida. Mas, como a bebê se chamava "Victoria", acho que podia ser, sim.

Seu nome de guerra era "Hilda", como a filha do Che; e o da sua filha, "Marcela". Lucy diz que sua filha Milagros tinha um cercadinho para brincar de boneca e que Vicki pôs sua filha Victoria ali dentro, enquanto a casa tremia com um barulho ensurdecedor. Quantas vezes se repete a palavra "filha", como se essa palavra que evoca fragilidade pudesse deter as recordações dessa manhã.

— O tiroteio foi foda. Não deu tempo pra nada — diz Juan Cristóbal. — Eu estava com minha mãe, embaixo de um colchão, do lado da lavanderia. As balas passavam relando por cima. Foi aí que a doida da minha irmã falou assim pra Vicki: "Me dá uma arma, eu também vou lutar". E ela não deu, e aí meu cunhado agarrou sua calça por trás e falou: "Você fica aqui". Eu não sabia que ela era a Vicki Walsh nem sabia porra nenhuma do Rodolfo Walsh.

Os comunicados do Exército costumavam detalhar os arsenais que encontravam nas casas invadidas; o do *La Opinión* de 2 de outubro enumerava com retórica militar: "uma caixa contendo dezesseis granadas de mão; dois fuzis automáticos leves, calibre 7,62 mm; duas pistolas-metralhadoras calibre 9 mm; onze armas curtas de diversas marcas e calibres; grande quantidade de munição para ditas armas; bibliografia marxista, arquivo de arrecadação obtida mediante intimidação; arquivo de feitos delitivos, assassinatos e sequestros; lista de membros desertores da organização".

— Mentira — diz Lucy —, já tínhamos nos livrado de tudo. Na minha casa não havia armas. Na noite anterior, o Coronel tentou me convencer a deixá-lo fazer um esconderijo pras armas. E eu falei: "Esconderijo aqui, não, porque logo vão encontrar". Na minha casa, o único que tinha uma arma regulamentar era meu marido, que era capitão da Marinha mercante, e eu a escondi. Depois ele comprou um revólver-metralhadora, que eu vendi pro Coronel por uma ninharia antes de tudo começar. Outra coisa foi em Las Malvinas, uma chácara que eu subloquei pra toda a cúpula dos Montoneros em La Plata. Era uma chácara linda, com piscina. Eles me pagaram os três meses do verão. Quando foram embora, tive que fazer uma faxina daquelas, porque deixaram uma sujeira só. Eu sei que desde aquela época os milicos já estavam de olho na gente. Sabe por quê? É que guardaram um monte de armas no quarto de cima, contando com a cobertura dos caseiros, que também eram militantes, e a proprietária os denunciou. Além disso, não devolvemos tudo impecável como recebemos. Meu irmão, o contra-almirante, depois me falou: "Quando você se mudou pra Buenos Aires, já estavam sabendo de tudo".

Ao negar-lhe uma arma antes de morrer, Vicki legou a outra mulher a possibilidade de sobreviver ali onde a arbitrariedade nascida da suspensão da lei podia acabar com ela, e Maricel sobreviveu. O pai de Vicki não pôde ver esse seu gesto. Mas será que o registraria no seu escrito? Talvez não, para que a soberania da sua morte brilhasse única, sem que nada pudesse fazer sombra à sua exaltação e memória.

— Eu me encontrei com a Maricel em La Plata, aonde tínhamos ido depor no julgamento de Von Wernich — diz Patricia. — Não lhe perguntei nada, mas ela quis me dizer, e disse, o que achei surpreendente, que minha irmã lhe salvou a vida. E isso era completamente novo pra mim. Quando eu perguntei: "Como assim?", ela me contou que era muito novinha na época e que, quando o combate já ia terminando, estando perto do terraço onde minha irmã se matou, a Maricel lhe pediu uma arma, mas minha irmã não lhe deu.

MÃES CATIVAS

Victoria María Costa nasceu de uma das maneiras possíveis na época: com a mãe livre, mas na clandestinidade. Poderia ter sido de outro modo: nascer em cativeiro e ser sequestrada como troféu de guerra para depois ser entregue em adoção, ou permanecer longos anos com amigos ou parentes enquanto a mãe permanecia presa. Mas ela foi desejada, fruto da decisão de um casal que, depois de algumas idas e vindas, planejava, para além de qualquer naufrágio e em perigo, ser três. Deve ter sido, como sempre nesses casos, uma decisão um tanto melancólica, porque um filho sempre é pensado, projetado à luz de um futuro radiante. Em *La voluntad*, Eduardo Anguita e Martín Caparrós improvisam — talvez em cima do testemunho do Emiliano Costa — um roteiro para o que imaginaram ser a conversa desse dia.

"— Escuta, magrela, sabe que eu sempre gostei de você, mas agora posso dizer que estou apaixonado, que meu sonho é a gente ficar junto, que eu adoraria ter um filho com você... não chora, sua boba, é sério.

— Ah, meu amor, eu também estou apaixonada... Sinto uma iminência, não sei como dizer isso pra não parecer negativa, mas agora que a morte está mais perto, tenho muita vontade de ter um filho com você. Acho que, quando a gente vê a morte de perto, dá mais valor à vida."

Um diálogo de época muito bem afinado, época em que a cartilha existencialista ainda enchia as declarações de amor de palavras impensáveis para o romantismo, e um singelo "eu te amo", como os que hoje são distribuídos a torto e a direito até entre amigos do Facebook que nunca se viram cara a cara, seria considerado uma expressão impulsiva, carente do valor agregado do compromisso e da escolha. Os filhos vinham, como em qualquer tempo, chamados pelo desejo entre esperançoso e iludido, pelo acaso bem-vindo, ou com a reticência de um dos pais (em geral, o homem). As organizações armadas costumavam variar suas regras conforme a fase da revolução: às vezes, era preciso tê-los porque *o povo tem muitos filhos*; às vezes, deviam ser adiados, à espera de uma conjuntura política mais favorável, mas o impulso da vida rompia essas regras e fazia as fraldas conviverem com as armas. Porém, existia a convicção individual. Para muitas companheiras, em nome dos riscos assumidos, as crianças deviam ser a reserva para o tempo de paz; outras viam nelas um talismã para alcançar o futuro e as testemunhas da revolução efetiva. Contudo, para a maioria, a vontade de ter filhos era a emergência desse desejo impermeável à razão que, ao se realizar, assumia diversas formas de acolhida. Às vezes as crianças eram um fio-terra em meio à realidade cambiante, de viver sem casa e longe dos laços biológicos secundários, no interior do que se exigia como família ampliada, a revolucionária. Às vezes, o vínculo com os filhos era o limite que se punha às exigências da luta. Algumas poucas militantes optaram por abortar sistematicamente. As companheiras e os companheiros tiveram filhos num tempo em que ainda não se conhecia a dimensão da perda quase inexorável da própria vida; em meio a um risco medido pela vontade de vencer e por uma análise otimista das condições objetivas da luta.

As crianças da guerrilha nasceram ou foram geradas num contexto em que ainda era impensável que os paladinos da família pudessem ser capazes de usar os sentimentos familiares como instrumento de chantagem durante a prisão e a tortura. Se os companheiros ainda tinham dúvidas sobre se as mulheres com filhos deviam participar de ações armadas, enquanto resistiam a dividir o trabalho doméstico cotidiano, o amor maternal e seu imperativo — esse que *virou* conscientização política e radicalismo nas Mães de Plaza de Mayo — foi a maior causa de sofrimento para as mães militantes ou que foram presas ou desaparecidas estando grávidas. A deputada Juliana Marino acredita que as mães na prisão carregavam algo assim como um plus de sofrimento: "O homem preso que tinha a mãe dos seus filhos fora sabia que se conservava uma parte do núcleo e, quando era possível, a mãe levava as crianças para vê-lo. A mãe presa desarticulava mais a família. Não era a mesma coisa visitar o pai duas vezes por semana na companhia da mãe do que viver sem pai nem mãe, porque, em geral, quando a mãe não se encontrava, o pai estava foragido". Então recordava o choro de uma companheira, importante quadro político, com quem ela compartilhou meses da prisão na penitenciária de Buen Pastor: dizia que mais doloroso do que a tortura e a prisão era a separação da filha de três anos no fim de uma visita.

Em face da distância compulsória dos filhos, eram várias as estratégias das mães presas, se despojarmos a palavra "estratégia" do seu caráter militar e a redefinirmos segundo uma interpretação posterior aos fatos, na lucidez de pensar que nem a tortura, nem as humilhações, nem a ameaça de morte puderam evitar as próprias ações de insurreição numa arte de viver até então ignorada.

Adriana Calvo de Laborde deu à luz sua filha Teresa na caminhonete que a levava de um centro de detenção em La Plata para o "Pozo" de Banfield. Ao chegar, o parteiro e repressor Jorge Bergés cortou o cordão umbilical e jogou a placenta no chão, obrigando Adriana a limpá-la com um pano enquanto o "parteiro" conversava com os guardas. Quando saiu do campo, durante todo o percurso até a casa da mãe, foi rezando para que ela não tivesse morrido (não tinha uma noção exata do tempo transcorrido, parecia-lhe longo, incomensurável). Levava a filha no colo e no pulso uma fitinha que sua companheira Patricia Huchansky tinha trançado com a lã do recheio de um colchão e que estava enviando para os filhos através dela. Ao chegar em casa, temerosa do que podia ter acontecido durante sua ausência, espiou por uma janela e, ao ver a velha criada da família, chamou-a em voz baixa. Depois do alvoroço das boas-vindas, da enorme alegria — sua mãe estava bem —, quando foi cumprimentar sua filha mais velha, Martina, a menina virou a cara para ela.

Quando seu filho era recém-nascido, Margarita Cruz sofreu uma detenção legal de dez dias, e durante esse período levavam-lhe o bebê para que ela o amamentasse. Depois foi separada da criança, sequestrada e presa na escolinha de Famaillá, na província de Tucumán. Tinha 21 anos e militava na JP (Juventude Peronista): "Foi só eu ficar longe do meu bebê que ele deixou de me reconhecer. Foram três meses. Quando voltei e minha mãe o trouxe pra eu pegar no colo, ele abriu o berreiro. Foi um choque imenso".

O tempo do cativeiro — em alguns campos de concentração a pessoa permanecia sentada e no escuro, incomunicável por períodos de até catorze horas — parecia um suplício incomensurável, mas quando ela sobrevivia e já não existia a tortura aguda nem a ideia da morte iminente, o horror era a presença daquele tempo no olhar infantil que as transformava em estranhas.

Adriana se sentou para amamentar Teresa ainda com o cabelo sujo e cheio de piolhos, tal como saíra do "Pozo". Seu pai a mandou para o banho e em seguida queimou toda a sua roupa, incluindo a pulseirinha de lã. A reação da Adriana foi incompreensivelmente violenta, apesar de ainda não saber que nunca mais veria Patricia. Na prisão, sua estratégia foi resistir a pensar nos filhos. Cedeu apenas uma vez, quando teve a visão de Martina com sua camisola de bolinhas cor-de-rosa em pé no meio do quarto, sem conseguir dormir. Então chorou e bateu a cabeça na parede até que as companheiras conseguiram acalmá-la. "Se eu chorei no campo? Não, nunca. Só um dia; porque de nada adianta. Não é uma questão pessoal, aconteceu com muita gente, o cérebro produz umas defesas totais. Nos três meses em que estive lá dentro, não pensei nem uma única vez nos meus filhos, a não ser naquele dia. Nada, não sentia saudade, não pensava, não existiam. A Teresa também não existia, eu não acariciava a barriga, não pensava no parto. Impressionante, mas é assim. Se você pensar, morre."

Margarita Cruz, ao contrário, manteve com o filho uma espécie de cordão umbilical imaginário que ela expressou com um gesto desafiante e poderoso. "Naquele tempo, não existia a ideia de que poderiam separar a gente dos filhos, nem existia, como depois existiu, o mal absoluto. Era 1975, três meses depois de iniciada a Operação Independência. [1] E a única coisa que me sustentava era o desejo de voltar a ver meu filho. E uma coisa que me ajudou foi a sensação de estar sempre com ele no colo. Acho que os milicos devem ter pensado que eu estava louca, porque cantava em voz alta e o embalava. Meu leite não secou com o susto, nem nada. Só foi secar depois que me deram um remédio. Porque eu tinha a maternidade na mente, nos sentimentos e no corpo. É que, no meu caso, assim como no de muitas outras, ter um filho foi uma decisão consciente tomada com meu companheiro. Além da militância, havia um desejo de realização pessoal. E eu queria me realizar como mulher e como mãe. Acho que é isso que os milicos não podiam suportar: como é que uma mulher pode militar, ter uma relação conjugal e ainda por cima ser mãe. Não cabia na cabeça deles que uma mulher rompesse com seu papel tradicional — o das suas esposas — e ao mesmo tempo se realizasse como pessoa e como mulher. Por isso eles maltratavam as companheiras com tanta sanha; estupros, tortura de grávidas, mães separadas dos filhos, filhos roubados. Ultrajaram tudo o que pudesse significar feminilidade".

A "feminilidade" que Margarita Cruz define já é futura, embora ela a pronuncie sem aspas: a de uma mulher, amante, mãe e militante. Na atualidade do feminismo e do movimento LGBTQIA+, a feminilidade foi posta em xeque por teorias desconstrutivistas, que a leem com categorias que interpelam o marxismo, a psicanálise e as tecnologias de gênero. E talvez esse arquivo, quase sempre anglo-saxão, possa se expor ao risco de que os papéis saiam voando: a "feminilidade como máscara" na literalidade do campo, e como essa feminilidade, vivida como uma fronteira a ser defendida, pode transtornar seu sentido até sustentando os valores convencionais. [2] Os ultrajes à feminilidade encontraram, portanto, muitas formas de resistência. A suspensão dos pensamentos mortificadores de desejo maternal, no caso de Adriana Calvo; a política da pose por meio da qual Margarita Cruz fingia perante seus captores que a separação do seu filho não tinha sido efetiva; ou a reconstrução — por meio da fantasia — do espaço do lar, como a deputada Juliana Marino relata ter visto na penitenciária Buen Pastor, onde uma prisioneira chamava a filha para brincar de "casinha": "Quando a menina vinha de visita, nós deixávamos o pátio livre pra que ela tivesse privacidade com a mãe. E as duas brincavam de fazer as coisas da casa. A mãe a penteava como se a estivesse preparando pra ir na escola, servia a merenda no pedestal da bandeira como se fosse uma mesa. Às vezes, antes da menina chegar, os familiares mandavam à minha companheira algum presentinho pra ela dar à filha. E nós também lhe dávamos coisinhas: tricotávamos bolsinhas pra boneca ou fazíamos desenhos, e ela sempre nos mandava abraços, abraços pra nós, 'as amigas da mamãe'. Porque no início, quando a bebê ainda era muito nova, a mãe dizia pra ela que tinha que morar lá com as amigas — embora não nos conhecêssemos antes de entrar lá —, e a menina devia achar que aquilo era uma espécie de escola, pois, afinal, lá havia um pátio, um mastro, uma bandeira...".

Ao pé da bandeira azul e branca — símbolo da Argentina na época sequestrado pelo governo *de facto* —, agora ondulando numa prisão para mulheres, uma mãe inventava uma mesa familiar onde "servia a merenda" para a filha. Que galeria de arte moderna poderia reconstruir na atualidade essa obra de arte conceitual, da qual hoje só resta o testemunho de Juliana Marino e a lembrança da sua autora trágica?

Mães que, certamente inimigas ferrenhas da New Age, se tornaram iogues espontâneas para suspender o pensamento, performers capazes de desafiar os senhores da subvida. Que revolução futura levará essa arte da escuridão até a vitória, sempre?[13]

---

13   Citação da frase de Che Guevara "*Hasta la victoria. Siempre, Patria o Muerte*", que a partir de 1965 se popularizou como lema revolucionário através da releitura de Fidel Castro: *hasta la victoria siempre*. [N.T.]

[1]

Em 1975, eliminados os sindicatos independentes, capturadas suas lideranças, proibidas as ocupações de fábricas e fortalecida a burocracia sindical, enquanto a Triple A (Aliança Anticomunista Argentina) multiplicava seus crimes e, sob o pretexto da aniquilação da guerrilha na província de Tucumán, o Exército lançou a Operação Independência, e a escolinha Diego de Rojas, no município Famaillá, foi convertida no primeiro campo de concentração argentino, o espaço físico inicial para a sistematização de um método: o sequestro, o desaparecimento, a tortura e a morte.

[2]

Talvez a palavra "resistência" tenha adquirido uma ressonância fecunda justamente quando a liberdade de um grupo de homens e mulheres militantes já havia sido cerceada e arrasada até o limite. Foi uma estratégia comum de exploração das máscaras de gênero, aproveitando as crenças cristalizadas dos repressores. Na Esma, um grupo de prisioneiros — a maioria deles quadros eminentes das suas organizações ou familiares de celebridades heroicas da luta armada, cabeças pensantes de grande habilidade retórica e/ou estrategistas tarimbados que conceberam ações notáveis — percebeu, no marco do projeto político do general Massera e do enfrentamento com as demais armas, Exército e Aeronáutica, o interesse da Marinha em *chupar* inteligência montonera e exibir seus quadros como troféus de uma regeneração exemplar. Esses homens e mulheres, que seriam utilizados em tarefas de arquivo, análise de conjuntura, elaboração de documentos e diversos informes de uso interno, passaram simultaneamente a simular colaboração e a proclamar sua conversão ostentando os argumentos e valores do inimigo. Esse perigoso jogo duplo foi fundamental para aumentar o número de sobreviventes. Aproveitando os privilégios conseguidos, os quadros ativos dentro da Esma puderam reforçar suas estratégias compartilhadas, que já vinham acionando por entre as frestas do poder no campo de concentração, centradas em: não prejudicar pessoas nem organizações populares com suas atividades; ampliar o grupo incluindo o maior número possível de prisioneiros; instruir os recém-chegados nas ações que reduziam o risco de ser *trasladados*;[14] dar às suas análises uma orientação que, interpretadas pelos militares, pudesse reduzir as ameaças aos militantes em liberdade; e, atingido o objetivo da sobrevivência e da libertação, levar suas denúncias a organismos internacionais. Pode-se dizer que, nessa tarefa de *faz de conta*, cada homem e cada mulher caricaturavam a encenação do gênero, só que fingindo pôr suas virtudes a serviço do inimigo; fingindo, também, que essa servidão resultava da identificação com este graças ao seu poder de persuasão. Eles exibiam suas insígnias em ações passadas, realizavam sofisticadas análise estratégicas, ofereciam argumentos políticos e publicitários, ao mesmo tempo que se mostravam altivos e dignos para valorizar sua conversão. Elas reassumiam seus dotes domésticos depois de fascinarem seus captores com sua condição mítica de más mães, más donas de casa, extremamente vorazes no seu desejo, especialmente cruéis no uso das armas, já que o índice de regeneração das cativas era lido conforme

---

14 "A palavra *traslado* era um eufemismo usado pelas Forças Armadas para se referir ao assassinato de pessoas. O método mais habitual utilizado na Esma para cometer esses crimes eram os chamados 'voos da morte' [nos quais os prisioneiros, sedados, eram lançados ao rio da Prata do alto de um avião de carga]" ("Traslados", Museo Sitio de Memoria ESMA, disponível em: http://www.museositioesma.gob.ar/item/traslados/). [N.T.]

os signos da feminilidade tradicional. "Um dia reconheci os passos do Tigre[15] e tirei um toquinho de batom que eu tinha conseguido salvar da minha bolsa. O Tigre espiou e vi que ele deixava escapar uma espécie de sorriso de satisfação. Parecia um louco, mas acho que ao me ver pintando os lábios decidiu que eu não 'iria pro alto', como ele dizia", costuma contar rindo uma sobrevivente, Lila Pastoriza, a quem outra, Pilar Calveiro, dedicou seu livro *Poder y desaparición, los campos de concentración en Argentina* com a seguinte dedicatória: "Para Lila Pastoriza, amiga querida, especialista na arte de encontrar frestas e de atirar contra o poder com duas armas de altíssima capacidade de fogo: o riso e a ironia".

---

15 Apelido do capitão Jorge Eduardo Acosta, chefe da máquina de tortura e morte instalada na Esma. [N.T.]

— MINHA IRMÃ SE SUICIDOU, MAS NA VERDADE A MATARAM — diz Patricia —, porque nessa situação não restam muitas opções. Se não tivesse se suicidado, provavelmente estaria desaparecida, pois é difícil pra mim pensar que, com o peso do nosso sobrenome, ela pudesse sobreviver. Pouco antes de morrer, morou um tempo na minha casa, e lá, nos conjuntos habitacionais, costumavam fazer muitas "operações pente-fino". Na época falamos sobre a possibilidade de sermos capturadas, e ela me disse que não se entregaria com vida. Minha única dúvida é que, naquela conversa, ela fez um gesto como quem dá um tiro no peito, e segundo o relato da Maricel Mainer ela se matou com um tiro na boca. Alguns anos depois, pedi pro Emiliano Costa tramitar a exumação. Então a Equipe de Antropologia Forense fez uma perícia e mostraram que minha irmã tinha uma marca de disparo perfeitamente compatível com um tiro na boca.

— A certa altura, cessou o fogo — diz Lucy. — Eu dizia "aqui tem gente que não tem nada a ver", aos gritos. Queria que eles acreditassem que se tratava de alunos meus que tinham vindo estudar comigo. Nesse momento me esqueci de toda a história dos Montoneros, a única coisa que eu pedia era que não acontecesse nada com as crianças. Aí saímos os quatro com as mãos na cabeça. Então falaram pra minha filha e pra mim: "A moça se matou, querem vê-la?". Mas eu não queria ver a Vicki morta, de jeito nenhum.

Qual era a intenção do coronel Roualdes? Exercer a magnanimidade incentivando uma despedida? Ou saborear a vitória observando o efeito da imagem da moça nos sobreviventes?

— Estava na cara que ele era o chefe da operação — diz Maricel —, foi ele que falou pra minha mãe e pra mim, que estávamos no chão, que a Victoria tinha se matado com um tiro. "Querem ver a moça? Ela falou 'Viva a Pátria' e deu um tiro na boca." Meu irmão diz que a vimos, mas não, nem minha mãe nem eu quisemos vê-la. Pelo seu jeito de ser, não tenho dúvida de que ela fez o que fez. E duvido que o cara tenha mentido. Ele nos perguntou se queríamos vê-la, e respondemos que não. Foi assim. E sempre me ficou a ideia de que eu a vi se matar com meus próprios olhos. Porque antes a vi combater com garra. Nunca entendi por que o sujeito nos perguntou se queríamos vê-la; isso é totalmente subjetivo, mas talvez ele não deixasse de ter certa admiração por um inimigo que o enfrentava assim, ou era mais um jeito de nos derrubar, porque não tem a menor graça ver uma pessoa com quem você jantou na véspera lá toda arrebentada. O convite pra ver a Vicki morta é uma coisa tão perversa que você não sabe qual podia ser o motivo; duvido que tenha sido um gesto de amabilidade.

A satisfação de ter abatido em combate uma peça maior de caça humana — segundo o manual de estados de espírito militar — exige a admiração de uma testemunha; mesmo que seja uma testemunha horrorizada.

— "Querem ver a moça? Ela disse 'Viva a Pátria' e se matou" — repete Maricel. — Respondemos que não; além de tudo, achávamos que logo iam meter um tiro em cada um de nós, que quando saíssemos no terraço iam acabar conosco. Por isso achávamos que era melhor ficarmos lá mesmo, à vista de todos.

— Eu ouvi com meus próprios ouvidos e minha irmã viu com seus próprios olhos — diz Juan Cristóbal. — A certa altura, a Vicki falou "Viva a Pátria" e deu um tiro no céu da boca. Isso foi verídico e autêntico. Não tomou nenhuma cápsula de cianureto. Agora, não sei se ao mesmo tempo ela recebeu um tiro por outro lado. Mas que ela disse "Viva a Pátria" e estourou os miolos, disso eu tenho certeza. Não sei se a Vicki falou a outra frase que minha irmã escutou, mas eu não escutei. E a Maricel pode ter dito que ela deu um tiro na boca quando, na verdade, foi na cabeça, mas que ela se deu um tiro, deu mesmo. Tem algo de indiscutível nisso. Algo que faz dela um herói; você não pode relativizar esse fato com outras coisas. A *história da Vicki* é verdade, uma verdade absoluta e testemunhal.

O LEGADO DO DESEJO

Na ficção, Leonardo, o filho de "Poli", a guerrilheira de *El Dock*, e Jan, o filho de Marianne, a militante do grupo Baader-Meinhof de *Os anos de chumbo*, questionam uma ausência que pressupõem ser fruto de uma escolha das mães que se sobrepõe ao seu amor por eles. Tanto os integrantes do agrupamento H.I.J.O.S., na Argentina, que convertem esse questionamento na indagação pelo nome dos assassinos e na exigência de julgamento e castigo dos culpados, assim como outros filhos de desaparecidos, até aqueles que não aspiraram a dar testemunho público, dizem ter feito essa pergunta em algum momento tomados pela ira ou pelo sentimento de abandono, deixando em suspenso o fato de o destino dos seus pais não ter sido fruto da própria decisão, e sim ação dos seus inimigos, e associando o "abandono" à própria escolha de participar da luta revolucionária, na qual se enlaçaria uma certeza: "Ela não pensou em mim?". Essa pergunta, que será formulada ora nas entrelinhas dos discursos à imprensa, ora em caráter pessoal, ora nas suas produções artísticas, quando os filhos [H.I.J.O.S.] já forem biologicamente maduros para ser pais, é muitas vezes marcada pela narrativa terapêutica, sobretudo aquela que tenta registrar, em chave assistencial, o peso da história fundindo a política dos direitos humanos com a psicologia e a psicanálise. Impensável em tempos de guerra entre nações, quando a ideia de Pátria como imperativo coletivo pretende prevalecer sobre as decisões individuais, essa pergunta foi com frequência formulada de maneira dramática mas despojada do seu traço histórico. Hoje os filhos artistas a deslocam, enquanto tramam suas ficções no presente.

Mas eu vou conjugar os filhos com pontinhos no feminino (H.I.J.A.S.), romper o masculino monopolista e plural para personalizar a sigla em homenagem a Néstor Perlongher e sua ressonância literária, para dizer sobre suas obras, impossíveis de serem blindadas num gênero mas que assombram com o fantasma do testemunho; um fantasma que, ao contrário dos da literatura, não se limita a pedir vingança, a exercer uma justiça do além — a menos que o além seja o dos tribunais, a que as autoras não deixaram de recorrer, deixando solta a vontade de escrever, atuar ou filmar sem obedecer, e muitas vezes *sem seriedade*. Eu escolho essas filhas para continuar imaginando as opções que não se ofereceram àquela mãe morta violentamente numa casa no bairro de Floresta e sua bebê sentada — erguida — entre cadáveres, a quem eu gostaria de contar o que algumas H.I.J.A.S. fizeram com o que a história fez delas. Não são muitas as artistas que escolho, apenas algumas que romperam com o que uma delas — Albertina Carri — chamou de "supermercado da memória" e conservaram o talismã experimental e a altivez humorística diante do imperativo social de sempre cultivar apenas o gênero tragédia em chave realista. Portanto, é uma produção mais de ovelhas negras que de mulheres de luto: costumam utilizar a língua do Facebook, o teatro do *escrache*,[16] a retórica de diversos meios audiovisuais como o blog ou o vídeo, mas sempre, antes ou depois, termina no texto, como se fosse necessário passar por aquilo que a ditadura pretendeu apagar ou esconder na ignomínia dos seus segredos e onde as letras formam os nomes dos assassinados e

---

16 O termo *escrachar*, que em lunfardo originalmente nomeava tanto o ato de estragar como o de fotografar, foi retomado e ressignificado a partir dos anos 1990 pelos movimentos sociais argentinos, sobretudo o H.I.J.O.S. Nessa nova acepção, o *escrache* denomina a exposição pública dos perpetradores do terrorismo de Estado a fim de promover sua condenação social e exigir seu julgamento. Sua forma "clássica" é uma manifestação-performance em frente à residência dos criminosos; mais recentemente, passou a ser realizado também por meio das mídias sociais, no chamado *escrache digital*. [N.T.]

dos seus assassinos. São obras que recusam a narrativa espetacular, a descrição meticulosa do horror tantas vezes imaginado sobre a experiência vivida pelos pais; talvez esse horror seja informado, porém sem deixar de permanecer oculto ou imediatamente contido por uma especulação distante mas não indiferente sobre os limites dessa imaginação. Nenhuma delas tenta o caminho artificioso de pôr em cena uma semelhança entre obra e vida, em função de um projeto de transparência, como se todas elas soubessem que essa transparência que se pretende normalizar com a fórmula "eu me lembro" é uma ordem de clausura beatífica para seguir adiante. São heterogêneas e descrentes de que a verdade nua só se revela de uma maneira igualmente nua através de uma língua precária, *da qual é proibido desfrutar*. Se incluí *Mi vida Después* (2009), de Lola Arias, não é porque ali uma filha [H.I.J.A.] põe em ato sua autobiografia, mas sim por sua *sororidade estética* com as outras que falam de "uma experiência que obceca, justamente, porque não a viveu e por isso não pode ficar nada dela" e, então, é por esse buraco por onde elas podem escapar para a obra. São desobedientes dos legados narrativos e das tendências a enlaçar com o presente dos artistas que não passaram pela tragédia social, donas de uma soberania que talvez carregue a que se erigia naquela arte sem padrões que era feita nos campos de concentração e nas prisões.

Porque talvez exista uma linha de transmissão entre o tempo recuperado e o simbolizado na pulseirinha trançada milímetro a milímetro por Patricia Huchansky, ou no xadrez de miolo de pão pintado com pasta de dente que Sara Méndez confeccionou na penitenciária de Punta de Rieles — objetos "de preso", lavores de pontos microscópicos, ossos modelados ao longo de dias infinitos com farinha recolhida migalha a migalha e usada como massinha, com os quais é possível ter uma ideia do tempo que a mãe, apesar da separação, dedicava ao filho.

E essa soberania das filhas [H.I.J.A.S.], essa superioridade agressiva com que elas escrevem fora dos padrões, à maneira de uma nobreza nova, não é aquela arte que mais antecipa o futuro?

POLÍTICA CAPILAR

Com seu filme *Os loiros* (2003), que em algum momento cogitou chamar *Documental 1. Notas para una ficción sobre la ausencia*, Albertina Carri resolveu transgredir a lei que liga o documentário ao realismo. Albertina é filha do sociólogo Roberto Carri e da diplomada em Letras Ana María Caruso (dossiês nºs 1.771 e 1.776), desaparecidos em 14 de fevereiro de 1977. Segundo o relatório da Comissão Nacional sobre o Desaparecimento de Pessoas (Conadep), suas três filhas foram retiradas de uma delegacia de Villa Tesei por familiares: "A partir do mês de julho do mesmo ano, estabeleceu-se uma troca de correspondência entre os sequestrados e a família [...] quem atuou como intermediário foi um homem chamado 'Negro' ou 'Raúl'". Isso conforme a estética dos documentos oficiais.

Pela primeira vez, uma filha [H.I.J.A.] optava por fazer uma investigação no formato "memória" e ao mesmo tempo experimentar os modos de representação. Teve a audácia de desprezar o discurso dos direitos humanos que iguala verdade e justiça, descartando as quarenta horas de depoimentos que tinha gravado, e optou por representar o sequestro dos pais com bonequinhos de Playmobil, tomando como inspiração da sua obra não *A batalha de Argel* ou *La hora de los Hornos*, mas os filmes de Chris Marker e Jean-Luc Godard. No debate após uma exibição de *Os loiros* no Departamento de Espanhol da Universidade de Princeton, o escritor Ricardo Piglia apontou à diretora que o filme, contudo, expunha em duas cenas os lemas básicos do *statu quo* dos filmes de testemunho sobre a ditadura militar. Uma delas, quando a atriz que representa Albertina Carri (Analía Couceyro) diz que odeia apagar as velinhas nos aniversários, porque isso lhe lembra o longo período em que seus três desejos se concentravam em pedir o aparecimento dos pais. A outra, quando a mesma atriz no papel de Albertina relata para a câmera que seu sobrinho disse que quando crescer vai matar os assassinos dos avós, mas que sua irmã não a deixou filmar o menino. Piglia interpretou que esses dois pontos poderiam ser sintetizados nos lemas "nem esquecimento nem perdão" e "castigo aos culpados". Não percebeu, talvez, que os modos convencionais da memória não estão *efetivamente* no filme, pois, de fato, *não se deixa que eles entrem em cena*. No primeiro caso, Analía Couceyro aparece recitando uma lista de ódios que inclui os bandos de pássaros, as estrelas cadentes, a queda dos seus cílios e apagar as velinhas do bolo de aniversário. Albertina (também em imagem) diz para ela não repetir a palavra "odeio", "porque é muito forte", e sugere que recite a lista com menos ênfase, como quem diz "odeio derrubar o açúcar". O testemunho do sobrinho, que teria afirmado "quando eu crescer vou matar quem matou meus avós" ("castigo aos culpados"), não aparece no filme por censura materna. Desdobrada em Couceyro, Carri descola o testemunho da autoexpressão e pode trabalhá-lo esteticamente através da câmera. O "ódio" ("nem esquecimento nem perdão") deve ser atenuado até perder todo o seu conteúdo dramático ou reivindicativo.

A visita da equipe de filmagem à delegacia de La Matanza, onde os Carri desapareceram, registra o ritual de luto (*ver com os olhos das vítimas*) que Rodolfo Walsh afirma ter realizado depois da morte de Vicki. Mas, na imagem, quem dá o testemunho é Couceyro, e Carri faz as perguntas que lhe fariam num tribunal de direitos humanos.

Disposta a não resvalar nos lugares-comuns do "supermercado da memória", Carri não é acrítica com a figura do sobrevivente. No filme, menciona-se Paula L., que esteve no mesmo campo de concentração que os Carri e deu seu testemunho para a cineasta, mas se negou a falar para a câmera.

A mulher é fotógrafa, e seu objeto são os matadouros. Analía Couceyro *representa* Albertina para dizer o que Paula L. lhe disse: "Se não falei pro bastão elétrico, se não falei pra Conadep, não vou falar pra tua câmera". Então Couceyro-Carri diz: "Eu me pergunto no que minha câmera se parece com um bastão elétrico, ou será que eu perdi algum capítulo da história da arte? E eu também me pergunto no que tua câmera se parece com o machado que usam pra matar bois". Esse enfrentamento com um sobrevivente, ousando questionar um discurso que se apresenta como não analisável, como verdade afiançada no "eu vivi aquilo" e, portanto, incontestável, é um dos momentos fundamentais do filme. "Eu me pergunto no que minha câmera se parece com um bastão elétrico." "Eu me pergunto" é algo que Albertina repete várias vezes nos seus filmes e textos. "...Eu me pergunto, então, que marcas me deixaram os fatos mais violentos com que minha vida começou. [...] Custo a entender a decisão da minha mãe. Por que ela não deixou o país? Eu me pergunto repetidas vezes, ou às vezes me pergunto, por que ela me deixou aqui, no mundo dos vivos", como se fosse um jeito de dizer que as perguntas — ao menos as primeiras, aquelas que importam e não devem ser ignoradas — que os filhos costumam fazer aos pais, na ausência deles, tendem a se recolher e a se voltar para si mesmas.

Oscar Masotta dizia que o inconsciente funciona como uma piada. Para filmar *Os loiros* — uma definição apressada não deixaria de dizer que se trata de um documentário sobre os pais —, Albertina Carri leu alguns textos de Deleuze, justamente coautor de *O anti-Édipo*, teoria que transborda o desejo para além dos pais no lugar da cena primária e seus agentes de interpretação: fluxos maquínicos contra o poder; arte desordenada onde, se houvesse apenas três personagens, seria um drama burguês monitorado por especialistas. Será que a um filho de desaparecidos cairia mal ser freudiano?

Se no exterior do filme está o campo de concentração, o primeiro letreiro que aparece na tela diz "El campito" — literalmente um campo pequeno —, nome de uma chácara onde a autora passou um breve período depois do desaparecimento dos pais. E que decisão literária teria levado Ana María Caruso a decidir chamar a caçula de Albertina, nome proustiano que num volume de *Em busca do tempo perdido* convive com uma expressão agourenta para ela: "Desapareceu"?

Uma vizinha do bairro [1] onde os Carri militavam e foram sequestrados os evoca como *loiros*, provavelmente se referindo à estranheza dos desaparecidos, identificados como pessoas de outra classe social, misteriosas e, portanto, vagamente inimigas. Durante a volta de Carri ao território dos pais para rodar o filme, os vizinhos têm medo, mal entreabrem suas portas; um segredo ameaçado intercepta a habitual cumplicidade com a câmera. Uma diz não reconhecer Albertina, mas por outro lado comenta que ela está mudada; outro evoca o bom trato dos militares durante a operação em que os Carri desapareceram; só uma, aquela que os considera *loiros*, deslumbrada com seu próprio protagonismo, se espraia na narração do sequestro, enfatizando a movimentação do Exército nos fundos da casa, a agitação do bairro, enfim, seu único momento épico. No seu testemunho não há juízo sobre o acontecido nem compaixão pelas vítimas, e a mulher parece mais preocupada em ser rigorosa nas suas recordações.

Ao contrário do testemunho que é validado com aquilo que se recorda, Albertina Carri repete insistentemente que não se lembra dos pais. "Naquele tempo eu tinha esquecido tudo, talvez por isso hoje eu veja a cena como num filme do qual sou apenas espectadora. (Atravesso a rua correndo quando vejo um carro vindo na nossa direção; a Paula me segura por um braço, mas levo um tombo. O carro, um Falcon verde, breca violentamente; descem vários homens de botas e com muita pressa. A Paula consegue escapar correndo, eles me sentam sobre uma caminhonete e me mostram fotos de toda a família, e eu vou dizendo quem são as pessoas que aparecem nelas.)"

Sua lembrança é dela mesma como espectadora, e não dos pais, mas das suas fotos. Teriam sido tiradas numa câmera Kodak? Esse é o primeiro dos formatos — no qual já existe *o filme* — entre os que Carri escolherá para *Os loiros*, conforme o roteiro original: Betacam, Digital, 16 mm, Super 8 mm e Duplo 8 mm.

Com *Os loiros*, ela não deseja nenhuma reconstrução, nenhuma reparação, não apura nada além do que já se sabia pelos arquivos dos processos judiciais; nesse sentido, é o contrário de uma investigação contraposta à versão oficial, conforme o princípio regente de Rodolfo Walsh, e isso não pode ser explicado apenas pela vigência da democracia.

Albertina Carri não utiliza os testemunhos para recompor uma biografia das vítimas do terrorismo de Estado, para criar personagens capazes de desestabilizar na memória o poder desaparecedor, nos quais até os traços negativos contribuem para sua *humanização*, enquanto cada elemento extraído da lembrança parece operar uma acusação contra os genocidas. Ela se limita a incluir traços mínimos: Alcira Argumedo recorda Ana María Caruso como um *guarda vermelho*, ou melhor, como *Rasputin*, mas cozinhando com as crianças na barra da saia, como a *Susanita* do Quino; Lila Pastoriza recorda a maquiagem verde das pálpebras, gritos emitidos com uma voz fininha, a solidariedade, o movimento incessante, um ambiente de armas e crianças que devia ser assumido com a mesma intensidade no projeto revolucionário. Longe da intenção de que os fragmentos deem conta de *um todo incompleto*, Carri escolhe frisar o inexorável da ausência. "Queria evitar que os diversos elementos, como os testemunhos, as fotos e as cartas, deixassem aquela sensação tranquilizadora, aquele 'já passou': conheci o Roberto e a Ana María e volto pra casa.

O que eu proponho é, justamente, que não vamos conhecê-los, que não há reconstrução possível", diz.

Os procedimentos estéticos de Albertina Carri, sobre os quais ela gosta de falar — nada a ver com o lugar-comum de que a obra deve falar por si mesma —, são explorações tentativas em torno do vínculo entre documentário e memória, mas naquilo que ela considera sua potência: a imagem do vazio, as lacunas, a não aparição definitiva, nem sequer como bonequinhos, de Ana María e Roberto.

Os loiros recebeu críticas muito elaboradas no campo acadêmico, entre elas uma de Martín Kohan, intitulada "La apariencia celebrada", publicada na revista *Punto de Vista*, e outra que integra o livro de Gonzalo Aguilar *Otros mundos: Un ensayo sobre el nuevo cine argentino*. A segunda é, em parte, uma resposta à primeira, totalmente questionadora de *Os loiros*. E chama a atenção que as mesmas soluções estéticas possam gerar interpretações tão diferentes, com suas consequentes conclusões, como se o filme fosse o território propício para ilustrar as atuais políticas da memória que marcam limites precisos sobre o uso do testemunho e das ficções da verdade. No espaço midiático dedicado ao cinema, também houve muitos comentários em torno do filme de Carri, boa parte deles elogiosos, sempre com forte repercussão; mas alguns se detiveram numa cena em que Analía Couceyro-Albertina Carri aparece dando as costas para um monitor no qual uma sobrevivente, ex-companheira de militância de Ana María Caruso, dava seu testemunho. A cena, que bem poderia mostrar uma pessoa empenhada em utilizar diversos elementos de pesquisa — ela tanto poderia não estar escutando o testemunho como não precisar dele, por já saber disso de cor, depois de escutar, selecionar e editar o registro à exaustão —, foi interpretada como uma prova do uso fragmentário, ralo e midiatizado da palavra dos sobreviventes, quando Carri continua insistindo na sua intenção de que *Os loiros* não passasse uma ideia de completude capaz de permitir a sensação tranquilizadora de que, de certo modo, seu filme reconstruía a vida dos pais.

Gonzalo Aguilar, ao contrário, no seu texto já citado, reconhece marcas muito precisas no uso de cartazes e poemas em *Os loiros*, num sentido bem diverso de uma suposta frivolidade: "Em vez de retratos de líderes ou cartazes de partidos, em vez de marchas políticas ou imagens de arquivo, a atriz que encarna a diretora aparece muitas vezes no seu estúdio rodeada de equipamentos de filmagem e edição e ladeada por dois pôsteres: um de Jean-Luc Godard (seu olhar multiplicado incontáveis vezes no cartaz de uma retrospectiva) e outro do filme *Cecil B. Demented* (2000), do legendário John Waters. *Os loiros* se afasta do documentário político e busca uma afiliação com o cinema de vanguarda de Godard e o cinema *trash* e paródico de Waters, de uma frivolidade que potencializa o sinistro. Não por acaso Analía Couceyro usa óculos parecidos com os de Godard quando lê a carta do Instituto [Nacional de Cinema] e está sentada como Melanie Griffith (que representa a protagonista do filme de Waters) no cartaz de divulgação, enquanto escuta alguns testemunhos. *Cecil B. Demented*, cabe lembrar, conta a história de um diretor de cinema e seu grupo de colaboradores que atuam como uma célula guerrilheira de cinema independente contra o cinemão de Hollywood e se valem de perucas e outros adereços para sequestrar uma atriz de sucesso".

Em outro parágrafo do seu artigo, Aguilar, utilizando a ideia de "afiliação" como uma categoria menos linear que a de "filiação", feita de deslocamentos, de perdas e de elaborações simbólicas, entende o devir cineasta de Albertina não como um corte, mas como um legado dos pais: "O trabalho do cinema desloca da imagem o trabalho do luto. No passado a vemos como uma filha sem pais, mas no presente como uma diretora de cinema".

Talvez seja oportuno recordar aqui a base documental de *O beijo da Mulher-Aranha*, de Manuel Puig, que trabalhou sobre o fato de que, nas prisões e campos de concentração, a narração de filmes fazia parte do contato entre os prisioneiros, como um dos modos de criação oral em meio ao suplício e à morte. Por que o relato dessas práticas cativas não costuma fazer parte do gênero "testemunho"?

Albertina Carri representa o sequestro dos pais com bonequinhos de Playmobil. Uma das cenas é de ficção científica: dois bonequinhos "adultos" sobem numa espaçonave. Na outra, os que representam os militares têm armas e botas pretas. É bem realista, com carros cercando a casa e um boneco sem botas pretas que tenta fugir pelo telhado, e os outros "atiram" nele, exatamente como aconteceu, segundo as testemunhas, com Roberto Carri. Aguilar interpreta a cena de animação como uma possibilidade que põe em jogo tanto os bonecos como quem os manipula. Cita a função da miniatura como preservação e domesticação de uma memória ameaçada e, ao mesmo tempo, assinala que o recurso estratégico à *visão* ou à *versão* das crianças de *Os loiros* não só não despolitiza, mas "faz uma das críticas políticas mais ousadas da militância dos anos 1970: aquela que sustenta que, ao politizar todas as esferas da vida social, a militância acaba pondo em risco espaços que, por lógica, deveriam ser preservados". A miniatura também é uma referência às "balas", o documento político e outras mensagens clandestinas que, escritos com letra minúscula num papel dobrado várias vezes, circulavam nas prisões escondidos em várias partes do corpo.

O uso de perucas em *Os loiros* ensejou um arremate crítico negativo do artigo de Kohan, depois de ele apontar que foi a condição de "loiros", o fato de serem vistos assim pelos vizinhos do bairro onde eles foram sequestrados, o que contribuiu para sua queda: "O que significa, então, em *Os loiros*, a atribuição da *loiridade*? Um erro, talvez, mas também um perverso acerto. Significa aquilo que fez dos pais de Albertina mais duas vítimas da repressão da ditadura militar. E significa — dito pela própria Albertina Carri — o fracasso do projeto político dos seus pais, que tentaram se integrar na vida de um bairro humilde, mas não conseguiram impedir que o bairro continuasse a enxergá-los como pessoas estranhas ao seu mundo social. É isso, portanto, que significa ser loiros — ou, melhor, *ser vistos* como loiros (pois loiros eles não eram) — para Roberto Carri e Ana María Caruso: seu fracasso político e sua perdição pessoal. Sendo assim, então, o que significa esse uso festivo de perucas loiras por Albertina e seu grupo de amigos? Que espécie de aparência estão adotando?". É claro que o fracasso do projeto político dos Carri e de tantos outros não pode se sustentar na mera impossibilidade de inserção nas classes populares; uma integração nos bairros e sindicatos ("somos todos *negros*") não impediu o brutal desaparecimento de militantes populares.

É verdade que Kohan parece se ater à lógica de *Os loiros*, mas sua interpretação não é a única possível, já que o filme tem uma complexidade que não permite achados críticos evidentes *per se*. Esse loiro das perucas no fim do filme equipara os integrantes da equipe de filmagem com aqueles que o filme invoca. Para Carri, esta seria sua *outra família*. Mas a turma carregada de volumes que se afasta em perspectiva rumo ao horizonte também evoca os finais felizes, e ao mesmo tempo inquietantes, em que Carlitos aparece se afastando ao lado da namorada, com a trouxa no ombro, em direção a uma nova aventura em que ele sempre estará do lado do bem. No livro *Coir: álbum sistemático da infância*, René Schérer e Guy Hocquenghem destacam um maravilhoso fragmento [2] no qual Karl Marx manifesta um fascínio pelas turmas de camponeses itinerantes semelhante ao de Marcel Schwob pela Cruzada das Crianças. Claro que a turma não é a cruzada, e Marx vê nessas pequenas massas de camponeses jovens que trabalham temporariamente nas fazendas e se deslocam sem família nem patrão, sob o comando não de um operário iluminado, e sim de um lúmpen agrário ("um trabalhador agrícola comum, geralmente um assim chamado mau sujeito, pervertido, inconstante, bêbado, mas dotado de certo espírito empreendedor e *savoir-faire*"), uma orgia organizada cujos integrantes são pagos na taberna e fornicam em campo aberto. Os três adjetivos "pervertido", "inconstante" e "bêbado" indicam, mesmo sob o tom de censura moral, que Marx percebe um limite das suas teorias no fato de que não só de pão vive o homem (e a mulher); e a "licenciosidade crua, um descomedimento alegre e a *audácia mais obscena*" que ele detecta na turma itinerante lhe lembram sua contraface — o outro "Carlos", de sobrenome Fourier —, para quem a revolução é aquilo capaz de prover cada pessoa de um parceiro erótico e um trabalho afim às suas paixões: "Os arrendatários descobriram que as mulheres só trabalham ordenadamente sob a ditadura masculina, mas que mulheres e crianças, uma vez em movimento, como já o sabia Fourier, gastam sua energia vital de modo verdadeiramente impetuoso, ao passo que o trabalhador masculino adulto é tão malandro que a economiza o máximo que pode". Não há nada de protofeminismo nessa citação, e sim a obscura percepção de que a expansão descomedida das energias vitais femininas se desata com a promessa do prazer nos braços do macho alfa (*gangmeister*) ou de companheiros, como elas, na flor da idade, e que, para as crianças, o trabalho em turma luxuriosa, sem pai nem mãe, talvez não seja trabalho. Dizer que a turma é uma nova família é uma acomodação ao que já se conhece. Na perspectiva da estradinha fica o encerrado pelo filme *Os loiros* — encerrado como um ponto final da obra. Esse ponto é o dos pais, deixados para trás, já obtidos seus legados simbólicos. Nessa estrada não há pais. Há desejo, aventura, risco e companheiros.

[1]

Com o nome de "vizinho" se denominava, deslocando a acepção usual do termo, a pessoa que estaria à margem dos grupos em luta. O Primeiro Corpo do Exército convidava explicitamente à delação: *"Todos esses (fatos) só ocorreram e continuam a ocorrer porque permitimos a ocultação dos delinquentes subversivos e sua proliferação, seja por medo ou por não assumir a postura que sempre foi a dos argentinos: tomar partido. Mobilizemo-nos de uma vez por todas para acabar com a delinquência subversiva. Que o povo entenda que com essas armas pode ser morto um parente ou um amigo e tome partido. Faça cálculos e pense se todo o dinheiro, material e recursos humanos fossem usados para o bem, quantas escolas, moradias populares, material hospitalar poderiam ter providenciado. Denuncie qualquer fato fora do normal"* (La Opinión, 24 de setembro de 1976). A família é o elemento de extorsão, e o cálculo econômico que sugere o desvio de capitais utilizados em armamentos para obras sociais apela a um sentimento abstrato de altruísmo apresentado como paraideológico, enquanto na prática imperava a devastadora política econômica de Martínez de Hoz.

Nos Montoneros, a palavra "povo" era reservada aos comunicados da organização e seus órgãos de imprensa, e a agência Ancla costumava substituí-la por "vizinhos" para construir a figura de alguém que, sem ser militante, conservava uma ética não transformável pelo terror, talvez a daqueles "homens que ousam" elogiados por Walsh em *Operação Massacre*, ou que simplesmente são respeitosos da legalidade constitucional. Incluir a palavra "vizinho" nas notas da agência também transmitia a ideia de apoio popular e o potencial de expansão da organização. Quando começa a difundir os informes da Cadena Informativa — quase uma agência "de autor" —, Rodolfo Walsh encontra uma síntese perfeita: "A Cadena Informativa pode ser você mesmo, um instrumento para se libertar do terror e libertar outras pessoas do terror. Reproduza esta informação por todos os meios ao seu alcance: à mão, à máquina, com mimeógrafo. Envie cópias aos seus amigos; nove em cada dez estarão esperando por ela. Milhões querem ser informados. O terror se baseia na incomunicação. Rompa o isolamento. Volte a sentir a satisfação moral de um ato de liberdade". Ver, denunciar e difundir são parte do mesmo ato que faria de um muitos, propondo uma verdade capitalizável não apenas pela militância. Além disso, se *avisar* a Ancla pressupunha um informante *entendido*, o "vizinho" mobilizado pela Cadena Informativa podia ser um militante afastado dos Montoneros mas que mantinha vínculos com a agência, um familiar ou amigo de desaparecidos cujas razões eram mais afetivas que ideológicas, o integrante de algum dos partidos políticos proscritos ou uma *pessoa consciente* que já tivesse apelado à imprensa pública. É o caso de Isaías Zanotti, de Villa Carlos Paz, que em 16 de setembro de 1976 enviara ao diretor de *La Voz del Interior*, dr. Juan Ramoneda, a seguinte carta divulgada pela Ancla em 20 de outubro e citada por Walsh na sua "Carta à Junta Militar":

"Dirijo-me ao senhor, em nome de um grupo de amantes da pesca, para informar um estranho episódio de que fomos protagonistas e para o qual até o momento não encontramos explicação.

Costumamos pescar nos terrenos do Club Deportivo Central Córdoba; já faz algum tempo, vínhamos observando a presença de um helicóptero sobre o lago, mas o atribuímos a tarefas de desinfecção aérea, por causa da seca prolongada que nos atinge e do mau cheiro que tem se tornado habitual nas proximidades do lago.

No dia 7 deste mês, quando adentrávamos o lago San Roque à procura de um local de pesca mais propício, tivemos um contratempo com o barco e, num mau movimento, o motor caiu na água; fomos até a sede do clube para pedir ajuda aos mergulhadores, mas disseram que, como já estava anoitecendo, deveríamos esperar até o dia seguinte.

No domingo bem cedo voltamos ao clube e entramos na água, acompanhados por dois mergulhadores, até o ponto aproximado onde perdemos o motor; lá eles realizaram a busca, mas, passados cerca de quinze minutos, voltaram à superfície, bastante assustados, dizendo que se depararam com um quadro bastante horroroso, pois encontraram sete ou oito cadáveres no fundo, com uma coisa redonda presa nos pés, e que eles não queriam prosseguir na busca.

Saímos do lago e nos dirigimos à delegacia da vila para apresentar uma denúncia, mas se negaram a registrá-la. Por fim, resolvemos escrever ao seu jornal, para ver se recebermos uma resposta mais satisfatória.

Sem mais, cumprimenta-o att. Isaías Zanotti, Boulevard Sarmiento, 70, Villa Carlos Paz."

[2]

Formam a turma de dez a quarenta ou cinquenta pessoas: mulheres, adolescentes de ambos os sexos (de treze a dezoito anos), embora os rapazes geralmente sejam excluídos quando chegam aos treze anos, e, por fim, crianças de ambos os sexos (entre seis e treze anos). À frente de todos está o *gangmaster* (chefe de turma), sempre um trabalhador agrícola comum, geralmente um assim chamado mau sujeito, pervertido, inconstante, bêbado, mas dotado de certo espírito empreendedor e *savoir-faire*. Ele recruta a turma que trabalha sob suas ordens, não sob as do arrendatário. Com este último ele estabelece um acordo baseado, na maioria das vezes, no pagamento por peça, e seu ganho, que em média não se eleva muito acima do de um trabalhador rural comum, depende quase inteiramente de sua habilidade em fazer com que sua turma ponha em movimento, no menor tempo, a maior quantidade possível de trabalho. Os arrendatários descobriram que as mulheres só trabalham ordenadamente sob ditadura masculina, mas que mulheres e crianças, uma vez em movimento, como já o sabia Fourier, gastam sua energia vital de modo verdadeiramente impetuoso, ao passo que o trabalhador masculino adulto é tão malandro que a economiza o máximo que pode. O chefe de turma se transfere de uma fazenda a outra e, assim, ocupa seu bando de seis a oito meses por ano. Ser seu cliente é, por isso, muito mais rentável e seguro para as famílias trabalhadoras do que ser cliente do arrendatário individual, que só ocasionalmente ocupa crianças. [...] Os "pontos fracos" do sistema são o sobretrabalho das crianças e dos jovens, as enormes marchas que fazem diariamente para ir e vir de fazendas situadas a cinco, seis e às vezes sete milhas de distância e, por fim, a desmoralização da "turma". Embora o chefe de turma, que em algumas regiões é denominado *the driver* (o feitor), esteja munido de uma longa vara, ele só a emprega muito raramente, e queixas quanto a tratamento brutal são exceção. Trata-se de um imperador democrático, ou de uma espécie de flautista de Hamelin. Necessita, pois, da popularidade entre seus súditos e os seduz por meio da vida boêmia, que floresce sob seus auspícios. Uma licenciosidade crua, um descomedimento alegre e a audácia mais obscena dão asas à turma. Na maioria das vezes, o chefe de turma efetua os pagamentos numa taberna e mais tarde volta para casa, cambaleando, sustentado à direita e à esquerda por robustas mulheres e seguido por um cortejo de crianças e adolescentes, que alvoroçam e entoam cantigas zombeteiras e obscenas. No caminho de volta, impera aquilo que Fourier chama de *fanerogamia*. É comum que mocinhas de treze a catorze anos engravidem de seus companheiros de mesma idade. Os vilarejos abertos, que fornecem o contingente da turma, convertem-se em Sodomas e Gomorras e geram duas vezes mais nascimentos ilegítimos do que o resto do reino. Já indicamos anteriormente como as moças criadas nessa escola procedem, quando casadas, no terreno da moralidade. Seus filhos, se o ópio não os liquida, são recrutas natos da turma.

Minha vida depois, de Lola Arias, foi a última peça que Vivi Tellas programou como diretora do Teatro Sarmiento de Buenos Aires, dentro da série *Biodramas*. No projeto original, Vivi Tellas fez a seguinte declaração de guerrilha estética: "*Biodrama* se inscreve naquilo que poderíamos chamar o 'retorno do real' ao campo da representação. Depois de quase duas décadas de simulações e simulacros, o que volta — em parte como oposição, em parte como reverso — é a ideia de que ainda existe experiência e de que a arte deve inventar alguma forma nova de se relacionar com ela. A tendência, que é mundial, envolve desde fenômenos da cultura de massa, como os *reality shows*, até as expressões mais avançadas da arte contemporânea, passando pela ressurreição de gêneros até agora 'menores', como o documentário, o testemunho ou a autobiografia. O retorno da experiência — o que em *Biodrama* se chama 'vida' — é também o retorno do Pessoal. Volta o Eu, sim, mas é um Eu imediatamente cultural, social, inclusive político".

Minha vida depois, de Lola Arias, é uma *performance* radicalizada pelo viés de autobiografia e testemunho em chave de "ficção real". Tem a estrutura de uma espécie de *vidas paralelas* vividas durante os anos da ditadura militar argentina, com seis personagens que atuam como condutores das biografias dos pais: um ex-padre que largou a batina, três militantes dos Montoneros, um sargento do ERP, um policial da Inteligência e um bancário. A primeira novidade da peça é pôr todos eles simultaneamente em primeiro plano, como num retrato coral da vida cotidiana sob o terror: o sequestro e o desaparecimento de dois pais, Horacio Speratti e Carlos Crespo, não funcionam como ênfase na narrativa dos filhos nem têm um protagonismo destacado no conjunto da peça. Blas Arrese, *representando* o pai padre, diz: "A aula de teologia foi suspensa porque demitiram o padre Podestá, por colaborar com os operários e ter uma namorada". Pablo Lugones *representando* seu próprio pai, um bancário, diz: "Volto do trabalho pra casa, de ônibus. As ruas estão interrompidas por uma manifestação. Desço e caminho os vinte quarteirões que me separam de casa". Tanto o ex-padre, de quem o filho teria ouvido a declaração de que não era filiado a nenhum partido político, a não ser o de Deus, quanto o bancário, de quem o filho, Pablo, conta que raspou a barba depois que um interventor militar lhe disse que era coisa de terrorista, são apresentados sem ênfase crítica, ao contrário das ficções que costumam mostrar aqueles que atravessaram a ditadura sem responder ao apelo da política como um Judas vicinal ou um Pilatos do outro lado da meia-parede. Lola Arias concebeu uma encenação cheia do que se poderia chamar "recursos geracionais", como a câmera de vídeo, as técnicas do clown e a paródia, neste caso a de um roteiro de fotonovela; contra um enorme telão onde se projeta seu rosto, Liza Casullo recita o pedido de casamento de Nicolás Casullo a Ana Amado, pais de Liza, depois de uma ameaça da Triple A: "Meu pai: Recebi um bilhete com uma ameaça de morte. Minha mãe pestaneja e arregala os olhos. Meu pai: Quer casar comigo? Minha mãe faz cara de robô. Meu pai se aproxima dela. Os dois em primeiro plano se beijam durante sete minutos e meio".

As falas de *Minha vida depois* não podem ser reduzidas à sua origem documental e fruto de pesquisa: sintetizadas e refeitas pelos filhos-atores, são, contudo, a obra de uma autora que anotou lucidamente no seu diário: "Não quero que *Minha vida depois* seja melancólica nem panfletária".

Uma das novidades da peça é não apresentar a opção entre *dar vida* e *dar a vida*. Fica no ar a pergunta se essa reconciliação entre militância política e filhos se realiza, pois o que a peça explora é a biografia de *um pai*. O dilema "ou militância ou eu" insinuado retrospectivamente por alguns filhos de desaparecidos em algum momento da sua vida/obra era mais forte para a mãe? Contudo, as mães dessa peça encarnam, dentro dos seus respectivos casamentos, uma variada posição de simetria com seus cônjuges. Nos dados biográficos das mães militantes, consta que as de Liza e Mariano militavam nos Montoneros, e a de Carla no ERP: "Antes de eu nascer, meu pai foi transferido para Tucumán. Minha mãe não pôde ir com ele porque estava grávida. Mas minha mãe tinha tarefas muito importantes dentro do partido; como trabalhava na contraespionagem, tinha o arquivo de todos os militantes num microfilme guardado numa geladeira".

Em maior medida, *Minha vida depois* reelabora os recursos cênicos da ficção documental realizada pelos artistas nascidos durante a ditadura militar e que carregam uma genealogia política. Um deles é associar as vicissitudes pessoais às histórico-políticas: "1976. Acontece o golpe militar, e nasço eu", diz Carla; "1974. Morre Perón, e nasço eu", diz Vanina; "2008. O agro corta as estradas. Morre meu pai", diz Liza.

De *Os loiros*, toma de empréstimo o recurso da representação por meio do brinquedo como réplica em miniatura: a Bugatti modelo Type 35c que Horacio Speratti deu ao filho Mariano e uma mais atual, acionada por controle remoto. Da série de fotografias realizadas por Lucila Quieto para sua mostra *Arqueología de la ausencia*, adota o recurso da projeção das fotografias dos pais militantes sobre o corpo dos filhos. Esses empréstimos são menos *influências* do que bens comuns de uma nova geração.

Em *Minha vida depois,* a verdade não é homogênea nem una.

A primeira "verdade" que Carla conheceu teria sido aos seis anos, quando a mãe lhe disse que seu pai tinha falecido num acidente de carro. O acidente é atuado pelos atores, que *representam* um carro com cadeiras, sentam-se ao vento de um ventilador e de repente baixam a cabeça. Carla enumera em tom monocórdio — como quem responde a uma prova oral cujos pontos ela sabe de antemão — as *verdades* em torno da morte do pai. Uma delas sustenta os ideais da militância, a outra aponta para a construção de um herói: "Aos catorze anos, numa discussão entre minha mãe e minha avó, fico sabendo que meu pai morreu em 1975 em Monte Chingolo, durante um confronto entre o Exército Revolucionário do Povo e os militares. O ERP queria tomar o regimento para conseguir mais armas e fazer uma demonstração da sua enorme força para o povo. [...] Dia 23 de dezembro, na antevéspera do Natal. Meu pai e seus companheiros seguem de carro atrás de um caminhão com a missão de entrar no quartel. Meu pai é o copiloto. O caminhão bate no portão e eles entram atrás. Avançam cem metros. Saem do carro. Meu pai e seu companheiro descem e veem que os militares estão esperando por eles. Meu pai pensa: alguém nos delatou, há um infiltrado. Justo nesse momento, é ferido na barriga, e seu companheiro, na perna. Caem no chão. Seus companheiros se aproximam pra ajudá-lo e, do chão, ele ordena que se retirem. Pouco depois, morrem dessangrados".

A partir dessa ficção de testemunho ocular, Carla Crespo conta o final do pai atribuindo a ele um pensamento — o que até mesmo dentro da ficção ela é proibida de conhecer — impossível de ser pensado pelo pai no instante dos fatos; não o faz morrer como vítima de algo que ignora, e sim daquilo que ele percebe no momento de morrer: "Pensa: há um infiltrado. Alguém nos delatou". O pai é um herói não só porque ordena que o deixem no campo de batalha, mas por saber antes de qualquer outro por que a tomada de Monte Chingolo fracassou. A precisão dos dados — "dois passos", "cem metros" — não pretende uma encenação testemunhal, já que Carla Crespo desarma no espectador qualquer hipótese de reconstrução ao dizer: "Aos vinte anos, li uma carta que o partido mandou pra minha mãe dizendo que todos os feridos de Monte Chingolo tinham sido feitos prisioneiros e fuzilados três dias depois" (o infiltrado era o agente de Inteligência, Jesús "El Oso" Ranier). O detalhe excessivo, neste caso, de uma cena não presenciada, projeta o efeito do incompleto, do que nunca se saberá.

Como também não há *um* pai, Vanina Falco enumera o dela, policial, através de tantos personagens quantas jaquetas azuis que ele usa: "Luis 1, o homem que vendia remédios e me curava da febre quando eu ficava doente; Luis 2, o policial que trabalhava no serviço de Inteligência; Luis 3, o esportista que me chamava de 'golfinho' e nadava comigo até quando não dava mais pra ver a praia; Luis 4, o homem que fazia pose de playboy em todas as fotos; Luis 5, o homem que quebrava violões, copos, móveis e ossos quando se zangava".

Mas há também em *Minha vida depois* uma verdade profética a cargo de uma tartaruga (figura que, na tradição argentina, ficou ligada à do presidente Arturo Illia e à democracia em xeque, ainda que, na mitologia, ela vença a corrida com Aquiles), a quem se pergunta: "Na Argentina futura, vai acontecer a revolução?". Então são traçados a giz dois caminhos, que terminam em duas cartelas: uma que diz "sim", outra que diz "não". A tartaruga sempre improvisa (uma profecia a cada apresentação?).

A transmissão de um legado de pai para filho é descontínua, ambígua, não hierárquica. Por isso, Pablo pode declarar: "Na minha árvore genealógica há generais, conquistadores, poetas, policiais. Mas a história que sempre me impressionou foi a de Leopoldo. Leopoldo Lugones, o poeta que se suicidou em Tigre, teve um filho que foi policial torturador, e também se suicidou. A filha deste foi assassinada na última ditadura por ser montonera, e o filho dela foi um roqueiro que se suicidou em Tigre, assim como seu bisavô. Meu ramo dos Lugones é o dos homens invisíveis: nem heróis, nem ricos, nem torturadores, nem poetas, nem revolucionários, nem suicidas, nem nada". Mas em seguida aponta o que há em comum entre seu avô que criava cavalos, seu pai bancário e ele: o gosto pelo *malambo*.[17] Assim, *Minha vida depois* neutraliza os legados que parecem mais impactantes, como os da vocação política e da dimensão épica, resgatando a transmissão do amador, que se encarna na última geração como um desejo realizado: dançar *malambo*. É isso que Pablo Lugones faz numa cena sugestiva — entre as muitas dessa encenação em que *o teatro acontece* nos seus picos de máxima energia proteica: — ele dança o *malambo*, primeiro de forma abafada apesar do seu sapateio violento, sobre montanhas de roupas, supostamente dos pais, que os filhos foram provando, como se fossem despojos de velhos eus e gerações, que também fizeram parte do argumento da peça, até que o sapateado começa a soar sobre o tablado e vai crescendo, e acaba sugerindo um final patriótico mas também um tanto bufo, como aquilo que operativamente se chama "vida".

Assim como se costuma dizer que o mestre transmite basicamente aquilo que não sabe, parece que o militante político dos anos 1970 transmitiu aquilo que o ascetismo militante passava à clandestinidade: o desejo pessoal, a gratuidade da arte, o eros que escolhe o parceiro acima do companheiro. Talvez por isso Liza Casullo, depois de mostrar a pilha dos livros escritos por Nicolás Casullo, diz preferir o primeiro, *Para hacer el amor en los parques*, justamente aquele em que o pai se mostra *vanguardista* mais no sentido de Breton do que no do "Che", ou no do Cortázar que lia mais Breton do que "Che": "Pintou o rosto dos 95 mil mongoloides portenhos com tinta fosforescente e amarrou uma lanterna de luz negra na cintura de cada um deles, projetando o feixe nas caretas mortas que não resistiram. E assim os foi soltando aos poucos, com uma pílula

---

17 Dança folclórica argentina, típica dos *gauchos*, na qual se combina o ritmo vigoroso do sapateio e de golpes de boleadeiras. [N.T.]

excitante sabor morango na boca. Era a hora. O horror. A revolução permite e legitima tudo em seu sagrado nome imemorial [...] Rechonchudas, de quadris imensos, chegam dançando as Gordas Tetudas. Mães, Tias, professoras, atrizes. Surgem agora do fundo da história pátria, de maio, de Tucumán, dos Andes, o inesquecível esquadrão das Gordas Tetudas. Vitória total, portanto, embora não última, das forças revolucionárias. A cidade, enquanto isso, ouve os estertores de uma época". Liza começou a ensaiar a peça quando Nicolás Casullo ainda era vivo; ao retomá-la, em pleno luto, e começar ensaiar a leitura do texto, a voz do pai morto se sobrepunha na sua imaginação, até que parou de escutá-la.

Eu assisti a *Minha vida depois* em 2009. Na época, Vanina Falco exibia em cena o dossiê do processo que seu irmão apropriado pela ditadura movera contra o pai de criação; depois ela contava que queria ter dado seu depoimento naquele processo, mas, como a lei proíbe que os filhos deponham contra os pais, a menos que eles mesmos sejam os demandantes, foi impedida de fazer isso. Dois anos mais tarde, seu advogado alegou que ela já estava depondo como testemunha numa peça teatral. Com base nessa alegação, os juízes permitiram que ela formalizasse seu depoimento legal, e, em 2012, Luis Antonio Falco foi condenado a dezoito anos de prisão. Carla Crespo soube que os restos do pai estavam numa vala comum no cemitério de Avellaneda. *Minha vida depois*, para orgulho de Lola Arias, destrava a lei a um grau impensado até então e vai mutando. Não é a forma fixa que mantém vivo o rescaldo do *biodrama*, mas essa mutação que evita que seja reduzido a cinzas pela repetição e pelo cansaço da memória, e onde os novos acontecimentos não são cronológicos, mas afetivos, com a fronteira utópica de envelhecer em cena.

O *Diario de una Princesa Montonera* (2012), de Mariana Eva Perez, é, como corresponde a quem ostenta um título de nobreza, de uma majestosa impertinência. Nascido de um blog, esse livro faz do gênero diário um *reality show* político, um segredo para milhões, e com o inverossímil "110% de verdade" — entre travessões abaixo do título, como o apelo de uma oferta de supermercado — contrabandeia o testemunho para dentro da ficção. Assim como nos textos jornalísticos de Rodolfo Walsh, o número, mais do que uma prova, é uma abstração, neste caso, não estranha à paródia: os 10% acrescentados aos 100%, como um conteúdo de brinde que a publicidade usa para fazer o consumidor pensar que a compra, na verdade, é uma economia. Mais afim à arte borgiana de injuriar do que à piada e sua relação com o inconsciente freudiano, essa cifra no subtítulo é a medida do humor principesco para defender como exagero o *reino* da verdade que nunca deveria constituir um mercado, e sim, como a sucessão de textos que encabeça, uma reflexão sobre suas condições heráldicas. Se o "110% verdade" é a divisa no brasão da princesa montonera, uma das suas sentenças é mais provocação montonera do que voto de nobreza: "Voltei e sou ficções".[18] E essas sentenças irão se repetir ao longo das anotações do diário em variações quase sempre jocosas, como "[...] nem opina como eu devo viver minha vida nem quanto queijo ralado devo pôr no macarrão. Vocês sabem que meu diário é quase pura ficção, mas o que eu disse sobre o queijo é verdade" ou "É Verdade ou é Hipérbole? Deixo isso ao seu

---

18 Alusão à frase *"volveré y seré millones"*, que a mitologia popular atribui a Evita Perón. [N.T.]

critério, leitor". Mas, com essa insistência, a princesa sabe que plantará nos leitores a suspeita de que suas declarações são modos de renegar, levando-os a acreditar numa verdade testemunhal não simples, mas antirrealista (o realismo foi o imperativo social que pesou sobre as narrativas das vítimas do terrorismo de Estado). A princesa sabe, e diz, que separar o documento da ficção leva a supor que existe uma verdade nua sob a forma primordial do testemunho, quando a verdade é também uma construção interessada de acordo com as expectativas que cria, cuja garantia é muitas vezes o laconismo, algo que a princesa, que escreve até pelos cotovelos do seu manto de arminho, parece ignorar. O tema do diário, que é o desaparecimento de Jose e Paty, pais da princesa *hiji* (assim rebatizada como filha de desaparecidos, mas também recuperando parodicamente os *Hijitus*,[19] transposto do masculino plural a um neutro), registrado no dia a dia da luta por justiça, é dito em diminutivo (*temita*), para que o peso sombrio seja aliviado, aqui também evocado sob a forma da miniatura, assim como os playmobil--pais de Albertina Carri, nos quais a redução não esgota, mas condensa e conserva.

Princesa e Montonera: um oximoro, como "Heráldica e Revolução" ou "Czar e Comunista". E mais oximoro ainda porque essa princesa, que chama a si mesma *militonta*, não para de militar e, enquanto recorda, ri da *meleca da memória*. Na arca de procedimentos da princesa montonera estão as *rogativas* ("Santa Tere dos Milagres Acadêmicos, fazei com que eu avance no projeto de pesquisa e intercedei por mim junto a São Michel Foucault, São Primo Levi, São Friedrich Nietzsche e São Walter Benjamin para que me iluminem com um raio de originalidade e me protejam da prosa ruim e do positivismo nas

---

[19] Personagem da popularíssima revista infantil argentina *Anteojito*, publicada de 1964 a 2001. [N.T.]

ciências sociais. Amém") e a *arenga* ("Do alto do meu terraço em Almagro, terra liberta, na ponta dos pés entre dois vasos, agito minha lânguida mão para as sacadas defronte e te saúdo, oh, povo montonero").

Aos Tribunais da Comodoro Py,[20] a princesa montonera vai com suas agulhas de tricô, que são confundidas com armas de guerra; mas depois de algumas ironias da sua parte, permitem que ela entre, e ali ela passa a *tricotar* na nuca dos repressores. Olhando de perto, pode-se ver na trama que cresce a condenação dos réus, pois esse *tricotar* pressupõe uma espera (numa cela?, em prisão domiciliar?) e esse lavor ("três pontos meia na mesma laçada, três pontos tricô, três pontos meia na mesma laçada") é uma citação das parcas, fiandeiras com o poder de torcer, medir e cortar o fio do destino, uma *performance* que apavoraria os acusados, se eles soubessem um pouco de mitologia. Mas a princesa montonera não está preocupada com os milicos; "se alguém quiser saber, não senti nadica quando o Massera[21] morreu. Os milicos nunca me interessaram. Não os odeio, não me importam, nunca penso neles", escreve, e isso é radical, porque no ódio ainda se encontra o outro, sua força terrível, ao passo que o desinteresse o lança na impotência, e a pessoa se liberta.

Por causa da infinidade de NNs,[22] os nomes proliferam nos jornais, e os das filhas de desaparecidos fornecem chaves

---

20 A sede do Tribunal de Justiça Federal, situada na avenida Comodoro Py, na cidade de Buenos Aires. [N.T.]
21 O almirante Emilio Eduardo Massera (1935-2010), um dos líderes e executores do golpe de Estado que derrocou a presidente Isabelita Perón, em março de 1976, e diretor da Esma. [N.T.]
22 Abreviatura da expressão latina *nomen nescio* (desconheço o nome) com a qual se assinala o túmulo de pessoas não identificadas. No contexto da ditadura, a sigla denomina as pessoas desaparecidas pela ação do terrorismo de Estado. [N.T.]

para detectar uma princesa que não apenas sabe dizer "procedimento", "grupo de tarefas" e *orga* — como ela afirma —, mas também sabe fazer sociologia política nominalista. "Victoria, Clarisa, María, Eva, María Eva. Há nomes muito *montos*, mesmo sem uma referência direta a nenhuma mártir: Paula, Daniela, Mariana, Lucía ou Lucila, Julia ou Juliana. As filhotes de cadela podem ser Clarisa mas também Victoria. O nome Tania me parece um achado, é cachorro e ao mesmo tempo fantasioso. Também está o clássico recurso de dar à bebê o nome de guerra da mãe, ou passar para o feminino o nome do pai: festim e prêmio de aposentadoria para os nossos psicanalistas." São nomes de linhagens políticas analisados por alguém que se autointitula "princesa" e que só poderia falar de um reino porque há uma rainha ausente.

"Nobreza", no diário dessa princesa, não é aquela que se lega por sucessão, dentro de uma dada linhagem, para quem reina sobre a obediência de um povo, mas a de uma ética que a morte injusta transmite como dívida a saldar e que exime da corrupção dos vivos. Aí ela escreve sobre um obscuro funcionário da Secretaria de Direitos Humanos: "Penso no Nene, no Nene hoje, com sua tosse de fumante, seu hábito de beber em serviço e no seu alto cargo no ***, e quase me alegra que o Jose tenha eternamente 25 anos. Por terem desaparecido com ele quando fez a burrada de se reengajar em 1978. Por não virar a triste fotocópia do militante político, um operador profissional, um canalha capaz de aparelhar até os velórios. Sempre um montonero bonito, jovem e mártir, nunca um claudicante nem um traidor. Oi, filho da puta...". Como uma princesa feudal que concede um prêmio aos exércitos capazes de eliminar todo reino inimigo num banho de sangue, a princesa lança um concurso: "Mande um *Teminha* para o 2020 e participe do fabuloso sorteio 'Uma semana com a Princesa Montonera'. O ganhador a acompanhará durante sete dias no programa que mudou o verão: O show do Teminha! O reality de todos e todas. [...] A cada dia, um acontecimento único e irrepetível ligado ao Teminha: oitivas, homenagens, exames de sangue, projetos de lei, cuidado de familiares da terceira idade e *militontismo* em geral. Uma vida 100% atravessada pelo terrorismo de Estado. Viva você também essa volta a 1978! Mande seu *Teminha* para o 2020 e realize sua fantasia". Se o anúncio fictício leva a irreverência ao paroxismo, não deixa de documentar o prazer consumista da história do horror, que no início da democracia multiplicou as vendas das revistas em que os sobreviventes eram chamados a testemunhar relatando seus suplícios, depois editados com os recursos da imprensa sensacionalista que transformava a tortura em pornografia.

Claro que um dos efeitos da tragédia política é fomentar nas vítimas um humor pautado pelo procedimento da ironia, figura essa que nem sequer exime do suplício e que, embora possa ser criada com as mesmas palavras injuriosas do inimigo, nunca poderia ser utilizada por este — que dela carece por princípio —, em nome daquela solenidade castrense da banda do crime e da tortura, recitada com a convicção de criar o catálogo da salvação da Pátria. Se o general Videla não faz piada, não é por causa da seriedade do que se imputa a ele nem da ética que ele pretende sustentar, mas por incapacidade estrutural: não há humor na megalomania política e no imaginário do poder sobre a vida e a morte, já que o humor consiste, como no tropeço de quem se julga erguido em alguma preeminência, na sua fulminante e literal queda. O humor judaico, nascido da perseguição e da diáspora, tem uma longa tradição que não parou com o Holocausto, mas nele aperfeiçoou seus frutos mais negros e sofisticados. Lembro de uma piada em que os sobreviventes de um campo de extermínio se encontram todos os anos para rememorar e, reunidos numa cozinha, abrem o gás por um momento. A princesa cultiva **seu humor** *hijis* sob a forma da promoção — e não qualquer promoção, mas aquela que incita à compra impulsiva, às vezes apelando ao chamariz do concurso ou dos jogos de azar que lembram as loterias populares —, por meio da venda telefônica que anuncia catastroficamente o pouco tempo que resta para ser agraciado com a sorte.

Assim como *Os loiros*, de Albertina Carri, esse diário também recebeu críticas com argumentos que ocultavam um substrato moralista e inquisidor sobre os modos de fazer memória; em ambos os casos, a objeção poderia ser resumida a uma crítica do humor. A exemplo do que ocorre entre os dissidentes sexuais, o que importa aqui é *quem fala*; e, assim como gays, lésbicas e transexuais costumam cultivar um humor que não exclui a injúria entre companheiros — e aquilo que, dito por alguém estranho a essa condição, é fobia, neles é prática hedonista e de arquivo próprio —, as blasfêmias dos *hijis* parecem se basear na sua condição de atingidos. A princesa montonera trabalha o *teminha* com a língua, usando recursos da injúria punk, do *fashion pop*, dos ícones televisivos, dos saberes "cultos" (durante a leitura da "Carta à Junta Militar", de Rodolfo Walsh, numa celebração do Dia da Memória, ela chegou a pronunciar "/ci ai ei/" em vez de "CIA"), mortificando com metáforas cada termo sagrado "direito-humanístico", à fim de desativá-lo e deixá-lo livre para a experimentação e a arte. Seria uma sublimação? Esse mito para físico-químicos? Como no vapor sublimado por um líquido em ebulição, nele subsiste a faculdade de voltar ao seu estado anterior; a sublimação é muitas vezes impotente.

No seu livro *Violencias de la memória*, o psicanalista Jorge Jinkis arrisca a interpretação de que o sobrevivente muitas vezes se suicida — depois de cumprir seu testemunho, como se vencesse a postergação de um encontro com quem não conseguiu sobreviver —, lançando uma pergunta demolidora da escrita como sublimação. "Quem pode dizer se o suicídio interrompeu a narrativa ou se ele se impôs quando se chegou à impossibilidade de interrompê-lo?" Quer dizer, quando não se pode deixar de falar do *teminha*. No fim do diário, como nos contos de fadas, a princesa se casa. Não é um final feliz, mas um começo conjugado em presente e futuro: fazer sua própria história com aquele pouco de pais que ela teve e com a justiça que vai se pronunciando dia após dia nos Tribunais de Comodoro Py, para que o *teminha* deixe ir. Por isso essa princesa que quer viver termina seu diário com um sonho: viver com o chamado Jota num país europeu do futuro (numa cidade com um castelo de verdade), não a Europa dos impérios, como aquela contra a qual seus pais lutaram, mas aquela onde a Argélia ainda mostra sua mecha acesa, para se afastar da terra do sangue derramado, dos corpos perdidos e do rio culpado, livrar o lenço da meleca da memória e, com a ajuda do seu santoral ateu formado pelo Jeová dos Exércitos, a Defunta Correa, Ganesha, Santa Joana d'Arc, o *I Ching*, Gilda, o Buda do dinheiro e até a placa da rua Gurruchaga, 2.200, onde estão gravados os nomes de Paty e Jose, escrever até ficar vazia e limpa e nova — são suas palavras —, e parar de vomitar história para responder à pergunta que ela mesma se faz numa anotação do diário: "Conseguirá a jovem princesa montonera desviar seu destino de *militonta* e se tornar Escritora?". Sim.

Durante muitos anos, Marta Dillon achou que morreria jovem como a mãe. Que tudo se repetiria portando a diferença, o estilo, o enredo com que a história se reescreve, atualizando o passado sem evitar sua citação no presente, pois nenhuma heroína trágica pode encontrar a morte fora das escolhas que sua época lhe dá ou lhe nega. A mãe de Marta Dillon, Marta Taboada, foi sequestrada em 28 de outubro de 1976; as testemunhas a recordavam na Brigada Güemes, no entroncamento do elevado Riccheri com a avenida Camino de Cintura; sua morte era uma dedução irrefutável e uma exigência de justiça. Era uma desaparecida. Marta recebeu o diagnóstico de portadora de HIV no hospital Ramos Mejía num dia de 1995, antes que os coquetéis retrovirais permitissem fazer do vírus uma companhia da vida e não um anúncio da morte, e ela começasse a escrever uma coluna intitulada "Vivir con virus", publicada no jornal *Página/12* entre outubro daquele ano e 2004, como um gesto político e uma aposta ativa no futuro. O fato de as colunas saírem inicialmente num suplemento chamado "No" parecia bem pouco casual. Ali Marta Dillon dizia "não" a muitas coisas, a começar pelo cinto de castidade e seguindo pelo amor de baixo orçamento, a maioria moral e as metáforas bélicas do HIV, a negação movida pelo pânico e as notícias de curas milagrosas como Papais Noéis isentivos das responsabilidades do Estado. Ao mesmo tempo, cumpria os rituais dos filhos de desaparecidos: procurava testemunhos, deixava amostras de sangue no escritório da Equipe Argentina de Antropologia Forense, tomava seus medicamentos, discutia essas drogas na sua coluna, na qual também falava da *desaparecida*.

A exemplo de Albertina Carri, que filmou *No quiero volver a casa* (2000) antes de *Os loiros*, Marta Dillon não começou escrevendo o livro que todos esperavam, sobre o tema do desaparecimento em primeira pessoa, na qualidade de filha, mas escreveu outros. Quando se imaginava com os dias contados, ela *adiava*; era, talvez, um gesto de soberania. Mas a escrita é também uma prorrogação. A pessoa que vivia com o HIV antes de 1996 — ano da implementação do coquetel antiviral — podia dizer "posso morrer não sei quando, mas posso planejar minha próxima semana". Sua coluna — nunca o nome do gênero foi mais apropriado: a coluna como sustentáculo, pilar, centro de resistência — era um *encontro com a vida* a cada sete dias. Contra o destino: o plano.

Se, como escreveu Rodolfo Walsh, o verdadeiro cemitério é a memória, "Vivir con vírus" carecia de lápides mas não de inscrições: o fotógrafo Alejandro Kuropatwa, os artistas plásticos Omar Schiliro, Feliciano Centurión e, a mais iluminada, Liliana Maresca. Ela foi mestra numa *ética da despedida*, ética generosa que transmitiu, junto com a prescrição de trabalhar no *savoir-faire* de viver adiando, dia após dia, a hora da despedida, a ideia de que, se ela, Liliana Maresca, entrava na luta com seu corpo, não era preciso que Marta entrasse com o dela, num axioma que é quase o oposto do da mística revolucionária segundo a qual não se deve chorar o companheiro morto, e sim substituí-lo na luta, considerando que a cada qual chegará a vez de ser substituído, seguindo a corrente até a vitória da revolução ("— Eu já entrei com meu corpo, pronto — ela me dizia como se adivinhasse que o meu estava sobreposto a outro que me faltava, que eu não tinha visto morrer e me empenhava em sustentar em algum lugar, animado que fosse através das minhas dores"). Com o exemplo dessa mestra do morrer, que declarava já ocupado seu lugar, liberando-a para a vida, antes ou depois de poder pensar que sua morte podia não ser iminente, e sim proscrita, Marta Dillon começou a escrever sobre a mãe desaparecida, insinuando-a em fragmentos hiperescritos apesar da velocidade informativa e a corda no pescoço do fechamento da edição, em textos carregados de denúncia e crítica, sem deixar de ter estilo — despudoradamente sentimental, erótico, por mais solenidade que o tema exigisse, no costumbrismo do século XXI —, porque o jornal é o rascunho do cronista que quer ser o Robin Hood do seu ganhão e *passar* ao livro, esse luxo dos que *têm tempo para dizer*. Mas ela não escreveu aquele que inicialmente deveria se chamar "Desaparecida". Porque em 2010 um conjunto de ossos anunciados no seu celular pela Equipe Argentina de Antropologia Forense, quando ela estava do outro lado do Atlântico, longe da terra do sangue derramado, levaria Marta Dillon a escrever outro livro, ou o mesmo de outra maneira, sem conseguir fechar os olhos a essa informação: Marta Taboada, sequestrada em 28 de outubro de 1976, levada à Brigada Güemes, assassinada em 3 de fevereiro de 1977 em Ciudadela, depois enterrada numa vala comum no cemitério de San Martín, havia sido identificada.

O início efetivo do luto é em Marta Dillon também o início de uma reviravolta no seu estilo. Muitas vezes, nas suas crônicas, nem sempre autobiográficas mas sempre com uma categórica primeira pessoa autorizada classicamente pelo gênero, e apesar da sua lírica da resistência elegante e até luxuriosa, o peso do testemunho, o referencial trágico, o dever militante da denúncia justa, a palavra de ordem que exige urgência ou a oração coletiva, isto é, *sem mão de autor*, vela a rica experimentação formal. E acontece que o achado desses restos mortais *solta* Marta do seu passado de testemunha no seu próprio *ethos* de narradora.

Aparecida é a narração de uma epifania que será um novo nascimento; é esse o poder simbólico de uma mãe: que seu cadáver mutilado *dê de nascer*; que o leite da sua morte flua como dom, não o do sacrifício conforme o mito fálico, e sim por um excesso de si, para além da sua arrasada materialidade física.

Portanto, *aparecida* é também a escrita, uma escrita soberana, liberta do totalitarismo da missão, da sua ordem sublime mas também sublime amarra, em pleno uso de uma língua em que o horror de uma única palavra atrozmente pesada no seu significado — *desaparecida* — pretende amarrar as outras a um lastro sombrio, apolíneo, até que, "aparecida", levará todas já sem limite até a vitória: essa joia retórica, *o prazer do texto*.

Aparecida é a narração de um luto que começa, o de ser uma filha com pontinhos [uma H.I.J.A.], e outro que se encerra com um ritual postergado: a inscrição e a sepultura. Por meio dessa carne que apodreceu na escuridão e do fora da lei dos seus mortificadores, a prosa de Dillon faz da carne um pormenor de partes moles que flui de mães para filhos — ranho limpo com as mãos, fraldas remexidas para farejar sem que o tabu do nojo venha atrapalhar, como costuma acontecer nas primeiras vezes, urina que vaza de emoção, colostro dos seios no pós-parto, fluxos e suores dos corpos do amor, saliva dos beijos e na limpeza dos rostos —, que na memória une a Dillon menina, a mãe com ela e os irmãos, ela e seus filhos, nos votos renovados do DNA comum. Mas o fato de a carne retornar como osso, síntese por perda e consequente incompletude, como resto e não como trabalho ordenado da corrupção no espaço imóvel do túmulo, *latiniza* o cadáver e o enfeita com a iconografia mortuária em que as caveiras se vestem de festa como os vivos, representam as injustiças do Estado para com os pobres, exercem uma pedagogia da igualdade entre o militar e o mendigo, o assassinado e seu assassino, a dama e a *catrina*,[23]

---

23 Calavera Catrina [caveira catita] é uma representação jocosa da "morte elegante" que remete aos bonecos e fantasias da Festa dos Mortos mexicana, na visão ácida do gravurista e cartunista político mexicano José Guadalupe Posada (1852-1913), que a mostra como um esqueleto com um grande chapéu florido. [N.T.]

para consumarem as bodas negras dos boleros necrofílicos e ilustrarem os textos da oposição a qualquer poder efetivo.

Escrevi a Marta Dillon um e-mail enlouquecido. Para mim, o final era certo: ela tirando para dançar os ossos da mãe em nome da justiça e da estética, à maneira de Guadalupe Posada e sua democrática gadanha. "A mãe aparecida não pede apenas uma inscrição no túmulo (a lei da pólis)", eu delirava, "mas uma volta simbólica das partes moles, da base material da carícia, dos fluidos do sexo, do alimento e do amor. E por acaso você não escreveu tudo isso? Quem poderia, a não ser *a filha que não morreu* — pois na narrativa alguém (Liliana Maresca) entrava com seu corpo —, amando outra mulher, também ela H.I.J.A. e mãe (e as duas sendo mães do mesmo Furio)? [1] Dançar com a mãe antes que comece a valer o contrato da diferença dos sexos e toda essa lenga-lenga hétero. Penso numa cena *rave* de caveiras ao ritmo poético de um mantra latino na voz de Alci Acosta, com um fundo de inferninho onde o champanhe é servido em cascata sobre uma torre de taças de cristal", continuava delirando, "que seria a desembocadura de toda essa poesia que o livro vem trazendo sob a forma de um sonho (?), de um manifesto (?). Não por acaso e com palavras menos finas do que as de Luz Irigaray, o *corpo a corpo* com a mãe é a *sapatice mestra*. E a namorada-mãe-morta estaria vestida de tules como uma heroína romântica..." Dillon: "Para, sua louca, para. Sai do meu livro". Então ela substituiu aquela dança macabra por uma despedida realista: "Toquei sua caveira com a polpa dos dedos, apoiei a mão do lado para ela descansar a face na minha palma. E me inclinei para beijá-la; não estava fria, ardia com minha febre apaixonada".

Sempre me chamou a atenção nos escritos de Marta Dillon a recorrência de uma cena: a das lágrimas rolando através de cílios espessos sobre faces coradas, a morosidade ao se deter nesse tempo em que a lágrima parece cair imensamente ou se congelar, como as das virgens barrocas. Também me chamou a atenção o uso do pronome pessoal "ela" — raro no jornalismo, que prefere repetir o nome completo ou substituí-lo pelo gênero, a profissão, quando não pela categoria judicial (vítima ou culpado). Esse "ela" de Marta se sobrepôs às mulheres vítimas, às apaixonadas, às que fazem memória — não necessariamente da dor —, às românticas, às que voltam à infância, em variadas situações, como na cena da lágrima.

Agora, na *escrita aparecida* de Dillon, "Ela", a mãe virginizada, deixa de chorar como num nicho — embora nem sempre de tristeza — e *vira o gesto do avesso* ou permanece como um tropo talismã nos seus livros que virão.

[1]

Furio Carri Dillon Ros é filho de Albertina Carri, Marta Dillon e Alejandro Ros; a primeira criança de tripla filiação reconhecida pela legislação portenha.

As obras dos filhos com pontinhos pedem para ser lidas uma a uma, mas elas dão a ler, até nas suas diferenças, certas manobras narrativas comuns. Por exemplo, o modo como abordam objetos facilmente legíveis como fetiches edípico-políticos, ou quando se trata dos pais: *coisinhas suas*. Sabemos que a miniatura não substitui o objeto como o fetiche, que o representa, sobretudo quando é preciso dar um jeito de viver *com um pouco de pai*, o desaparecido, que não é o mesmo que o pai ausente da psicologia. Como em *Os loiros*, de Albertina Carri; *Minha vida depois*, de Lola Arias; *Diario de una Princesa Montonera*, de Mariana Eva Perez; e *Aparecida*, de Marta Dillon.

Minha vida depois traz o recurso da representação por meio do brinquedo como réplica em miniatura: o Bugatti que Mariano ganhou do pai, Horacio Speratti, e um de controle remoto, junto com outros objetos guardados como um tesouro; o São Benedito e a tartaruga mostrados por Blas; a carta manuscrita mostrada por Carla; os filmes Super 8 mostrados por Pablo; o gravador mostrado pelo mesmo Mariano; e os livros mostrados por Liza. São objetos-evidência, ou prova, mas que não entram com essa função, e sim como objetos de amor, relíquias de uma intimidade e talvez herança a legar a partir da própria morte até o fim do objeto, sua destruição pelo tempo.

São, sobretudo, os filhos com pontinhos, como Mariano ou Carla, o contrário de um fetichista, um preservador na metonímia da catástrofe: através de dois bonequinhos, pai e mãe podem se tornar de plástico, como em *Os loiros*, de Albertina Carri; ou cinco ossos por um esqueleto, um esqueleto por um corpo com suas partes moles, um cadáver por um corpo vivo, *ser mãe*, como no romance *Aparecida*, de Marta Dillon. Imaginemos uma miniatura que não o seja por redução, mas por síntese ou por resto.

Gambiarras teóricas da tragédia política? O prestígio e o argumento permitem dizer a Freud — palavras mais, palavras menos — que para Hans o cavalo *é* o pai, ou que o carretel *é* a mãe; ele mesmo descreveu como ninguém o mecanismo de condensação e deslocamento que afeta o sonho, a memória, o amor.

A blusa azul— que *é mãe* quando ela deixou de ser um ser vivo — é também o título do conto com que Marta Dillon adiantou *a aparecida*, num texto do jornal *Página/12*, "La polera azul". Sobre uma mesa, no escritório da Equipe Argentina de Antropologia Forense, há roupas anônimas de NN, rotas, cobertas de pó, mas que conservam, desbotado, o toque de época em tecidos como o denim ou o crepe, que os órfãos tentarão reunir, nas suas lembranças, aos corpos encontrados para identificá-los. O conto começa como um enigma, uma intuição diante de uma camiseta com a gola cortada, duas peças sem mangas de cor azul. O ritual de luto, de início, dispensa a prova. Os forenses perguntam a Marta se ela recorda que roupa a mãe estava usando no dia do sequestro, e Marta diz ter respondido que sentiu tanta falta de um casaco listrado que acabou achando que era essa a peça que tinha na sua frente. Como muitas outras testemunhas, ela precisa, e sabe disso, construir uma narrativa para si, mais além da "verdade fria como um mármore".

Em "La polera azul", Marta Dillon descreve o assombro de que a primeira coisa a desaparecer tenham sido as costuras; sem ser explícita, dirige a descrição dessas partes soltas à analogia com os ossos separados pela corrupção da carne que é preciso encaixar com o que um dia foi um corpo vivo. Por meio da enumeração caótica — figura retórica preferida do cronista —, realiza uma síntese carinhosa das roupas civis das militantes dos anos 70 (um vestido de lãzinha com corpete, uma camisa com estampa de batik, uma calça de oxford), como se com essa lista de butique identificasse ou rebatizasse — no caso, dá na mesma —, substituindo o NN — como nas modelos de passarela — pela peça de roupa. Em modo *filha de luto*, Marta remonta uma blusa de cor azul, tira fotografias. Mas do quê?

"Minha mãe é agora, concretamente, um crânio com poucos dentes, um maxilar morfologicamente reconhecido, tíbias e fêmures, rádios e ulnas, clavículas. Devo estar errando na enumeração dos ossos, o fato é que seu tronco continua desaparecido", escreve em outra prévia de *Aparecida*, num texto anterior intitulado "Los últimos ritos".

O luto exige uma metáfora, para além dos resultados de uma ciência justa e necessária: a mãe *não é*, sem dúvida, esses ossinhos; será essa blusa azul? Quer dizer, Marta reconstruiu a peça que deseja ou imagina que tenha pertencido à ausente. E, sabendo ou não, reconstruiu aquilo que cobria o que hoje falta: o tronco. Peça que, a exemplo da camisola que Rodolfo Walsh atribui à filha Vicki em "Carta aos meus amigos", abriga menos do que vela, é um limite para o olhar do torturador sobre os seios nus da sua vítima.

Também, a exemplo da carta de Walsh, a investigação necessita do testemunho. Cristina Comandé, companheira de cativeiro de Marta Taboada, contou numa declaração perante o juiz que houve um dia em que a viu tirar as mangas e a gola de uma camiseta porque não suportava o calor. Marta o revela no final do conto, depois de fazer suspense.

O vestuário é um argumento, e *a aparecida* não é tanto aquela que regressa com seu DNA identificado e um crânio, fundo último das carícias daqueles que amaram a carne e o cabelo que o cobria, mas com a blusa, com o eureca da filha capaz de transmutar uma evidência em talismã enquanto veste uma forma que acaba de recuperar seu nome numa sucessão feminina.

A blusa azul, que é a mãe, no texto breve e no interior de *Aparecida*, é também o relato de uma epifania que, assim como a ligação dos forenses, resultará num novo nascimento. Depois, Marta escolheu entre essas peças rotas um sutiã e uma calcinha pretas e as combinou num conjunto sexy, pois se lembrou de que no dia do sequestro sua mãe tinha um encontro amoroso. "Sobre o xadrez azul-claro", escreve quando, prendada, confecciona uma mãe conjetural sobre uma mesa na sede dos Antropólogos Forenses, "minha filha colocou um sutiã e uma calcinha, ambos pretos, as rendas dos babado retorcidas, duras, como se tivessem ficado de molho em enxofre, mas visíveis, perfeitas. Uma borda vazada marcava a linha da virilha, dez riscas douradas subiam de onde terminaria o púbis que abrigou até a altura do umbigo; um sem-número de elásticos soltos, tufos desgrenhados que saíam da peça como molas de um colchão velho ressaltavam mais um pouco a resistência do material. Na altura da vulva, nesse espaço que poderia ocupar uma mão entre as pernas, a calcinha não se dobra, o nylon não cai sobre si mesmo com a força da gravidade; conserva o espaço vazio. O sutiã perdeu seus fechos, já não é tão eloquente, mas há algo na forma da taça, uma costura que já não se usa ou que eu desconheço, porque há séculos que não ponho um sutiã, uma costura paralela à linha das costas que imagino que juntaria os seios um pouco empinados. Tirei uma foto com o celular e em seguida afastei tudo o que estava embaixo para tirar outra, do conjunto sozinho sobre o branco da mesa com as marcas de poeira, o rastro dos nossos dedos, fiapos soltos, um rastro de tintura bordô que tocara tudo.

— Isso deve ser da minha mãe.
— Tem certeza?
— Não.

Celeste e Naná baixaram a cabeça e olharam o conjunto. Houve um breve silêncio.

— Naquela noite, ela tinha um encontro.

Um encontro amoroso, quis dizer, um encontro como

o entendemos agora. E esse conjunto era elegante, era de gala, segurava sua barriguinha flácida por causa das gestações, cobriria as estrias até que já não importasse que aparecessem."

Não tinha certeza do encontro, não tinha certeza de que aquelas peças pertencessem à mãe; com essa dupla negação, a filha sobrepôs no conjunto o dia do sequestro e o do fuzilamento, derrubando para sempre o excesso factual e sua cantilena judicial de evidências, perícias, exames de sangue, enquanto vestia sua morta para pensá-la na véspera da noite dos amantes, dos fluidos do sexo escamoteados da clandestinidade e da morte, lá onde o cativeiro e a mesa de tortura não tiveram lugar.

Uma blusa azul, uma Bugatti de brinquedo, uma carta, podem ser, assim como os Reis Magos, *os pais*, sem deixar de ser documentos materiais mais afins ao *secrétaire* do que às mesas forenses.

EU MESMA, NA VÉSPERA DO QUE ACONTECEU NA RUA CORRO, TINHA IDO BUSCAR A MENINA — diz Lucy Mainer. Estava com a avó, que, muito preocupada, me falou: "Eu não sei por que a Vicki quer ficar com ela, se está correndo perigo". E eu respondi: "Não, ela está em casa, acho que não vai acontecer nada". Eu sabia que a Vicki era filha do Walsh porque a mãe me contou. Ela não estava envolvida naquilo. Ainda me disse: "Aqui está a bebê, mas pergunta pra Vicki por que não deixa ela comigo. É mais seguro. Eu estou separada do Walsh e totalmente afastada de tudo". É verdade que ela não tinha ideia do que estava acontecendo, senão não teria me falado do Walsh nem comentado que estava separada dele. Claro que depois eu não mencionei que conhecia essa senhora, porque os militares eram capazes de ir atrás dela também.

Lucy lembra que Vicki tinha entrado na sua casa alguns dias antes de 28 de setembro, e que naquela noite sua filha Milagros ("Coco") dormiu na cama de casal e Vicki na cama de Milagros, com Victoria.

— A Vicki estava com a filha — diz Lucy —, porque os montoneros tinham mania de levar os filhos como eles pra tudo que é lugar, aqueles que ficaram com os avós não foram roubados; mas principalmente porque era aniversário dela. Acho que fui eu quem fez o bolo. Mas não era uma festa. Acho que nem cantamos parabéns.

Em 13 de outubro de 1976, Rodolfo Walsh escreveu uma carta para o genro, detido na penitenciária de Sierra Chica, pedindo que intercedesse ao seu favor para tentar que sua neta, então na casa do comodoro Miguel Costa, pudesse ser visitada pelos familiares do lado materno: fez isso pensando em manter viva a memória da mãe que ele imaginava ameaçada por sua decisão final e em nome do carinho dos mais próximos pela criança: "[...] estamos propondo ao teu pai um acordo que, sem alterar essa situação de fato, reconheça aos familiares da Vicki, que antes de sua morte mais conviviam com a menina — e portanto mais se afeiçoaram — o direito de vê-la e ficar com ela dois dias por semana". O parágrafo mostra o Walsh da avaliação e do resultado numérico: + convívio + afeição = dois dias de visita, o mesmo número que se costuma conceder para a visita do pai em caso de divórcio. Fica claro que ele não está em condições de pedir a guarda da neta e que a carta é um pêsames ("De resto, eu te acompanho na tua dor como sei que você me acompanha na minha") que envia através do comodoro Costa ("Envio esta carta em duas vias. Uma delas é para o teu pai, que está autorizado a lê-la"); a outra via que ele menciona é, certamente, clandestina.

— Olha que coisa mais perversa — diz Patricia. — O sogro da minha irmã, o comodoro Miguel Costa, tinha discutido com minha mãe sobre quem ficaria com minha sobrinha. Naquela época, a menina tinha uma relação mais forte comigo e com minha mãe. E durante a discussão, o comodoro, com muita violência, disse pra minha mãe, como com ódio, que minha irmã não tinha se suicidado, mas tinha tentado pular pra um terraço vizinho, portanto sua morte não tinha nada de heroico. Isso fez minha mãe sofrer muito, porque, embora não fosse militante nem tivesse nada com a guerrilha, sentia admiração por aquele gesto da filha. Por isso eu pedi a exumação, e quando os exames comprovaram como minha irmã tinha morrido, ela sentiu alívio.

No final da carta para o genro, Walsh afirma garantir o acordo de dois dias de visita; poucas linhas acima afirmara que, com a morte de Vicki, a menina tinha ficado "nas mãos do Exército". Ele não explica suas fontes nem se era um modo de mencionar a entrega da menina para Stella Maris Gómez de García del Corro — irmã de Lucy Gómez de Mainer, então detida desaparecida —, mediante a assinatura do tenente Ernesto María Piñeiro.

— Quando a diretora da escola da minha sobrinha soube do que tinha acontecido, mandou que a levassem para a delegacia — diz Stella. — Então, como ela tinha nosso telefone, nos ligaram da delegacia pedindo para irmos buscar a menina. Quando cheguei lá... fui com a mulher do dentista, que estava com muito medo..., vi uma bebê sentada num carro e dois policiais arrumando sua roupa. O delegado me falou: "A senhora não poderia levar também essa bebê? Não sabemos o que fazer com ela. Não nos explicaram nada. Podemos lavrar uma ata e depois, qualquer coisa, procuramos a senhora". Na delegacia havia também um tenente que, quando concordamos, nos levou no carro dele. Era o tenente Ernesto María Piñeiro. Quem sabia o nome da bebê era minha sobrinha, mas ela falou para todo mundo que se chamava "Marcela". Eu tinha filhos adolescentes, que ficaram encantados com ela. Dali a pouco se animaram. "Será que não podem deixar ela com a gente? É como uma irmãzinha", diziam. Tinha um ano e pouco e era muito boazinha. Logo se adaptou perfeitamente. Não chorou nem um dia, talvez porque já conhecesse minha sobrinha, "Coco", que também ficou morando conosco. A única coisa que eu sabia dela era que tinham matado sua mãe, ou que sua mãe tinha se matado.

— Minha tia foi buscar as meninas, mesmo tendo apoiado o golpe militar *que nos salvou da subversão apátrida* — diz Juan Cristóbal.

— Eu faço questão de elogiar esse delegado que entregou as crianças pra minha irmã — diz Lucy. — Mesmo sabendo quem ele é, não devo citar seu nome, porque esse homem fez algo que outros não faziam e pode correr riscos à toa, quando foi muito correto.

Era um dos homens que, no interior do aparelho repressivo, pretendiam se diferenciar por suas convicções pessoais mantendo certo dispositivo legal? Ou um dos muitos rostos burocráticos desse mesmo aparelho que, enquanto fazia desaparecer milhares de pessoas sem deixar rastro, ao mesmo tempo ia acumulando minuciosos dossiês municipais de entradas no necrotério, de enterros coletivos e anônimos?

— Quando fomos depor contra as Juntas Militares, na época do Alfonsín — diz Maricel —, o Emiliano apareceu lá e falou com minha tia; mostrou pra ela uma foto da Victoria, que já devia ter uns dez anos. Mas em 76 ela era bem bebezona, ainda andava de fralda. Uma morena, com os olhos deste tamanho. A gente nunca sabe quando cai a ficha. Uma hora deve cair pra ela, quando daqui a alguns anos de repente falar "quero conhecer a família que cuidou de mim".

A casa do bairro Los Polvorines, onde Victoria María Costa permaneceu, continua sendo o clássico chalé suburbano, austero sem modéstia — salvo o luxo de um jardim florido —, já sem os filhos, que foram fazer sua vida.

— Um dia, quando eu estava na escola, trabalhando no turno da tarde — diz Stella Maris —, apareceram aqui o comodoro, uma senhora e o tenente que nos acompanhou na saída da delegacia e que depois pediu transferência para outro lugar (pelo jeito, não queria continuar participando). Meu cunhado, que estava em casa e sabia do caso, mas não participou de nada, não os deixou entrar. Falou: "Sem minha cunhada aqui, ninguém entra". Aí foram me procurar na escola. O comodoro estava com uma senhora amiga, porque, como ele não queria que a Vicki levasse a bebê na casa dele, não conhecia a neta. Sua esposa, sim — quando a via, era em alguma praça —, mas não pôde ir com ele porque estava muito mal, pesava 37 quilos, por causa do desgosto com o filho preso e tudo o que aconteceu. O comodoro trouxe essa senhora, que tinha visto a bebê, para que a reconhecesse. Também estava com ele o tenente que a entregou para mim, por isso eu tinha que devolver a menina. Este aqui é o papel que me deram em Buenos Aires junto com a bebê, e este aqui é o que me deram na delegacia quando a devolvi. Mas antes assinamos uma ata. Achei correto, porque foi em bons termos. O comodoro foi muito amável. Quando fizeram o julgamento das Juntas, fui lá dizer isso mesmo que acabei de contar, e lá estava Emiliano, já em liberdade — tinha estado preso em Sierra Chica —, e me agradeceu por ter ficado com a filha. Eu disse: "Um dia você tem que me visitar com ela". Nunca mais a vi. Claro que, se ninguém a reclamasse, eu teria feito a adoção. Mas, nesse caso, diria toda a verdade para a menina. Por isso eu acho que houve gente que agiu de boa-fé. Quando fui buscar minha sobrinha na delegacia, vi aquela bebê sentada num carro, sendo arrumada; tinham posto nela umas meias de homem com um alfinete preso dos lados. Imagine o que era essa bebê lá. Como é que eu podia não pegar e trazer comigo? Acredito que agi certo e que estou agindo certo agora. Se existe Deus, ele é que sabe.

Mas há objetos que uma H.I.J.A. artista escolhe para a trama da sua ficção.

Mariana Eva Perez transforma o apito de escoteiro do pai no anúncio da revolução, e não será ela quem o tocará, mas "alguém" que vive no futuro, como seus pais certamente imaginavam que aconteceria: "Adoro ter o apito de escoteiro do Jose. É grande, de metal, pesado, e tem um som bem forte. Um dia Alguém (não eu) o tocará com toda a força e vai ser como um shofar derrubando as muralhas do capitalismo, como o corno de Heimdall, o deus viking, chamando à insurreição universal". No som do apito do pai, Mariana Eva Perez reúne a tradição judaica da mãe Patricia e a do lugar onde nascerá seu primeiro filho e ela viverá durante longos anos, a Alemanha.

Quando Albertina Carri representou, no filme *Os loiros*, a cena do sequestro dos pais, Ana María Caruso e Roberto Carri, com bonecos Playmobil, tomou distância do modelo testemunhal para propor de forma inequívoca a validade de recursos que são próprios da arte, como a animação. Mas a cena é também uma espécie de paródia da dramatização que se costuma propor às crianças traumatizadas nos consultórios de psicologia infantil, por isso Carri, numa ficção familiar ordenada de maneira deliberada e consciente do seu possível significado, trata de afastá-la da interpretação terapêutica. E ao mesmo tempo põe em cena a fantasia de re(animar) os desaparecidos.

"Loiros" implica também uma justiça poética por oposição ao "Negro", intermediário entre os Carri em cativeiro e sua família, e à vizinha que os recorda com detalhes mas sem compaixão, que tem o cabelo preto. Ou como se dissesse "somos todos loiros", no mesmo sentido em que os estudantes de maio do 68, depois de um funcionário de De Gaulle ter mencionado a origem "judia-alemã" do dirigente Daniel Cohn-Bendit, gritavam "somos todos judeus-alemães".

As perucas em *Os loiros* são um valioso achado ficcional e, ao mesmo tempo, um objeto de múltiplas ressonâncias na iconografia da militância. A peruca fazia parte da cosmética da clandestinidade para construir uma identidade falsa, fazia da militante um "avião" capaz de distrair o inimigo durante uma operação. Julgada como um adereço meramente instrumental, acarretava um excesso em que a ficção liberava o riso e introduzia o jogo no protocolo ascético da militância. As perucas de *Os loiros*, portanto, são também de um grande rigor documental, mas com um uso muito distante do inventário realista. Por que a ficção se oporia ao documento?

ESCRACHE VIRALIZADO

O *escrache* é o teatro político dos filhos dos desaparecidos. Um teatro destinado aos repressores para além do espaço judicial que compromete testemunhas sob a forma de *vizinhos*, com a utopia de ir passando o recado para não deixar viver em paz depois de um processo inocentador. Embora Albertina Carri nunca tenha integrado a organização H.I.J.O.S., deu-se ao direito de fazer um *escrache* ao incluir em *Os loiros* o parecer com que o Instituto Nacional de Cinema (Inca) recusou o roteiro do filme como candidato a um patrocínio: "[...] As razões são as seguintes: acreditamos que este projeto é válido mas, nesse sentido, requer uma realização com maior rigor documental. A história tal como é formulada expõe o conflito de ficcionalizar a própria experiência quando a dor pode obscurecer a interpretação de fatos dilacerantes. O luto da protagonista pela ausência dos pais, embora seja o eixo, requer uma busca mais exigente de testemunhos próprios que se concretizariam com a participação dos companheiros dos pais, com afinidades e discrepâncias [...]".

O parecer é lido pela equipe de filmagem como se se tratasse de um comunicado político do *inimigo*; neste caso, aquele que dita os protocolos com os quais a memória deve ser encenada, o catálogo das suas restrições estéticas. O espaço, sem luz exterior, desordenado, evoca os da clandestinidade do tempo da militância.

Em *Minha vida depois*, Vanina Falco conta em cena a biografia do pai, policial da Inteligência e apropriador do filho mais novo, Juan. De todos os personagens da peça, ela é a única que não mostra um objeto paterno, mas um dossiê. A cada apresentação, ela expõe um testemunho incriminador perante o público e mostra diante dos companheiros de palco os autos do processo que seu irmão apropriado, e adotado como Mariano Andrés Falco, moveu contra o pai. É Carla Crespo, a filha do desaparecido sargento do ERP, quem lê a declaração do acusado: "Tendo comunicado aos médicos nossa decisão de adotar um bebê, em 4 de abril de 1978 fui informado do nascimento de um menino que se encontrava em condições de ser adotado [...] Não hesitei em anunciar à minha mulher que nosso ansiado filho havia chegado e, a fim de tornar a situação menos traumática, de forma deliberada deixei de solicitar os dados da sua origem biológica". A encenação evita que, com sua leitura, Vanina ocupe o lugar do pai através da sua voz. O fato de essa voz ser assumida pela filha de um desaparecido através de um texto que, até na sua falácia, constitui uma autoincriminação, compõe uma condenação *em público*.

Em *Diario de una Princesa Montonera*, Mariana Eva Perez escreve: "entende, martín?/ ela te largou/ deixou isso bem claro nas cartas/ não estão mais juntos, ela diz/ já não te amava/ antes de você cair/ não é uma história de amor truncada pelo terrorismo de Estado/ eu sou a filha que ela teve com OUTRO/ e me pareço mais com ele do que com ela/ e mesmo assim você quer me comer/ seu perversinho". Escreve esses versos para um ex da mãe que, como a filha não é dele, não acredita que seja incesto. E às vezes seu *escrache* é dirigido ao apropriador do seu irmão: ("Muitas felicidades para o González e para todos aqueles que com prazer perverso recebem neste dia os cumprimentos de filhos alheios que afanaram! Que comam bem e brindem muito. Daqui, nossos melhores desejos de cirrose, câncer com metástase *par tout* e o coração arregaçado" (diz na anotação do "dia dos pais"). Em todos os casos, o *escrache* é ritualizado e repetido, atravessando as fronteiras da pátria do sangue derramado — a peça foi encenada em vários países, *traduzida* para suas tragédias políticas específicas — sob a forma de uma sentença, com a fronteira utópica do *sem limite* no tempo das representações, das projeções e das leituras.

PAIS SEM FIO

Um pouco de pais transforma uma carta datada num momento preciso, ajustado no tempo, ou uma fita de celuloide rangente que desfigura uma voz amada, em algo que se deve fazer durar a vida inteira e é preciso reativar, dando-lhe, a cada vez, mais uma volta de sentido que possa resgatar essas coisas da sua inexorável obscuridade de objeto morto para conservar um pouco de pai ou de mãe. Em *Minha vida depois*, Carla Crespo lê a última carta do pai, desaparecido no ataque ao Depósito de Arsenais Domingo Viejobueno de Monte Chingolo, na qual o discurso amoroso se entrelaça com o de uma carta política: "A situação em todo o país é realmente alentadora para o campo popular. Espero que você, que eu e que todos saibamos aproveitá-la e batalhar para alcançar o quanto antes esse tão esperado futuro do nosso povo. Quando responder, me conte de você e do *changuito*, que eu não me aguento de vontade de ver correr, falar (ainda falta muito para isso, não é?)". Ela então se interrompe para comentar: "O *changuito* sou eu. Acho engraçado, porque me faz pensar num *gaucho* bebê".

Quando Mariano Speratti põe para tocar a voz do pai num velho gravador de rolo, diz: "Essa é a parte de que eu mais gosto: meu pai dizendo meu nome". Na gravação, Horacio Speratti, cujo nome de guerra era "Flaco", diz "Mariano", "Mariano", "Mariano", em vários tons, com essa entonação um tanto exagerada e ao mesmo tempo mimética com que se costuma falar com as crianças: a força da cena se redobra porque é o filho de Mariano Speratti, Moreno, de quatro anos, quem liga o gravador, sentado no seu regaço. Essa voz entra em jogo como documento e fantasma, mas principalmente como um talismã sonoro de extrema condensação simbólica.

Em 2007, Albertina Carri publicou *Los rubios, cartografía de una película*, livro que incluía o relato dos descartes do filme, seu roteiro original, além de outros textos pessoais que chegaram a ser semipúblicos quando ela procurava financiamento junto a órgãos oficiais e privados. Também fragmentos das cartas que Ana María Caruso e Roberto Carri enviavam do cativeiro para as filhas Andrea, Paula e Albertina. Depois, Albertina Carri realizou uma videoinstalação no Parque da Memória chamada *Operación Fracaso y el sonido recobrado*, dividida em cinco espaços: "Investigação sobre ladrões de cavalos", "Ponto impróprio", "Allegro", "A piacere" e "Cinema puro". Em "Ponto impróprio", ela lia em voz alta as cartas da mãe.

Daniel Link, numa espécie de bênção laica a *Operación Fracaso* que ele dispensou nesse céu apóstata que é o Facebook, teve uma epifania crítica: "'Ponto impróprio' filma com microscópio o traço materno sobre o papel e o projeta numa lua ladeada pelos nomes da mãe (que são, também, os nomes da Concepção)". E é verdade, nessa mandala materno, luminoso sobre o piso cuja força afetiva é contida pela instrutiva legenda "videoinstalação multicanal de projeções coloridas em loop. Formato de captura HD digital sobre cartas escritas por Ana María Caruso do cativeiro", o "Ana" de um lado e o "María" do outro nomeiam a primeira sucessão feminina, aquela que Leonardo da Vinci representa no seu quadro cultuado. "Ponto impróprio" era um título justo para uma obra cuja propriedade não era da mãe nem da filha, ou era a maneira como a filha permitia que a mãe tivesse "obra". Segundo Link, "não foi dado à mãe ter obra por ser mulher, e por ser casada com um intelectual promissor e furioso: suas cartas são a não obra, a desobra (mas nunca, nem mesmo na escuridão que constitui sua circunstância de escrita, a desesperança)". Mas sabemos por uma mulher, Josefina Ludmer ("As artimanhas do fraco"), por meio da sua leitura feminista dos gêneros menores, que os espaços regionais que a cultura dominante extraiu do cotidiano e pessoal e construiu como reinos separados (política, ciência, filosofia), nas mulheres, se constituem justamente a partir do que é considerado pessoal e são indissociáveis dele. Não é que Ana María Caruso não tinha obra, mas o que transmitia era diferente da obra do marido, sociólogo e autor de vários livros. O que Ana María Caruso fazia era uma obra literária em emergência que simultaneamente legava o valor da literatura. Por um lado, do seu cativeiro, através de cartas e presentes, exercia uma maternidade a distância que se atinha ao essencial: embora não as evitasse, não se demorava em expressões carinhosas. Urgida pelo pouco tempo disponível — o cotidiano, que as frágeis negociações impõem em meio ao horror, quando a correspondência exigia ser despachada imediatamente, e o outro, mais totalizador, no qual ela tentava preservar os laços simbólicos com as três filhas —, parecia desfiar suas preocupações menos porque fossem imperiosas do que pelo desejo de compartilhar os gestos de uma normalidade familiar. "Por que a Albertina parou de ver a Vanesa? Como foi a festa dela na escola, com a fantasia de mariposa? Já a matricularam na natação? Paula, como foi a despedida do 7º? O que vão fazer nas férias? A Alber vai aprender a nadar? Andre, como foi o teu aniversário? O que você fez? Por que não teve festa?"

Há nessas perguntas um excesso retórico, como de quem liberta a escrita da sua função instrumental e a transforma — dadas as circunstâncias trágicas em que a exerce — num espaço de liberdade absoluta. Se a revelação dessas cartas para além das destinatárias (suas filhas) podia resultar numa pena que ia da censura à morte, são inumeráveis as artimanhas do fraco que Ana María Caruso exerce. Sem livros à mão, dá lições de barroco: "Se você está interessada no Vivaldi, deve ter lido na sua biografia que ele é o barroco musical, um movimento que produziu uma música excepcional (Vivaldi, Corelli, Bach).

Esse movimento barroco também se dá na literatura (Quevedo e Gôngora, na Espanha) e na pintura e arquitetura". Destituída de todos os bens, distribui sua herança ("Não esquece de pedir o meu colar pra Tata Elisa, é uma pena que fique guardado, quando você pode usar. Só toma cuidado pra não perder") e desvia presentes luxuosos ("Quanto ao perfume francês que a Bicha me mandou, estou mandando pra vocês pelo papai, que é pra Andrea e a Paula usarem, porque pra mim, aqui dentro, basta a água-de-colônia"). Sem esperanças de sobreviver, lega aquilo que nunca poderia faltar às filhas quando ela faltar, a vontade de ler: "Agora que vêm chegando as férias e vocês vão ter mais tempo pra ler, Andre, pede pra te comprarem os contos do Cortázar e seu romance *Os prêmios*. [...] Os livros de contos são *Bestiário*, *Fim de jogo*, *As armas secretas* e *Todos os fogos o fogo*. É bom ler nessa ordem. Em *Bestiário*, o primeiro conto se chama 'Casa tomada', e tem gente que diz que é uma imagem da sensação de invasão que a classe média tinha diante do peronismo, mas eu acho que pensar isso é uma idiotice. É uma sensação, que se repete em outros contos do Cortázar, de invasão, de algo que ele não controla, de algo irracional e incontrolável que o invade e chega a alterar sua vida. Isso aparece em outros contos dele, em 'Carta a uma senhorita em Paris' são coelhinhos; em 'Cefaleia' é a cefaleia, a dor de cabeça; em outro, que eu não me lembro o título, é o tigre etc.". À primeira vista, a mãe "despolitiza" um conto de Cortázar, mas na realidade ela propõe certa autonomia da obra literária acima de uma crítica muito literal nas suas significações políticas. As palavras de Ana María Caruso na voz de Albertina Carri montam uma dupla; esse "Ponto impróprio" é, talvez, também o ponto de máximo valor da amostra ao fazer uma desaparecida aparecer como coautora.

AS SABINAS

"Acho que ela estava fascinada com o 'Negro'; em última instância era um operário, aquele operário que as mulheres burguesas queriam encontrar, e ainda por cima com formação marxista. Estava apaixonada, mas com componentes que tinham a ver com a militância", diz um amigo de Marta Taboada, porque a formação de um quadro *monto* de alta patente não exclui a supina banalidade na matriz de gênero. Do lado *deles*, a pureza sublime da causa justa; do lado *delas*, um compromisso *de baixo orçamento* desvalorizado pela razão sentimental e um eros vedado à classe. Pouco se fala de que, junto ao Santo Graal do operário, a libido do peronismo revolucionário se derramava na caçada de sabinas pelo campo do patriarcado nacional. As Lucía Cullen, as Chunchuna Villafañe, as Marta Taboada entravam na revolução com couros finos, e poucos estão dispostos a ler nessa guinada um gesto de quilate político. O que o companheiro lê como o lastro frívolo de classe a ser superado é força utópica cujas figuras atravessam as tramas das lutas de hoje. Pois quando Marta Taboada levava os militantes de base das periferias à ópera, quando ilustrava sua empregada em cosmética e cuidado de si ou arriscava a vida à procura de uma saia de uniforme escolar imprescindível para sua filha numa festa, o que estava fazendo era política cultural, aproximando aquilo que a agenda da revolução deixava para depois em nome da metáfora crassa do pão duro.

Junto às desejadas sabinas da burguesia estavam as senhoras de família, vindas de um catolicismo ansioso de compromisso social, talvez ingênuas e quase sempre convertidas à causa revolucionária pelos próprios filhos, como Lucy Gómez de Mainer, que, com dois deles desaparecidos, ela mesma ex-detida desaparecida e presa política, trinta anos depois da operação comandada pelo coronel Roualdes no cerco à casa da rua Corro, 105, foi capaz de dizer: "Os vizinhos cuidaram da cachorra até minha irmã poder buscar. Só perdemos a tartaruga". Da prisão de Devoto, ela recordará, mais do que privações e penúrias, um momento de epifania: "Eu estava na capela rezando; fazia um frio de matar e de repente senti calor. Então aconteceu uma coisa que não consigo explicar; tinham pintado os vidros das janelas como se fossem vitrais, mas nesse momento tive a sensação de que não eram vitrais, e sim vidros brancos, e uma luz muito forte entrava lá, naquela capela aonde também nos mandavam quando chegávamos e nos despiam. E minhas companheiras, eu via como se fossem sombras, e tive uma sensação de paz, de alegria e de beleza".

E à beira dos seus noventa anos, ri do padre que quase as ameaçou, "vocês não esperem nada de mim"; e depois mostrou ser "a pessoa mais divina do mundo".

A língua da vítima é plebeia, assalariada, inquilina: aponta sua queixa para uma camada social superior, a um patrão, a um proprietário, mas é também utilitária, loquaz na enumeração de fundamentos, por isso é bem-dita pelos advogados, pelos políticos de carreira, pelos estudantes entendidos na luta de classes. Por isso a aristocracia conserva certa gagueira, como quem não está acostumado a não ter seus desejos realizados por antecipação — os bons criados não precisam de ordens, são quase telepatas. Uma senhora *bem-nascida* não se detém na desgraça, que é malvista nos salões, por isso Lucy Mainer costuma narrar a sessão de tortura a que foi submetida sobre uma cadeira molhada como se o choque elétrico fizesse parte de uma aventura perigosa, não necessariamente insuperável. Das boas maneiras na tragédia: quão pouco se compreende que a frivolidade e a superficialidade são formas elegantes do estoicismo.

A revolução é menos o "Che" desgrenhado e caminhando pela cidade liberta, com cheiro de pólvora, selva e saco, naquilo que um dissidente chamou *A entrada de Jesus Cristo em Havana*, do que o "Che" escarranchado no galho de uma árvore lendo León Felipe e fumando um charuto ao compasso do seu resfolegar asmático. E é menos Rodolfo Walsh escrevendo a "Carta à Junta" do que a cena em que, naqueles mesmos dias, rasgou com uma esferográfica um tabuleiro de Scrabble, alterando o valor das letras para adaptá-lo ao idioma espanhol a fim de tentar resolver um problema urgente: que ele, *senhor das palavras*, perdesse sempre para sua companheira, Lilia Ferreyra. [1] É Lucy Mainer gritando com as mãos ao alto no terraço da rua Corro, 105: "Não atirem: são meus alunos de inglês" e recordando que em Devoto a chamavam *la teacher* e que cantava com as companheiras *movete, chiquita, movete*, até que as puseram de castigo ("e eu tentava explicar pro padre: não é nada indecente. '*movete, chiquita, movete*' é só um jeito de animar a gente a dançar"). E é Marta Taboada abrindo a temporada de verão num campo de concentração com uma blusa compartilhada, da qual cortou as mangas. A revolução será *queer*, pop, psicodélica, ou não será.

[1]

Lilia contava: "Quando estávamos na clandestinidade e não podíamos sair de noite, jogávamos Scrabble e Go. Depois de várias partidas eu ganhava, em média, mais no Scrabble, e ele no Go. Ele então dizia: 'Aqui tem algo errado, porque você tem muito senso de orientação, sabe se movimentar nos territórios, e o Go é um jogo de territórios, portanto você devia ganhar no Go; só que ganha no Scrabble, quando é evidente que eu domino melhor a linguagem'. E aí começou a escarafunchar o jogo, até descobrir que o valor das letras do Scrabble correspondia à sua frequência no inglês. Um ípsilon, que é pouco frequente no idioma espanhol, em inglês é muito frequente e, portanto, vale pouco. Por isso, por mais que costumasse encontrar palavras mais imaginativas do que as minhas, quando somávamos os valores, eu conseguia mais pontos. E aí, sabe o que ele fez? Pegou ficha por ficha, apagou o valor com uma gilete e escreveu em cada uma o valor que deviam ter de acordo com a frequência das letras em espanhol. O que ele conseguiu foi uma tradução do inglês pro espanhol das fichas do Scrabble. Mas, mesmo assim, não conseguiu superar sua perplexidade, porque, mesmo com essas alterações, eu, em média, continuei ganhando no Scrabble, e ele, em média, continuou ganhando no Go".

Lilia Ferreyra, que morreu em 31 de março de 2015, dizia que nessa casa de San Vicente, que os dois escolheram seguindo o mapa das águas da província de Buenos Aires — antes Walsh tivera aquele rancho em Tigre, que um letreiro desenterrado anos depois do desaparecimento do inquilino revelou que se chamava "Liberación" —, junto à horta de alface planejada mediante rigorosos manuais "estratégicos", atrás das cortinas fechadas contra as noites do Sul, houve lugar para que dois perseguidos pedissem licença à revolução para jogar jogos em que os adversários, sem deixar de competir, estavam apaixonados.

Ela ganhava no Scrabble, lá onde as palavras tinham peso, embora as palavras fossem o domínio dele, e não naquela ciência feminina de que o amante, vencido de antemão no jogo do amor, ou melhor, rendido, não jogará exibindo a plenitude das suas estratégias, e sim como um tributo a ele, que lhe mostrara o brilho das palavras, uma prova do que ela aprendera sem ele, mas sem que ele faltasse. E ele perderá porque nenhum enamorado pode dominar as forças escuras que fazem com que não possa tirar um troféu de quem, por não ser uno com ele mesmo, só consegue conquistar provisoriamente.

Lilia Ferreyra costumava contar às gargalhadas que Rodolfo Walsh, inteligente leitor de Clausewitz e dos manuais de guerra de guerrilhas, detetive amador e criptógrafo, herói da investigação com mapas e matemas, costumava se perder nos fundos da sua casa em Tigre, quando, facão na mão, se punha a limpar o mato crescido: se ele reconhecia em Lilia o saber dos territórios ("você tem muito senso de orientação, sabe se movimentar bem nos territórios"), não era em reconhecimento de uma tarefa militante que os privilegiava, e sim como uma virtude pessoal derivada daqueles loteamentos íntimos em que os amantes repartem os dons de um mundo do qual costumam se retirar mesmo quando tentam transformá-lo.

DO SANGUE DERRAMADO
AO SANGUE AZUL

SANGUE PLEBEU

O sangue é essa rede precursora da cibernética. Percebida como um mar interior, a circulação dos seus rios e meandros fez Shakespeare sonhar muito antes que Claude Bernard divulgasse a existência da hematologia geográfica. Viajante imóvel, é capaz de enlaçar cartografias antigas e modernas, oferecer uma justificativa científica para a palavra "raça". Pelo sangue, cada homem é original e, ao mesmo tempo, suas moléculas — de hemoglobina, enzimas e grupos de glóbulos — são transmitidas imutáveis de geração em geração. O sangue puro e eloquente de John Donne é, sobretudo, *eloquente*. Uma picada revela o pai, descobre o assassino, põe em evidência a mentira de uma origem, desvenda a verdade do outro. Seus dados não são *justos* nem *injustos*. Para Josef Mengele, sua *eloquência* permitia decidir quem devia ser salvo ou condenado. Para as Avós de Plaza de Mayo, é matéria simbólica instaurada sobre a matriz biológica. Nas Mães da Plaza de Mayo, nos H.I.J.O.S. e em Familiares de Desaparecidos, a trama de demandas se fez sobre uma politizada *voz do sangue*. Esses laços tornaram invisíveis aquelas que provinham de outras redes sanguíneas, ainda que tivessem contribuído com suas moléculas para uma descendência comum, naqueles que lhes foram arrebatados sem que elas pudessem encontrar o túmulo nem o nome: as mulheres dos desaparecidos. Essas vozes, que Noemí Ciollaro interrogou no seu livro *Pájaros sin luz*, se ergueram não mais em reclamo pela ausência efetiva de alguém, mas para denunciar a própria no conjunto "direito-humanístico" — nas palavras da princesa montonera —, aquele em que os emparentados com as vítimas do terrorismo de Estado escolhiam a designação do familiar para nomear o par político. "Familiares", "Mães", "Filhos", "Irmãos". Elas não encontraram na língua uma palavra menos burguesa do que "esposas"?, menos assexuada do que "companheiras"?, menos escandalosa do que "amantes"? As mulheres de NNs não estavam angelizadas pelo tabu do incesto nem podiam chantagear o poder com o que ele mesmo proclamava como valor mais alto — o amor ao próprio sangue até o sacrifício —, sem poder antever o uso que as Mães da Plaza de Mayo fariam desse valor na sua revolta de ronda semanal em lento porém constante movimento. Se o sequestro e desaparição quebraram o tabu sobre o corpo do filho ao impor visões da sua nudez na tortura, essa foi uma das muitas formas do horror rapidamente substituída por outras, mas a mera existência das noras erotizava o corpo dos homens que eram procurados, agora duplamente espiritualizados pela iconografia imaginada do seu suplício — um Cristo, esse suposto casto de toda castidade, em sua cruz.

Para o cânone dos direitos humanos, a perda do amante, do marido, do companheiro era concebida como substituível e *elaborável* com o passar do tempo, posto que eles não eram delas, carne da sua carne nem sangue do seu sangue. "Para você, a terapia não é fundamental, pois pode voltar a formar um casal", disse uma psicóloga de direitos humanos a Noemí Ciollaro, esposa de Eduardo Marino, desaparecido em novembro de 1977.

As Mães como *santas mães* se impuseram sobre as garotas que detinham os segredos daqueles corpos imolados: os do seu prazer.

Mas as diferenças eram também políticas. Quase sempre companheiras de militância, as mulheres dos desaparecidos se negavam a endossar as primeiras estratégias de certo setor das Mães da Plaza de Mayo liderado por Hebe de Bonafini e formado em sua maioria por virgens políticas, que consistia em negar a atividade combativa dos filhos. Aquelas nunca se congregaram num coletivo e só se tornaram visíveis ao exigir a dispensa dos filhos do serviço militar obrigatório, por meio de uma petição assinada na qual delegavam sua identidade à deles: "Filhos de desaparecidos chamam filhos de desaparecidos", e o telefone de Familiares.

Paradoxalmente, costumavam ser consideradas *mulher de*, sem que isso determinasse um território de demanda específico, mas *de segunda*, reduzindo seu papel a um acompanhamento da militância, embora muitas delas tivessem um grau hierárquico superior ao dos companheiros ou pertencessem a diferentes grupos políticos.

Essas figuras silenciadas, quando não puderam partir para o exílio nem continuaram na estrutura clandestina das organizações armadas, foram as que sustentaram a memória dos pais, optando entre várias narrativas: se o filho ia à escola com o sobrenome do pai, deviam ocultar o destino deste; se levava o sobrenome materno, porque o pai, estando na clandestinidade, não pudera reconhecê-lo, deviam ocultar que existira um pai disposto a esse reconhecimento. O desaparecimento as levou, em muitos casos, a abandonar a própria militância, sobreviver numa semiclandestinidade, muitas vezes rejeitadas pelas famílias de origem por causa de uma escolha que estas consideravam — identificadas com um poder filicida — motivadas por uma violência não "de baixo", e sim subversiva, expostas a riscos na superfície dos trâmites escolares e das candidaturas de emprego ou na simples aquisição de passagens para viajar até mesmo ao interior do país.

Vítimas do menosprezo sob o peso da figura sagrada das Mães porque tinham trepado e podiam voltar a trepar, não só encarnavam um luto de segunda, mas àqueles direitos humanos enunciados pelos seus corpos sexuados, com relação aos das vítimas, levavam àquilo que as organizações armadas não tinham articulado com a esquerda cultural que desejava explorar as mutações do desejo fora da relação servil com a procriação, tudo o que os homens e as mulheres eram para além dos seus deveres, o amor dos homens pelos homens, das mulheres pelas mulheres. [1] Chegaram a xingá-las de "putas", assim como os filhos de desaparecidos que receberam compensação econômica, e nessa palavra pronunciada como ofensa pela "esquerda Cary Grant", como o poeta Néstor Perlongher a chamava, impunha-se o sexo dos anjos para certos direitos humanos.

Uma cena excepcional e comovente ocorreu quando María del Socorro Alonso, mulher de Guillermo Segalli — desaparecido em fevereiro de 1978 —, apresentou à sogra a filhinha que tivera com um companheiro, embora não tivesse ousado mostrar sua gravidez ao marido: "Uma semana depois de María Sol nascer, fui com ela à ronda das quintas-feiras das Mães de Plaza de Mayo, me aproximei da 'Polda', coloquei a bebê nos seus braços e falei: 'É a María Sol, e é minha'. E a 'Polda' me abraçou e respondeu: 'Bom, agora também é minha'". Noemí Ciollaro, autora de *Pájaros sin luz*, enuncia o novo: a voz do sangue começava a se separar da voz do sangue derramado e se tecia em outras redes, outras alianças, outros âmbitos.

[1]

Nos partidos de esquerda das décadas de 1960 e 1970, oscilava-se entre a captura de toda atividade privada (que devia ser exposta entre os companheiros do grupo ou da célula), a relativa socialização do sexo, e a velha e modesta aceitação do caminho traçado pela burguesia: a dupla moral.

No verão de 1986, apareceu em Buenos Aires o número 5 da revista *Praxis*, dedicado ao tema "militância e vida cotidiana". A ilustração da capa mostrava um casal nu deitado numa cama instalada ao lado de um enorme retrato de Marx (ela com cara de insônia insatisfeita e peitos vesgos, ele lendo com o cenho franzido o *Que fazer?*, de Lênin). Num dos artigos da revista, o poeta e ex-membro do Partido Comunista Carlos Alberto Brocato reduzia literalmente a pó o narcisismo erótico dos militantes de esquerda ao acusar, especialmente os homens, de não terem sequer superado o pré-escolar da *ars amandi*. O artigo intitulava-se "Crisis de la militancia (nota sobre la sexualidad)". Brocato começava dizendo que no nosso país mal se desenvolvera a crítica cultural desatada pelas revoltas de maio de 68. Tampouco a sexualidade havia gerado um debate no estilo preconizado pelo psicanalista Wilhelm Reich, nem sequer os propostos pelo socialismo utópico. Em todo caso, o sexo funcionava como um mero princípio aglutinador e identitário. A militância tendia a tirar todo mistério da prática sexual, através de uma "visão científica" que revelava o erótico como uma ilusão ou "falsa consciência".

Para Brocato, os militantes de esquerda sustentavam a teoria do copo d'água: "Trepar é tão simples e transparente como tomar um copo d'água". Isso os transformava em ativistas monotemáticos do decatlo sexual com a primeira pessoa que entrasse na linha de tiro, já que o militante se considerava liberado *per se*. Outra causa do empobrecimento erótico era a associação das preliminares à hipocrisia burguesa: o militante as via como um rodeio puritano que encobria a franca materialidade do sexo (isto é, seu caráter "objetivo"). Também os "coitos fraternos", ensejados por uma espécie de solidariedade fisiológica, eram rituais destinados a confirmar o pertencimento ao mesmo núcleo, numa espécie de "clube da cópula". Brocato falava também do produtivismo de certas correntes que, embarcadas numa suposta "liberação sexual" de superfície, apenas a praticavam porque o sexo melhoraria a militância, como certos sabonetes melhoram a cútis. Com encantadora maldade, sugeria que poderiam ter cunhado o slogan "Companheiro, cultive o hábito de fornicar e venderá mais jornais". Brocato batizou essas práticas eróticas de "ejaculação boba", e sua versão feminina seriam aquelas amazonas de alcova, insatisfeitas e oprimidas embora não usassem sutiã. A interpretação mais literal da revolução sexual feita por alguns setores da militância trotskista parece ter se resumido a conceber todo casal como uma unidade pequeno-burguesa que devia ser solapada, incentivando-se os encontros fugazes, porém — valha a expressão — "minantes". Brocato transcreveu depoimentos de mulheres que foram sarcasticamente criticadas por se negarem a *socializar* durante as noites das clássicas jornadas coletivas de discussão de fim de semana. Também citou relatos de casais satirizados com crueldade por não terem se deixado "solapar" conforme as necessidades de algum líder ou seu protegido. Essas práticas, que bem poderiam ser definidas como tragicômicas, supostamente não existiram (muito menos foram assumidas) no interior das organizações armadas. O documento do ERP *Sobre moral y proletarización*, redigido por um companheiro na penitenciária de Rawson e distribuído com a assinatura de Julio Parra, critica a revolução sexual interpretando-a como unilateralização do amor e animalização do sexo. Ostentando certo feminismo na prescrição de condutas aos casais militantes (com especial firmeza na socialização dos filhos), em nenhum momento o texto menciona o desejo e ressuma o mesmo produtivismo em função da militância do qual Brocato falava. Por exemplo, na sua caracterização do "adultério" estabelecia: "Outra falta de respeito pelo casal se manifesta quando ocorre uma separação temporária em função das tarefas ou porque um dos companheiros, ou ambos, caem nas mãos do inimigo. Neste caso é frequente que os companheiros tendam a iniciar novas relações. É uma maneira fácil de resolver as carências próprias imediatas e constitui uma amostra de forte individualismo, ao não se pôr no lugar do outro e não olhar as coisas em conjunto, partindo do ponto de vista dos interesses superiores da revolução".

Um integrante da FLH (Frente de Liberación Homosexual) chamado Martín, entrevistado em 1986 por Gerardo Yomal para o mesmo número da *Praxis* que incluiu o texto de Brocato, testemunhou: "Quando eu ainda estava na periferia do partido, levantamos a questão da homossexualidade dentro da organização. A resposta foi que o homossexual sofre uma dupla repressão quando é revolucionário: como revolucionário e como homossexual. E o problema para o partido é que essa era mais uma porta aberta para a repressão entrar. Tua vida privada pode ser um obstáculo para a segurança do partido. Quando me disseram 'você tem que ter mais cautela do que qualquer outra pessoa', aceitei isso como uma descrição, não como um imperativo. Pois, do jeito que eu organizava minha vida, era praticamente impossível levar estranhos para casa. Eles podiam ir a um hotel de alta rotatividade, mas eu, ao contrário, tinha que manter minhas relações sexuais no meu apartamento ou no do outro". Yomal então lhe pergunta se o partido ecoava a moral burguesa, mas Martín de certo modo justifica sua organização, alegando que não estava em condições de lidar com esse problema, material e ideologicamente: "De repente, o problema aparecia, e tinham que dar uma resposta prática. Foi isso que me disseram, mas poderiam ter dito o mesmo a um viciado em drogas ou qualquer marginal. O importante é que não havia uma marginalização do marginal". No mesmo artigo, outro militante do FLH e ex-PCR (Partido Comunista Revolucionario) conta: "Não havia uma posição formada sobre o tema, mas o argumento era tático: um comunista deve ser como o povo, para poder liderá-lo, para que o povo possa se sentir representado, e liberá-lo. E, aparentemente, no povo não há homossexuais". E acrescenta em tom malicioso que, entre os montoneros, certo dirigente era mantido na clandestinidade não por causa da sua função, mas porque era uma "bicha louca". Durante um encontro nacional, o companheiro devia representar Buenos Aires e, para que os do interior não se escandalizassem com aquele portenho "desmunhecado", a cúpula o adestrou convenientemente até obter um exemplar de vestuário neutro e falsetes moderados.

Nos grupos revolucionários dos anos 1970, houve companheiros gays — quando essa palavra nem sequer circulava — que deixaram a saída do armário para depois da revolução, outros que cultivaram uma clandestinidade dentro de outra ou foram assassinados ou desaparecidos, alguns identificados e elogiados como maridos exemplares, enquanto as lésbicas permaneceram mais secretas ainda.

O peronismo nunca debateu a sexualidade, mas num dado momento a regulamentou informalmente. Dentro dos Montoneros, vigorava um código que penalizava o adultério. Contudo, dada a predisposição de Perón para escolher suas parceiras no mundo do espetáculo e o aspecto licencioso que seus opositores atribuíam ao peronismo — um mito ainda não derrubado —, é possível suspeitar que entre os montoneros existiam maiores transgressões à moral sexual do que em outros grupos revolucionários da época.

O CHOQUE E O REINO

Bruno Bettelheim, sobrevivente dos campos de concentração nazistas, formulou a ideia de que os contos de fadas — tão questionados pela psicologia infantil contemporânea — são instrumentos privilegiados que não devem ser deixados fora do alcance das crianças, já que, por meio de situações de fantasia, superação, fuga e alívio, essas histórias lhes permitem lidar com as forças obscuras do desejo, abrir caminho através do complexo de Édipo e lutar pelo amadurecimento. São fábulas em que a engenhosidade e a resistência elevam o fraco ao lugar do forte, burlam-se as calamidades do próprio destino e castigam-se — no final — os abusos e perversões do poder. Dizer que um conto de fadas se realizou soa a felicidade alcançada; mas as cenas de conto de fadas que aparecem nos testemunhos dos sobreviventes de campos de concentração e seus filhos se detêm na primeira parte deles, tornando-a sinistra. A transformação mágica dos objetos da vida cotidiana é essencial num dos contos mais famosos: "Cinderela". Os camundongos do celeiro se transformam em jovens cavalos árabes; o rato maior, em elegante chofer; os molambos esfarrapados, em seda bordada; os tamancos de faxina, em sapatinhos de cristal.

Os objetos da Esma se transformavam na realidade até cumprir uma função oposta à sua estrutura: os óculos, habitualmente usados para enxergar melhor, pintados de preto, ocultavam a visão; os capuzes cobriam as vítimas, e não os carrascos; os colchonetes, atributos da liberdade e da comodidade do verão, serviam à prostração e ao cativeiro; as celas eram chamadas *cucha* [casinha de cachorro], reforçando a condição animal a que seus ocupantes eram reduzidos; no hospital, as detidas que iam dar à luz eram alojadas no setor de *epidemiologia*; nos campos de concentração, as mães pariam com os olhos tapados e as mãos amarradas; quando os filhos eram arrebatados delas, não sabiam onde estavam nem se voltariam a vê-los. Assim como o Pequeno Polegar, que encheu o bolso de pedrinhas brancas e as foi deixando floresta adentro para conseguir voltar à casa dos pais, muitas inventaram um sistema de rastros para conservar a possibilidade de mais tarde recuperar o filho, se saíssem. No escuro, vendadas, assim como os personagens dos contos que representam as crianças vítimas que logo vencerão as adversidades, diziam seu nome à prisioneira ou ao prisioneiro próximo — apostando na sobrevivência deste — e o nome do filho, que geralmente coincidia com o que fora cogitado antes da detenção. Por exemplo, Mirta Alonso, uma militante do PC, hoje desaparecida, que deu à luz na Esma, utilizou dois recursos: batizar o filho com o nome que escolhera contra a vontade da família, "Emiliano", e o do seu companheiro, "Lautaro". Essa informação viria a se tornar uma pista a ser seguida por familiares e amigos na busca de Emiliano Lautaro Hueravilo, que, apesar de entregue ao orfanato da Casa Cuna, pôde ser localizado e recuperado pela avó Eliana Saavedra graças ao nome completo escrito um papel preso ao pulso da criança.

Nos contos de fadas, a prova de identidade pode ser um sinal na nádega que torna reconhecível o nobre no corpo do mendigo; o sapatinho de cristal, a mulher com que o príncipe deseja se casar; as botas de sete léguas, o mensageiro que viu o ogro pela última vez. Na versão sinistra da Esma, a estratégia de identificação mais comovedora foi, no caso de Emiliano Lautaro Hueravilo, um pequeno corte na orelha, feito pelo lado de dentro, com o qual a mãe apostou que no futuro reconheceria a criança que imaginava apropriada.

Em "O lobo e os sete cabritos", a mãe cabra esconde o filho mais novo dentro do relógio de carrilhão para pô-lo a salvo do lobo. Assim, antes de ser assassinada, Ana María Granado escondeu seu filho Manuel Gonçalves dentro de um guarda-roupa depois de cobri-lo com almofadas, enquanto o Exército cercava a casa que ela dividia com um casal cujos filhos sucumbiram com eles, sufocados com o gás lacrimogêneo. Assim como o Pequeno Polegar da primeira vez que voltou do bosque com os irmãos, depois de ser libertada, Adriana Calvo de Laborde relatou ter espiado a cena familiar pela janela da sua casa, para saber se a mãe ainda vivia e avaliar os efeitos da sua irrupção.

Assim como o mendigo que, quando via passar o rei e a rainha pelo bosque, ignorava que eram sua família, Manuel Gonçalves assistiu como qualquer fã aos shows de Los Pericos, até que, em 1996, o antropólogo forense Alejandro Incháurregui lhe contou numa rua da periferia de Buenos Aires que o baixista era seu irmão Gastón e que seu pai, de mesmo nome, estava desaparecido. Adotado de boa-fé, tinha vivido durante anos com o nome de Claudio Novoa.

Assim como João e Maria, nos centros de detenção as grávidas eram engordadas pelos captores, como se fossem gado que era preciso cevar, para depois devorar ou transformar em bocados suculentos para os lábios de uma bruxa.

Assim como a letargia de Branca de Neve e da Bela Adormecida, o desaparecimento de pessoas é, no mito, um lugar que não se situa nem na vida nem na morte, tal como sugeria, nos seus momentos de filósofo, Jorge Rafael Videla. Nos contos de fadas, a identidade recuperada é sempre a de uma origem nobre, não apenas pelo que ela representa no gênero ou porque muitas versões provêm do período feudal, mas também como metáfora de um ordenamento do laço simbólico com os pais. "Riqueza" deve ser interpretada como "maturidade", e se o personagem fraco que só no final triunfará sobre seu destino costuma aparecer no escuro, junto ao borralho da cozinha ou em meio ao fedor do chiqueiro, é para sugerir sua pobreza de poder, uma miséria de vida que deve ser interpretada — segundo Bettelheim — com relação à experiência adulta que a repetida narração do conto ajudaria a superar.

Muitas das crianças da Esma de fato jaziam na escuridão, e os despojos e gritos de horror que — segundo a versão freudiana de Édipo — eles creem escutar quando seus pais fazem amor aqui eram verdadeiros e proferidos pelos pais nus e supliciados.

Em *Peter Pan*, há uma aldeia imaginária formada por crianças perdidas, caídas do carrinho em que a babá avoada as passeava, esquecidas na mercearia por uma governanta gótica. Essas crianças, separadas dos pais por um acaso trágico, vivem entre dois mundos, vestidas como bichos, como se só o amor que lhes foi arrancado pudesse torná-las humanas. São as crianças da Terra do Nunca. Peter Pan vaga entre dois mundos, entre realidade e ficção, sem poder crescer por causa de uma mãe que um dia lhe fechou a janela de casa — por nunca ter tido um ninho, não pode deixá-lo para entrar na juventude. O conto diz que, quando ele conta sua origem, sempre a inventa. Esquecendo-se da mãe repetidas vezes, Peter Pan a procura em cada menina que rouba, para logo esquecê-la. As crianças reais da Terra do Nunca, que ignoram sua identidade expropriada, vivem uma fratura que as detém, fora de toda fantasia, na primeira parte de um conto de fadas, aquela em que a bruxa sequestra e ameaça, a madrasta condena a enteada a viver como serva ou tenta usurpar uma legitimidade por meio da violência, enquanto os pais protetores não podem exercer sua força. Nossas crianças da Terra do Nunca, não abandonadas, mas "perdidas" por uma mão apropriadora, ignorantes da sua origem ou passageiras temporárias dos lugares do suplício materno e paterno, são reféns de uma violência que não cessa e que as Avós da Plaza de Mayo detêm com suas ações. Que deslize inconsciente encontrou no apelo *Nunca mais*, título do relatório da Comissão Nacional sobre o Desaparecimento de Pessoas, um conjuro contra a repetição? Assim como um dia alguém se perguntou se a poesia era possível depois de Auschwitz, alguns sobreviventes parecem necessitar das imagens e das cenas dessa narrativa matriz de toda sobrevivência e que, por sua vez, sobreviveu ao tempo e às línguas, o conto de fadas. Manuel Gonçalves explicita essa necessidade quando afirma, ao contar como sua mãe o escondeu no guarda-roupa para salvá-lo: "Como a mãe cabra quando põe o filho mais novo dentro do relógio para salvá-lo do lobo naquele conto boboca". E ao falar do irmão descoberto num músico de rock, recorre à seguinte imagem: "Eu era como o mendigo que, quando via passar o rei e a rainha pela floresta, ignorava que eram da sua família". Em "A Bela Adormecida", a fada malvada lança sobre a menina a profecia da sua morte ao espetar seus dedos com um fuso envenenado. Mas a fada bondosa se afasta da roda das fadas e, escondida para poder "falar por último", acrescenta que não se tratará de uma morte real, e sim de um sono de cem anos do qual a princesa despertará com o beijo de um príncipe. Se os contos de fadas são, em última instância, fábulas de restituição e de legitimidade e são as fadas que as tornam possíveis guardando sua palavra para reverter um futuro funesto, e se o argumento de que o crime de desaparecimento e apropriação de menores não prescreve é a profecia guardada que permitiu às Avós "falar por último", elas poderiam, acompanhando o tom destas ficções fecundas, ser chamadas de *fadas*?

O PAI É O HOMEM DOS MAPAS. Ele os refaz para fazer justiça ou mostrar aquilo que a justiça não quer assumir. Posiciona num desenho os personagens de um crime. Imagina a direção exata das balas, planta a dúvida, reabrindo a investigação onde imperava a impunidade. Precisa gritar para o Estado todas as suas descobertas ali onde o Estado está ausente. Não sei se ele desenhava fazendo cálculos mentais ou depois de visitar a cena do crime. Nos seus escritos há um meticuloso excesso de fundamentações, de diagramas periciais, e chegou a inserir enigmas gráficos nas suas narrativas ficcionais. Como em "A aventura das provas de prelo", em que o revisor-detetive Daniel Hernández descobre, a partir das suas próprias emendas manuscritas nas provas de prelo de *El poeta en la mesa del desayuno*, de Oliver W. Holmes, editado originalmente pela Everyman's Library, que o assassino é o tradutor, um tal Raimundo Morel. As alterações regulares que Daniel Hernández nota na sua própria letra, que passa de normal a desfigurada e trêmula, indicariam que Morel revisava sua tradução viajando de trem. Para reconstruir a viagem do suposto assassino, o detetive-revisor troca o itinerário Once-Moreno por Constitución-La Plata. Enfim... Imagino que essa destreza narrativa possa ser transmitida; também que nem todo mundo consegue aprendê-la. Sou incapaz de imaginar os movimentos dos habitantes da rua Corro, 105. Não entendo onde se encontra cada um em cada momento, e os sobreviventes não sabem mais distinguir o que leram do que ouviram ou viveram. Meu consolo é que esse pai nunca pôde saber ao certo a ordem em que os detidos desceram do caminhão no descampado de José León Suárez onde seriam assassinados e escreveu numa nota de rodapé a *Operação Massacre*: "A contradição — típica de situações semelhantes — permanece até agora insolúvel".

— Os tiros eram mais no banheirinho, porque estavam perseguindo a Vicki, que corria — diz Lucy. — Ela e o Salame eram os dois que atiravam do alto. O Molinas chegou a subir, mas pulou na rua e fugiu, e o pegaram a três quarteirões dali. Ele não deu nenhum tiro. O Salame também se jogou, e o pegaram fora. Depois, o Coronel e a Vicki passaram pra casa vizinha. Como foi que os deixaram? Não sei: um deles se deu um tiro e o outro tomou uma cápsula. Não sei quem fez o quê.

— Quando o tiroteio começou, acordamos — diz Maricel. — Usaram tanquetes, helicópteros, granadas. E lá a Victoria apareceu com o Coronel, correndo e atirando. Os dois saíram pra pular pro terraço das outras casas. Não chegaram a avançar nem sequer um quarteirão, como os outros, que ainda conseguiram correr.

— Embaixo estão o Coronel, o Salame e a Vicki — diz Juan Cristóbal. — A Vicki põe a filha num cercadinho e depois sobe. O Bertrán e o Molinas sobem com ela. Eu só espiando com o rabo do olho. O Bertrán e o Molinas saem da casa, a vinte metros dali passava a ferrovia, eles param um trem e sobem, mas os matam — não sei se saíram porque os outros deviam se proteger e eles eram a vanguarda. Pelos megafones, dizem: "Saiam no terraço com as mãos pro alto, não façam nenhum movimento estranho". Aí minha mãe pega e diz: "São meus alunos de inglês". E lhe respondem: "Cale a boca, senhora, senão a liquidamos agora mesmo". E quando eu desço as escadas, vejo o Salame estirado no chão, sangrando. Ou seja, morto.

No comunicado do Exército, escreveram "Molina" em vez de "Molinas"; o pai que ouviu a notícia da morte da filha no rádio — pronunciaram mal seu nome — e se pôs a escrever "Querida Vicki", também. O erro como uma trégua ínfima, antes da revelação.

NOBREZA

As H.I.J.A.S. usam com frequência metáforas de nobreza. Claro que elas não são princesas da Disney descarnadas por um desenho animado caduco e com peitinhos eufemísticos embaixo do vestido desenxabido de literal corte princesa, estéreis no destino truncado do final feliz — na tela, a palavra "fim" se funde em negro — justo quando começaria a parte de trepar na noite de núpcias. Tampouco são princesas afins ao império conservador, como Lady Di, uma viciada no amor, pelo qual derramou rios de lágrimas e suportou, sem pôr fogo em Buckingham, a notícia de que seu marido queria ser o tampax da sua amante, Camilla; não alguém com objetivos políticos próprios, mas uma filantropa sempre agachada — para rebaixar seu grau —, de preferência à beira do leito de uma criança e cujo modesto sonho não era questionar a monarquia, mas "aproximá-la das pessoas". E se alguma delas — careço de rigor crítico para fazer esta afirmação, mas é uma intuição que vou defender — tivesse um marido com a fantasia de ser um tampax, o castraria. As princesas H.I.J.A.S. artistas, cujas obras comentei do alto do meu plebeísmo da maturidade, parecem piqueteiras, franchonas ou bruxas na lida dos seus locais públicos, dos escritórios da Equipe Argentina de Antropologia Forense até as salas dos tribunais de Comodoro Py, passando pela sede da H.I.J.O.S. Todas mães e sexies, nos seus sonhos de um sangue azul vindo do sangue derramado que aparece nos seus escritos; e aquilo que na princesa montonera é uma mascarada autobiográfica explícita, na prosa das outras é apenas insinuado.

"Acabávamos de virar rainhas com nosso pequeno príncipe melando o protocolo", assim começa *Aparecida*, de Marta Dillon, primeira frase de um romance que no fim enterra aquela que deixou de ser um fantasma para ser uma "ancestral", termo que designa o antepassado imediato, mas principalmente o remoto, tradicional, antigo, como o que funda uma dinastia. Neste caso, "ancestral" se projeta para a frente e não para trás, como nome de culto e veneração, raiz de uma árvore genealógica republicana e democrática. Será que vale repetir para as outras o significado de "nobreza" em *Diario de una Princesa Montonera*, não como a que se recebe por sucessão, conforme uma linhagem conferida a quem reina sobre a obediência de um povo, mas a de uma ética que a morte injusta transmite como dívida a saldar e que livra da corrupção do futuro em vida? A morte jovem pelos ideais congela na pureza; traduzível numa estirpe e no sobrenome, antes oculto ou famoso com escândalo, assim como a injúria feita orgulho dos dissidentes sexuais vira brasão de uma identidade a ostentar e, como no sangue azul, é levada no DNA. Princesas ficcionais, costumam enunciar direitos assim como as originais — já perimidas pelo capitalismo sem títulos — viviam seus privilégios sem necessidade de nomeá-los. E nesse imaginário de reinos intangíveis e possuídos por herança também estão, como nos de antigamente, os bastardos; como aquele que a princesa montonera chama "Gustavo", que ela despoja de brasões por sua mescla impura com certos apropriadores, embora sua autocoroação seja em nome da mesma linhagem de sangue, e que ela expulsará do palácio da identidade: "A voz do Gustavo é o que mais odeio nele. É onde eu o sinto mais estranho. Nos seus traços, nos seus gestos, sobrevive algo de familiar e inquietante. Mas sua voz é toda deles, dos Outros. Atender o telefone e escutar sua voz, sua voz que precisa dizer aqui quem fala é o Gustavo ou até quem fala é teu irmão, porque eu nunca o reconheço, é como encontrar um bicho na comida".

    Será que a princesa montonera sabe que, com isso, está cumprindo uma lei espanhola (a de número 33/2006) segundo a qual, a partir da sua aprovação, o título nobiliárquico é herdado pelo primogênito, sem distinção de gênero, quando até então era legado ao primeiro filho homem, ainda que a nobreza hoje só outorgue o tratamento como tal, porque "os títulos nobiliárquicos têm apenas caráter simbólico, carente de significado material e importância jurídica, mas apenas honorífica"?

Na heráldica H.I.J.A. há alianças modernas, como aquela em que o duque de Portland se uniu a uma divorciada americana, transformando a *Cafe Society* em *jet set*. "Sua linhagem de filha é mais pura do que a minha, faltam-lhe os dois desde os três anos", escreveu Marta Dillon sobre Albertina Carri, sua esposa na época. E, assim como nos casamentos da nobreza da década de 1960, nos quais se sobrepunham antigas e novas dinastias, bens herdados e empresariais (como quando Caroline Lee Bouvier Canfield se casou com o príncipe polonês Stanislaw Albrecht Radziwill, depois de se divorciar de Michael T. Canfield, filho bastardo de Jorge de Kent, por sua vez filho de Jorge V), realeza e mundo do espetáculo (como no casamento do príncipe Rainier com Grace Kelly), a heráldica das H.I.J.A.S. se une à das antigas famílias portenhas, como a de Marta Dillon e Albertina Carri, sobrinha de Adolfo Bioy Casares, as quais, junto com Alejandro Ros, formam, por sua vez, a tripla filiação de Furio Carri Dillon Ros, numa inédita dinastia jurídica.

Fora de cena, Carla Crespo enxertou seu nome na árvore genealógica dos Lugones que não foram poetas nem militares, e então Pablo Lugones enumera, na atual versão de *Minha vida depois*, uma cadeia de nomes em sucessão entre o primeiro Lugones — Francisco — e o último: "No ano de 1580, chega à Argentina entrando pelo vice-reino do Alto Peru. Conquistador e senhor de terras, tinha oito famílias de índios yanacones ao seu serviço. Francisco Lugones se casa com Isabel Guzmán, e desse matrimônio nasce Juan Lugones [...] Eu conheço Carla Crespo ensaiando esta peça, casamos e nasce Simón Lugones".

Em "Investigación del cuatrerismo", uma das seções da mostra *Operación Fracaso y el sonido recuperado*, Albertina Carri estabelece uma dinastia masculina e paterna. É a narração hipnótica de um filme perdido — o que o diretor Pablo Szir realizou e deixou sem editar, antes do seu desaparecimento forçado —, dos projetos frustrados de Carri de filmar seu próprio *Isidro* e sua decisão de abandoná-lo; narrativas que ecoam em cinco telas nas quais se projetam *fósseis* cinematográficos, fragmentos em branco e preto de filmes dos anos 1940 quase velados, chuviscosos noticiários dos anos 1970 com aqueles locutores de terno com pinta de policiais à paisana contando as operações da guerrilha, incluído o roubo de uma loja de perucas. O título da mostra, *Operación Fracaso*, refere-se a uma operação policial de oitocentos efetivos que não conseguiu deter aquele Robin Hood selvagem que foi — conforme o mito — o bandido Isidro Velázquez, da província do Chaco, a quem Roberto Carri dedicou seu livro *Isidro Velázquez: Formas pre revolucionarias de la violencia*. Em "Investigación del cuatrerismo", e através da voz em off de Alicia Carricajo, que a encarna em primeira pessoa, Albertina Carri relata filiações quase até a exasperação. Há filhos suspeitos, como o jovem assistente de produção de Albertina na rodagem do seu filme *La rabia*, que afirma ter o roteiro do filme desaparecido sobre Isidro Velázquez porque seu pai era o músico; e quando Lita Stantic, produtora do filme de Szir, lembra que aquele não tinha música, o jovem se corrige e diz que seu pai era assistente de produção. Há filhos sinistros, como a criança enterrada no fundo de um jardim em Resistencia, cujo túmulo reza "1823-1828" e que Margarita Saubidet, prima de Roberto Carri, diz ser seu, embora supostamente tenha morrido antes de ela nascer. Há filhos semelhantes na sucessão de violência, como Lucía Cedrón — filha do cineasta Jorge Cedrón, assassinado em 1980 —, que Alicia-Albertina diz ter encontrado em Cuba quando procurava o filme perdido; e também diz que, durante a montagem de *Os loiros*, conheceu outra pessoa com o plano de fazer um filme sobre Isidro Velázquez, o filho de Lilita Carrió, que depois abandonou o projeto e foi morar em Paris. Há filhos emblemáticos, como Vicki Walsh, de quem Alicia-Albertina diz ter transcrito o material de pesquisa para o filme de Pablo Szir e comenta "que linhagem revolucionária...".

    Por último, há uma filha em gestação no ventre de Lita Stantic enquanto ela cuida da produção desse filme, e há um filho esperando na casa de Albertina enquanto ela reúne materiais para filmar: "Saio rumo a Palermo com a cabeça tão cheia quanto os peitos, faz horas que meu filho não mama, preciso chegar logo em casa, mas a quantidade de envelopes pardos cheios de papéis batidos à máquina não me ajudam na 'operação já pra casa'". E nessa constante citação de filiações, de legados trágicos, imaginários ou renegados e onde os nomes reiterados de Roberto Carri e de Ana María Caruso regem como as imagens de uma concepção não imaculada, a repetida menção que Albertina faz de uma esposa, Marta Dillon, que também escreve no catálogo, coautora do roteiro da obra que não foi sobre Isidro Velázquez e de outras que foram, sim, talvez sobressalte o olho do leitor e sugira uma constelação diferente para a ideia de família sob a forma de um manifesto subliminar. Tantos filhos listados, de variado cunho político, mas sempre de um pai e uma mãe, não fazem mais do que indicar, por contraste na sua proliferação, como que formando parte do PRESENTE — cartaz que se agiganta na entrada da mostra —, para além do seu sentido ritual ante a menção do nome dos companheiros mortos e desaparecidos, o de um *hoje da família* como invenção do desejo com e fora do Estado e da lei.

    A metáfora da nobreza não é apenas a dos contos de identidade e restituição, mas a recuperação de uma língua esquecida: a do conto que os pais poderiam ter contado, ainda em pleno auge das canções de María Elena Walsh e da psicologia infantil e que, por sua vez, recolhe a tradição dos avós. Os contos de fadas são estereotipados e exigem uma repetição exata, tanto que qualquer erro costuma ser interrompido pelo escrutínio das crianças: como se nelas se conservasse a ilusão de que nada mude mediante uma irrupção fatal que desfaça a infância como mito feliz.

"Como uma coroa sobre sua nobre cabeça, um bobe gigante envolto com o cabelo posto dentro dos limites de um quadrado perfeito que ela traçava com o pente sobre o couro cabeludo", escreve Dillon em *Aparecida*, dando conta de uma nobreza paródica, de intimidade cosmética. Nas páginas finais, a urna de Marta Taboada é uma obra dentro da obra: objeto de arte matriarcal curado por um *continuum* lésbico, esse conceito que podemos representar como uma longuíssima fita de cetim que vai da primeira até a última mulher e se enreda nos pulsos de todas as mulheres do mundo e de todos os tempos, e é feita de carícias, acalantos, sublinhados, lenços, ruge, bordados, cumprimentos, regra, leitura em voz alta, segredos e mais o que se quiser até formar um grande ninho onde se aconchegar e se rebelar ante um mundo feito por outros, e que neste caso foi levada em procissão de irmãs, amigas, amantes, companheiras sob a insolência de duas comunidades, *Amor producciones* e *Huesitos punto com*— para toda a América Latina!

Essa urna, no seu barroco meio *cartonero*, meio sapata, poderia ser a prévia do escudo da nobreza H.I.J.A. No tampo, o rosto de Evita Montonera com o cabelo cheio de pedrinhas amarelas; nos tenentes, algo muito mais realista do que as águias bicéfalas dos Habsburgo, dois fuzis cheios de contas vermelhas; na figura superior do brasão, nada das estúpidas flores de lis bourbônicas, e sim um mar navegado por barquinhos de papel feitos com desenhos dos netos; no elmo, uma moldura filigranada com o retrato da ausente; no quarto inferior esquerdo, a representação do DNA em fúcsia e turquesa; no quarto inferior direito, figuras de doces e bebidas (os alimentos do desejo, e não os do campo de extermínio, da prisão ou da vida em clandestinidade). No lema ou divisa, "mãe, avó, bisavó, amiga, amante".

29 DE SETEMBRO DE 1976

Como escutar as vozes dos sobreviventes de uma casa que foi sitiada e arrasada pelo Exército, dos que foram desaparecidos, prisioneiros e depois libertados? E a daquela que, sem ter estado presente, recolheu, através de um boca a boca, a de alguém que teria participado desse cerco? A verdade do testemunho é sempre metafórica, e a que pretende expor os fatos nus é apenas aquela verdade que tenta se impor pelos seus votos de pobreza e, ao utilizar a prova e o documento, não é o osso factual que ela revela na sua sentença, mas uma estrutura mimética à judicial em que a prova e o documento são acessórios à retórica acusatória. Na estilização destes e na interpretação dos seus escreventes, traduzem-se as vozes dos pastores de Édipo para torná-las compreensíveis, vozes que tampouco seriam as do testemunho cru, mas as já comprometidas em opor sua experiência, seu saber, a um poder sem saber e sem consciência da sua criminalidade. Não existe no túnel escuro do esquecimento a cripta de fatos aos quais se deva chegar escavando a partir da razão positivista até despojá-los do seu entulho retórico. Por isso o testemunho é sempre de hoje.

Talvez somente os fenômenos naturais possam gerar uma verdade testemunhal unânime. A chuva ou o sol são irrefutáveis. Durante um julgamento, a verdade costuma se fundir com a sentença, mas é apenas como seu modelo. Quando, em *Una excursión a los índios ranqueles*, o coronel Mansilla faz a apologia do cabo Gómez, executado depois de ser julgado pelo assassinato de um vivandeiro, escreve quanto desejou salvá-lo em nome de uma verdade para além do crime como único ato final: a de ser um soldado exemplar no seu sacrifício e na sua obediência, fazendo uso de uma arenga que responsabiliza o

Estado pelo abandono dos seus anônimos heróis populares, *gauchos* recrutados cujas mãos serviriam, em tempos de paz, para civilizar o pampa.

A interpretação se impõe ao acontecimento desde o princípio, e as teorias contra a interpretação são, elas também, uma interpretação. No relato de Patricia Walsh, importa menos o fato com que ela questiona o pai — e não por vir de uma cadeia de narrativas com suas variações subjetivas nas quais sempre se transmite algo, algo se perde e algo se acredita ter ouvido —, e mais a constituição de um elemento crítico à obra de Walsh aplicando a ela sua própria lei na valoração das provas. Ao mesmo tempo, Patricia *segue o pai*, resgatando a palavra daqueles *ameaçados de insignificância*, neste caso, a de testemunhas — somente uma delas ocular; o restante, "de ouvir falar" — ligadas, em sua maioria, pela intimidade do parentesco e do apelido, como a cunhada "Chicha" ou a prima "Pelusa".

Por isso o testemunho é *sempre de hoje*. É permeado pela necessidade de ser crível, dada a suspeita que costuma recair no sobrevivente, a rememoração aos jorros, as leituras e vicissitudes ideológicas de vidas sobre as quais se tende a buscar uma síntese que permita continuar. É por isso que os testemunhos coerentes, sem lapsos da memória, acopláveis entre si numa consistência deliberada, são os que menos iluminam o ocorrido.

Estes, ao contrário, vívidos, contraditórios e conscientes até a dúvida da fidelidade das lembranças, conservam sua vontade de autenticidade e desdenham de toda ênfase autobiográfica. Ao publicá-los completos, queria dar conta dos meus procedimentos de montagem e edição, submetê-los a juízos diversos, embora não simulem uma transcrição passada a limpo que despreze a escrita como *valor em situação*, sempre provisório mas nunca neutro.

Falo sobre a lembrança com certa dificuldade. Há uma discussão com meu pai quando ele me traz "Carta aos meus amigos" e me mostra o texto, e discutimos, depois que eu me queixo por ele não ter escutado direito tudo o que contei sobre o modo como minha irmã morreu. O texto não se ajustava à verdade. Na época era muito difícil a gente se ver. Às vezes se passavam semanas. Até onde minha memória alcança, eu sempre militei. Quando matam minha irmã, eu estava grávida do meu filho Mariano e, embora nunca tivesse integrado a organização Montoneros, era uma militante de base da Juventude Peronista, do Agrupamento Evita, da Ala Feminina, conforme as diferentes ocupações que fui tendo. Se não me engano, contei pro meu pai como a Vicki morreu durante uma caminhada no Jardim Botânico. Ele já estava na clandestinidade, e como era difícil a gente se encontrar, muitas vezes recorria à Lilia pra fazer a ponte. Às vezes eu a via e combinávamos um encontro com meu pai pra dali a alguns dias. Eu não entendia por que sempre escolhia o Jardim Botânico, mas é que — isso eu soube muito depois — na época ele estava morando com a Lilia num apartamentinho, uma quitinete, na rua Juan María Gutiérrez. Há um relato, feito pela minha cunhada "Chicha" Fuentes, irmã do pai da minha filha mais velha, María Eva Fuentes, que morreu no ano passado de câncer, em que ela contou como havia sido a morte da minha irmã, e ela soube da história pela mãe da sua prima "Pelusa", a quem uma colega de trabalho contou que a faxineira tinha começado a faltar, preocupada com o nível de angústia do filho depois de ter participado da operação da rua Corro. Estava servindo no Corpo 1 do Exército, sob as ordens do coronel Roualdes. Ele viu como minha irmã morreu. E voltou pra casa arrasado, quase em estado de choque, impressionado com o que tinha visto, e contou o caso pra mãe, principalmente o mais impactante: a forma como uma moça de camisola e um rapaz tinham resistido no terraço e depois, quando sua munição acabou ou estava pra acabar, se suicidaram, e como o rapaz tinha dito estas palavras: "Vocês não nos matam, nós é que escolhemos morrer". Acho que o resto que meu pai colocou na carta deve ser coisa que ele mesmo apurou. Eu não me lembro de ter lhe contado todos aqueles detalhes do cerco, do tanque, dos 150 FAP posicionados. Nem sequer me lembro quais palavras correspondem ao relato que ouvi ou ao meu próprio relato. Mas, conhecendo meu pai, é provável que ele tenha levantado esses dados na sua própria investigação, e sua própria investigação não era nada de muito complicado, porque ele apelava à leitura dos jornais. O que eu sei é que os dados da operação não fui eu quem deu, nem a referência à submetralhadora, que era uma Halcón.

 É preciso entender que minha irmã, meu pai e eu discutíamos o tempo todo. Éramos como uma família que tinha tudo em comum, menos as posições. Nós duas o recriminávamos por questões ligadas à nossa vida familiar, mas também nos amávamos muito. Porém, mesmo nos amando muito, nenhum de nós era dócil com o outro. Discutíamos o que cada um fazia. E eu discuti essa carta com meu pai. Acho que era a véspera do Natal de 1976. Na época eu vivia com o jornalista Jorge Pinedo em San Isidro, na parte dos conjuntos habitacionais, já grávida do meu filho "Pinchi". Meu pai foi jantar lá, e a Lilia com ele. Era um quarto e sala. A certa altura, a Lilia ficou conversando com o Jorge, e eu fui pro quarto com meu pai e ficamos horas conversando. Aí ele leu pra mim o rascunho da "Carta aos meus amigos". Ainda não começava com aquela referência de que "Hoje se completam três meses da morte da minha filha, María Victoria". A carta estava escrita em papel-manteiga, como se dizia na época, um papel de seda bem fininho, que depois ele dobrou muitas vezes até transformá-lo em uma coisa pequenininha, porque, obviamente, ninguém podia andar com um texto desses por aí. É que àquela altura era muito arriscado sair na rua com uma anotação pessoal falando de um confronto. Quando meu pai leu o texto pra mim, aquilo me incomodou, e eu falei que ele não tinha me escutado direito, que aquelas palavras, "Vocês não nos matam, nós é que escolhemos morrer", não foram da Vicki, e sim do rapaz que morreu com ela no terraço. E aí, quando ele me ouviu dizer isso, também se incomodou e me perguntou se eu era contra a divulgação da carta com aquela redação. Aí eu disse que sim, que achava que ele devia reescrever essa parte, pois quem tinha dito aquelas palavras não era a Vicki, e sim o rapaz. Não me lembro do nome dele. E acho que não me lembro porque a situação, apesar da distância no tempo, ainda me causa muita dor, e aí o nome se apaga — às vezes seu sobrenome é trocado pelo de quem corre e foge pelos trilhos do trem. Acho que não deve haver maiores problemas, pelo menos hoje em dia, pra saber quem foi que disse aquelas palavras. Tudo indica que a decisão foi mesmo dela. O que eu apontava pro meu pai não era um equívoco menor, porque essas palavras ocupam um lugar central na carta, e é preciso preservar o protagonismo do companheiro dizendo que são dele. E olha que na época meu pai desconfiava muito da figura heroica. Quando 40 mil homens e mulheres saem às ruas, como aconteceu em Córdoba, o herói pode ser qualquer pessoa, escreveu meu pai, e ele chegava a desprezar tudo o que se fazia pra construir um herói. Claro que não estava dizendo que fosse uma mudança fácil, mas que era preciso dar um jeito de mudar aquilo, pois eu sentia que era muito importante poder falar nos segundos anteriores à morte e dizer essa frase de grande valor, significava que eles não foram capturados nem mortos, mas que, nos últimos segundos, eles é que tomaram a decisão.

Seria fantástico se minha irmã tivesse dito isso, mas não foi ela que disse. E meu pai ficou consternado. Levando em conta tudo aquilo ele achava importante — os fatos, as pessoas, sua alegação de provas, tudo isso que ele construiu como verdade na escrita —, não é secundário que as últimas palavras tenham sido pronunciadas não pela minha irmã, mas pelo companheiro que estava com ela. Claro que eram as palavras perfeitas pra pensar na Vicki como heroína dessa cena — se ela as tivesse dito. A carta, claro, está excelentemente escrita, porque meu pai era um mestre. Ele falou pouco, mas o suficiente pra deixar claro que estava muito incomodado com o que eu lhe disse e por eu ter dito que ele não tinha escutado direito o que lhe contei. Mas não havia a menor dúvida de que ele ia corrigir a carta. Essa noite foi a última vez que vi meu pai. Mas tudo isso que começou como uma discussão acabou sendo uma conversa. O que ficou mais forte foi a imagem do meu pai entendendo minha contrariedade e aceitando meu reparo, dizendo que não ia publicar a carta antes de reescrever aquele trecho.

"Sua lúcida morte é uma síntese da sua breve, bela vida", ele também escreveu. Essa frase me deu raiva. Quer dizer que a vida da Vicki foi bela? Ele sabia perfeitamente que nem sua vida nem a minha tinham sido belas. Não há dúvidas de que a vida da minha irmã foi curta, porque a mataram aos 26 anos. E já tinha vivido circunstâncias muito difíceis. Quando minha sobrinha nasceu, o Emiliano estava preso. Mas nem tudo tem a ver com a militância. Quando, alguns anos antes, minha irmã se mudou de La Plata pra Buenos Aires, logo teve uma doença chamada ptose renal, que significa que o rim desce abaixo da sua posição normal. Foi operada no Instituto de Pesquisas Médicas, uma experiência muito dolorosa. Ela era jovem, bonita e tinha uma cicatriz que começava no umbigo e terminava na coluna. Como eu estudava medicina, minha mãe achou que eu devia cuidar dela. Só a acompanhei algumas noites, mas foi muito duro, não pelo fato em si de cuidar da minha irmã, mas por compartilhar com ela a surpresa diante daquela dor e daquela ferida. No conto "O 37", meu pai relata como ele e seu irmão Héctor foram levados ao internato pra pobres e órfãos de Capilla del Señor quando ele tinha dez anos e seu irmão, oito. E esse texto me lembra quando ele nos levou, à minha irmã e a mim, uma em cada mão, ao colégio María Auxiliadora, na rua Soler, em Buenos Aires. Em 1968, meus pais acabavam de se separar e, pouco depois, minha mãe teve que ir pro Chile, porque tinha ganhado uma bolsa da Unesco pra fazer um curso sobre educação de crianças cegas. E meu pai estava ocupado investigando o caso Satanowsky. Minha mãe deixou as malas prontas com toda a nossa roupa numerada — minha irmã era o 56, eu era o 22 —, e meu pai nos levou até o colégio. Por isso, quando eu releio em "O 37" aquela cena do meu pai com o irmão e meu avô deixando os dois no colégio, penso "repetição, repetição".

Por isso, mais outras coisas que eu me lembro da nossa infância e adolescência, não dá pra dizer que a vida da minha irmã e a minha foram belas.

Minha irmã se suicidou, mas na verdade a mataram, porque nessa situação não restam muitas opções. Se não tivesse se suicidado, provavelmente estaria desaparecida, porque é difícil pra mim pensar que, com o peso do nosso sobrenome, ela pudesse sobreviver. Pouco antes de morrer, morou um tempo na minha casa, e lá, nos conjuntos habitacionais, costumavam fazer muitas "operações pente-fino". Na época falamos sobre a possibilidade de sermos capturadas, e ela me disse que não se entregaria com vida. Minha única dúvida é que, naquela conversa, ela fez um gesto como quem dá um tiro no peito, e segundo o relato de Maricel Mainer ela se matou com um tiro na boca. Alguns anos depois, pedi pro Emiliano Costa tramitar a exumação. Então a Equipe de Antropologia Forense fez uma perícia e mostraram que minha irmã tinha uma marca de disparo perfeitamente compatível com o tiro na boca. Por que pedi a exumação? Olha que coisa mais perversa: o sogro da minha irmã, o comodoro Miguel Costa, tinha discutido com minha mãe sobre quem ficaria com minha sobrinha. Naquela época, a menina tinha uma relação mais forte comigo e com minha mãe. E durante a discussão, o comodoro, com muita violência, disse pra minha mãe, como com ódio, que minha irmã não tinha se suicidado, mas tinha tentado pular pra um terraço vizinho, portanto sua morte não tinha nada de heroico. Isso fez minha mãe sofrer muito, porque, embora não fosse militante nem tivesse nada com a guerrilha, sentia admiração por aquele gesto da filha. Por isso eu pedi a exumação, e quando os exames comprovaram como minha irmã tinha morrido, ela sentiu alívio. Acho que quando meu pai escreve "Falei com tua mãe. Ela está orgulhosa na sua dor" se ajusta bastante ao que aconteceu com minha mãe. Ela vivia dizendo pra Vicki ir embora do país, abandonar a militância. Até que uma hora a Vicki, cansada dessa insistência, disse pra ela, de um jeito até bem rude: "Para de se preocupar comigo".

Internamos minha mãe no hospital de Colegiales pra tratar de uma lombociatalgia, e ela morreu de septicemia. Era 18 de dezembro de 1996. Minha mãe é uma mulher ignorada pelas biografias do meu pai. E acho que as outras mulheres dele também, não só minha mãe. Da "Pirí", cada vez encurtam mais a relação que ela teve com meu pai. Num programa que fizeram sobre os Lugones, me incomodou que a "Pirí" fosse citada como alguém muito fugaz na sua vida.

Ano passado, fui a umas audiências na cidade de La Plata pro julgamento de Von Wernich, no qual se investiga qual era a tarefa que ele desenvolvia com o grupo de prisioneiros da 5ª Delegacia de La Plata, onde se fazia passar por um suposto confessor e assessor espiritual, quando na realidade era uma peça da ditadura. Entre esses prisioneiros estava María Magdalena Mainer, e nessa audiência — olha só quantos anos depois de 76 — eu me encontrei com outros membros da família Mainer. Com um dos irmãos, Juan Cristóbal, que era muito novinho quando tudo aconteceu, e com a Maricel Mainer, que estava na casa da rua Corro. Então fiquei sabendo que minha irmã tinha dormido lá na casa deles e tinha levado a filha com ela, porque era seu aniversário e iam fazer uma pequena festa — minha irmã não levava a filha pras reuniões, costumava deixar a bebê comigo ou com outros familiares ou companheiros, porque não queria correr riscos. Naquela casa, a filha mais nova — uma menina que ia à escola primária — se afeiçoou muito à minha sobrinha. Durante a audiência, a Maricel Mainer me contou como viu minha irmã se suicidar. E, pra mim, isso que escutei em 2008 foi muito impactante. Porque eu sempre imaginava que, caso aparecesse alguém, ia querer saber, mas quando alguém vem e faz questão de te contar... você acha que não quer perguntar nada. Então não perguntei nada, mas ela quis me contar e me contou — coisa que achei surpreendente — que minha irmã lhe salvou a vida. Isso era completamente novo pra mim; e quando lhe perguntei "como?", ela me contou que ela era muito novinha e que, quando o combate já ia terminando, estando perto do terraço onde minha irmã se matou, ela lhe pediu uma arma, mas minha irmã não lhe deu, não a autorizou, porque ela não integrava a organização. Não a concedeu no meio do tiroteio.

Os Mainer foram levados ao Campo de Mayo. María Magdalena tinha sido detida em Córdoba. Alguns depoimentos dizem que foi em Mendoza, poucos dias antes de setembro de 76. Essa moça teria dado o endereço da casa e teria negociado sob tortura que ela entregaria aquele endereço onde a liderança iria se reunir se poupassem a vida dos seus familiares. Claro que os milicos genocidas não cumprem os acordos.

Acabaram matando essas pessoas quando supostamente iam levá-las pra embarcar num navio que as levaria ao Uruguai. Pra mim foi muito perturbador escutar durante as audiências daquele julgamento testemunhos ligados aos fatos acontecidos na rua Corro. Outra coisa que me espantou naqueles depoimentos foi saber que poucos dias antes tinha entrado na casa um suposto técnico da empresa ENTel[24] pra fazer uma vistoria na linha telefônica. E os membros da família comentaram que aquela visita era estranha. Ou seja, houve certos indícios de que a casa podia estar marcada. Vem daí minha perplexidade por terem mantido a reunião, mesmo assim. Uma vez, uma pessoa que era militante e foi quem levou minha irmã até os Mainer também comentou certa percepção estranha em relação à casa. A filha mais nova, que ia à escola primária, fez amizade com a bebê e havia uma relação afetiva entre elas. Disseram que minha irmã era muito querida nessa casa. E depois escutei o depoimento da mãe, que disse que naquela manhã, quando percebeu que a casa estava cercada, avisou um dos filhos; depois saiu pra levar a menina na escola e voltou. Acho que não há nenhuma outra coisa por trás disso que estou te dizendo. E quando escuto esse testemunho, penso em como tudo isso parece irracional.

Tudo o que estou te contando é pra dizer que não é fácil ser filha de Rodolfo Walsh, porque já me aconteceu muitas vezes topar com pessoas que estão tentando escrever uma biografia ou artigos jornalísticos muito convencidas de como era o personagem. E eu, quando falo do meu pai, costumo discutir com esse personagem que me apresentam e no qual eu não reconheço meu pai, aí me irrito, pois é como se, apesar de eu

---

24 Empresa Nacional de Telecomunicaciones, estatal responsável pela rede telefônica argentina até 1990. [N.T.]

ser filha dele, ou esse não é meu pai ou eu não me lembro bem dele, porque sempre paira uma vontade de impor aquilo que seria — pra chamá-la de algum modo — *a versão oficial*. Então, ao contar outra versão, eu poria em risco aquela em que seu personagem já está em avançado estado de construção. E por pouco não me convencem de que o que eu quero acrescentar é secundário ou impertinente. Pode ser que o que eu tenho a dizer seja pouco interessante, mas nisto eu me identifico com meu próprio pai: quando ele procura as testemunhas das grandes narrativas, escolhe pessoas que estão ameaçadas de insignificância. E, quando ele mesmo deve ser o porta-voz de determinada situação, não abraça a ideia de que a narrativa deva evitar os riscos. Textos como o que ele escreveu sobre aquele jornalista, Jean Pasel, um completo *loser*, que participa de uma invasão do Haiti e acha que depois vai escrever sobre uma experiência épica, um coitado que fugiu de duas pensões sem pagar, tendo que deixar até a roupa, e vive na rua da Amargura, 303: pro meu pai, isso que é um protagonista. E tem também o conto "Nota de rodapé", em que meu pai mostra o que se passa num texto que parece secundário, que vai como que comendo o texto principal. Mas quando eu relato coisas que acho importantes, tendem a ser transformadas numa nota de rodapé no sentido mais vulgar.

LUCY GÓMEZ DE MAINER

O que eu fazia era colaborar, receber gente, dar apoio. Mas às vezes ia rezar na igreja, porque uma sensação que a gente tem é que está de mal com Deus. Meu marido não ia, meu marido tinha raiva dos padres por terem matado um tio dele que era padre jesuíta. Ele era contra tudo que é mau, mas não tinha nada de bom a oferecer. Eu, por exemplo, sigo a doutrina social da Igreja, que é contra a propriedade privada, mas não que cada um tenha sua casa ou um pequeno negócio e que ninguém possa tirá-los de você.

Não é verdade o que dizem os jornais; na casa não havia nada de comprometedor, porque já tínhamos tirado tudo. Na noite anterior, o Coronel tentou me convencer a deixá-lo fazer um esconderijo pras armas. E eu falei: "Esconderijo aqui, não, porque logo vão encontrar". Na minha casa o único que tinha uma arma regulamentar era meu marido, que era capitão da Marinha mercante, e eu a escondi. Depois ele comprou um revólver-metralhadora, que eu vendi pro Coronel por uma ninharia antes de tudo começar. Outra coisa foi em Las Malvinas, uma chácara que eu subloquei pra toda a cúpula dos Montoneros em La Plata. Era uma chácara linda, com piscina. Eles me pagaram os três meses do verão. Quando foram embora, tive que fazer uma faxina daquelas, porque deixaram uma sujeira só. Eu sei que desde aquela época os milicos já estavam de olho na gente. Sabe por quê? É que guardaram um monte de armas no quarto de cima, contando com a cobertura dos caseiros, que também eram militantes, e a proprietária os denunciou. Além disso, não devolvemos tudo impecável como recebemos. Meu irmão, o contra-almirante, depois me falou: "Quando você se mudou pra Buenos Aires, já estavam sabendo de tudo".

Uma vez, comentei com meu caçula "a gente se meteu num exército de formigas contra um exército de elefantes", e ele me respondeu "um exército de ratos, que apavoram os elefantes". A coisa foi assim. A certa altura, quando eu ainda morava em La Plata, o aluguel do lugar onde eu morava venceu, e o "Tito" Molinas me convenceu a me mudar pra Buenos Aires, pra uma casa onde eles pudessem se reunir. Aí aluguei a da rua Corro.

Eu conhecia bem o Molinas e a família do Molinas. No aniversário da minha filha "Coco", vieram todos porque ela era muito amiga do filho mais velho do "Tito". Lá também estava meu irmão, o contra-almirante, e a condição que eu impus foi que não se metessem com ele. Nessa reunião estava a esposa do "Tito"; o "Tito" mesmo, não. E eu falei pro meu irmão que os outros eram meus alunos de inglês. Porque eu era de dar aulas grátis pra meio mundo: as filhas das minhas amigas ou alguém que ia viajar. Em La Plata havia uma igreja e tinha gente que fazia propaganda pra ser catequista, e havia o professorado em teologia e ciências da religião. Mas me mandaram estudar arquitetura, porque minha mãe dizia que com a filosofia eu não ia ganhar dinheiro. Mas, além de ser boa de matemática e desenhar bem, na arquitetura eu tinha que inventar, e eu não sabia inventar. Precisava ser artista, e eu não era artista. Então, antes de me casar, me formei em inglês só pra ter um título.

Meu marido já tinha morrido, mas ele sempre nos dizia que não tínhamos o menor cuidado nem a menor ideia de como se fazia uma guerra. Prova disso era o estado em que encontraram a casa da chácara Las Malvinas.

Acho que chegamos a ter homens do Exército no quarteirão, disfarçados de garis. Naquele dia, pelo jeito, esperaram até eu levar minha menina na escola e entrar o último dos que vinham pra reunião. Na noite anterior, o Coronel ficou pra dormir, e a Vicki já estava na casa fazia três ou quatro dias.

Minha filha Milagros ("Coco") dormia comigo na cama grande e a Vicki dormia na cama da Milagros com a Victoria.

Eu mesma, no dia anterior tinha ido buscar a bebê. Estava com a avó, que, muito preocupada, me falou: "Eu não sei por que a Vicki quer ficar com ela, se está correndo perigo". E eu respondi: "Não, ela está na minha casa, acho que não vai acontecer nada". Eu sabia que a Vicki era filha do Walsh porque a mãe me contou. Ela não estava envolvida naquilo. Ainda me disse: "Aqui está a bebê, mas pergunta pra Vicki por que não deixa ela comigo. É mais seguro. Eu estou separada do Walsh e totalmente afastada de tudo". É verdade que ela não tinha ideia do que estava acontecendo, senão não teria me falado do Walsh nem comentado que estava separada dele. Claro que depois eu não mencionei que conhecia essa senhora, porque os militares eram capazes de ir atrás dela também.

A Vicki estava com a filha porque os montoneros tinham mania de levar os filhos com eles pra tudo que é lugar — aqueles que ficaram com os avós não foram roubados —; mas principalmente porque era o aniversário dela. Acho que fui eu quem fez o bolo. Mas não era uma festa. Acho que nem cantamos parabéns.

Na casa moravam comigo meus filhos Milagros, Juan Cristóbal e Pablo, que estava prestando o serviço militar em La Plata. Os helicópteros tinham começado a passar dois dias antes. Então minha filha Milagros me disse: "*Che*, será que esses aí não estão atrás de vocês?". "Atrás de todos nós, quer dizer. De você também", respondi. Estava brincando, claro.

De manhã cedo, fui levar a Milagros na escola e o Pablo foi pro quartel. Na hora de sair, ele notou algo estranho. Mas em vez de fugir despavorido, seguiu sossegado pro quartel. Porque ele pensava "eu não fiz nada, não tenho nada a ver com isso". Voltei pra casa e comecei a varrer a calçada, que estava cheia de folhas, mas principalmente pra ver se estava livre pra chegada do Salame, do Molinas e do Bertrán. Não vi nada. E pouco depois de se reunirem, quando eu ia preparar um café com leite, escuto gritarem de fora "rendam-se". E a Vicki me fala "vai avisar teus meninos". A casa era muito esquisita. Tinha uma garagem, uma sala, três quartos, um banheiro, cozinha, um pátio e depois uma escada que dava num terraço com um quarto de despejo, onde estava a Maricel com o marido. No meio havia um espaço sem nada que dava passagem a um banheirinho e um quarto muito melhor, onde dormia o Juan Cristóbal. Eu subi as escadas como uma flecha, e, quando o tiroteio começou, a Vicki e seus companheiros, em vez de responderem que se rendiam, pegaram a defender o Molinas, que era o chefe. Eu gritei pro "Utu" (eu chamo o Juan Cristóbal de "Utu", porque quando ele nasceu tinha cara de bravo e parecia um *uturunco*)[25] "se joga embaixo do colchão", e eu mesma me joguei no banheirinho. Só que meu filho não ficou no quarto, foi pra lavanderia com a cachorra; ficou lá de cócoras, como eu. Os tiros eram mais no banheirinho, porque estavam perseguindo a Vicki, que corria. Ela e o Salame eram os dois que atiravam do alto. O Molinas chegou a subir, mas pulou na rua e fugiu, e o pegaram a três quarteirões dali. Ele não deu nenhum tiro. O Salame também se jogou, e o pegaram fora. Depois, o Coronel e a Vicki passaram pra casa vizinha. Como foi que os deixaram? Não sei: um deles se deu um tiro e o outro tomou uma cápsula. Eu não sei quem fez o quê.

A certa altura, cessou o fogo. Eu dizia "aqui tem gente que não tem nada a ver", aos gritos. Queria que eles acreditassem que eram alunos meus que tinham vindo estudar comigo. Nesse momento me esqueci de toda a história dos montoneros,

---

25 O também chamado *runa uturuncu* é uma ser fantástico da tradição quéchua; um homem que, tendo vendido a alma ao diabo, possui o poder de se transformar em puma ou onça ao se cobrir com a pele do animal e, sob essa forma, sai à noite para devorar pessoas solitárias nas trilhas das matas. [N.T.]

a única coisa que eu pedia era que não acontecesse nada com as crianças.

Aí saímos os quatro com as mãos na cabeça. Então falaram pra minha filha e pra mim: "A moça se matou, querem vê-la?". Mas eu não queria ver a Vicki morta, de jeito nenhum.

Os vizinhos ficaram sabendo de tudo e depois cuidaram da cachorra até minha irmã poder buscar. Só perdemos a tartaruga. Mas nesse momento estava todo mundo trancado em casa porque era como uma guerra.

Tem de tudo: os vizinhos do lado deixaram o Coronel e a Vicki passarem pra casa deles. Achavam que iam lá pra se proteger, não pra se matar. Eu encontrava com eles na rua e nos cumprimentávamos. Não sei quem eram.

Eu faço questão de elogiar esse delegado que entregou as crianças pra minha irmã. Mesmo sabendo quem ele é, não devo citar seu nome, porque esse homem fez algo que os outros não faziam e pode correr riscos à toa, quando foi muito correto. Minha irmã tem todos os papéis assinados. Depois, um dia, o Emiliano procurou a Maricel e lhe agradeceu por ter cuidado da bebê.

A casa está muito mudada, porque o Exército a reformou pra proprietária. Eles derrubaram um painel que havia na entrada e abriram um rombo no friso de mármore. As portas e as janelas estavam todas esburacadas e a fachada ficou destruída, mas não pelos nossos disparos, isso não tem a menor lógica. Pois se eles até entraram na garagem com um tanquete. Mas, quando eu estava presa, a proprietária foi lá me ver e pediu pra eu lhe pagar o que devia de aluguel. Eu tinha 70 mil pesos da minha aposentadoria atrasada, que mandei meu irmão tirar e pagar pra ela. Depois ainda moveu um processo e nos tirou mais dinheiro ainda.

O primeiro lugar aonde nos levaram foi o Campo de Mayo, acho, porque eu vi um chalé que era como os que tem no Campo de Mayo. Depois nos prepararam um bunker, e a Maricel e eu ficamos lá amarradas com as mãos pra trás. Era um buraco com um colchão, onde nem podíamos ficar totalmente em pé. Só eu que fui torturada, mas me fizeram acreditar que estavam empalando meu filho, e eu só conseguia rezar a Ave-Maria, enquanto a Maricel os xingava. Fui sentada numa cadeira molhada e me deram choques, e ainda tenho aqui as marcas das correntes. Uma vez tive uma grande discussão com minha filha Malena, porque ela dizia que a tortura podia ser suportada. Mas outros diziam que só se suicidando a pessoa não solta a língua.

Eu fingi que estava morrendo, a enfermeira que mandaram pra me examinar disse que eu estava ótima, e aí eu pensei que iam continuar me torturando, mas alguém telefonou mandando parar.

Naquela altura, a Malena e o Pablo ainda estavam vivos. E a Malena mandou dizer pro Juan Cristóbal, que estava detido na Unidade 9 de La Plata, se juntar a eles na brigada de La Plata, que ela podia ajeitar as coisas, mas meu filho "Pecos" mandou dizer "não cai na conversa da Malena. Continua na prisão, que eu não sei se vão nos soltar mesmo".

Eu prestei uma declaração quando começaram a dizer que os meninos foram assassinados. Aí fui no rádio. Passei dois meses desaparecida, até que um dia me enfiam num carro da polícia e me levam pra Devoto. Nesse momento eu pedia pra Nossa Senhora e pra Deus que existissem e me fizessem acreditar. Comecei a ir à missa assim que cheguei. Justo quando entrei, trocaram um padre muito velho e muito bom, que levava as cartas pras meninas, por um padre que foi logo nos avisando "vocês não esperem nada de mim", e depois era a pessoa mais divina do mundo, pois começou a fazer amizade com todas nós; mas, claro, todas iam à missa só pra sair da cela. Lembro que nos puseram de castigo porque cantávamos uma

canção que estava na moda na época: *movete, chiquita, movete*...
E eu tentava explicar pro padre: "não é nada indecente; '*movete, chiquita, movete*' é só um jeito de animar a gente a dançar".

    Uma vez eu estava na capela rezando; fazia um frio de matar, e de repente senti calor. Então aconteceu uma coisa que não consigo explicar; tinham pintado os vidros das janelas como se fossem vitrais, mas nesse momento tive a sensação de que não eram vitrais, e sim vidros brancos, e uma luz muito forte entrava lá, naquela capela aonde também nos mandavam quando chegávamos e nos despiam. E minhas companheiras, eu via como se fossem sombras e tive uma sensação de paz, de alegria e de beleza.

A casa tinha um portão imperial, uma dessas entradas tipo garagem com grandes grades, e dava pra esquina da Corro com a Yerbal. Você entrava na garagem e logo estava a porta de uma sala de jantar, um quarto muito grande, a cozinha, um pátio. Havia um mezanino entre o terraço e a casa, onde ficava a lavanderia e um quarto, e depois outro quarto paralelo ao terraço. No quarto ao lado da lavanderia dormia meu irmão, e meu marido e eu no último. Eu estava dormindo quando escutei o tiroteio. Naquela manhã tinha uma reunião dos Montoneros, mas eu não participei. Acabava de chegar de Santa Fe com meu marido, porque tínhamos comprado um apartamento em Buenos Aires e estávamos esperando as chaves. Todos os nossos móveis estavam lá, na casa da minha mãe. Mas essa mesa que você está vendo aí não era minha; é da rua Corro, a mesa da família. E esse aparador: olha as marcas das balas.

Tínhamos diferenças com meu marido, porque havíamos assumido a defesa da casa. Naquela manhã — isso eu pude reconstruir depois —, minha mãe acordou e levou minha irmã na escola. Quando voltou, disse "estão fazendo uma operação na esquina".

Os milicos usaram tanquetes, helicópteros, granadas. E lá, na frente do meu quarto, que dava pro terraço, a Victoria apareceu com o Coronel, correndo e atirando. Eu falei "me dá uma arma pra eu me defender", e ela respondeu "de jeito nenhum"; e os dois pularam pro terraço ao lado. Não chegaram a avançar nem sequer um quarteirão, como os outros, que ainda conseguiram correr.

Ela não estava de camisola, nada. Estava era de jeans e camiseta. Depois, tivemos que sair pro terraço, as mãos ao alto. E só muito depois fiquei sabendo que a Vicki era filha do Rodolfo Walsh — eu a conhecia mesmo por "Vicki", se bem que agora você me deixou na dúvida. Mas, como a bebê se chamava "Victoria", acho que podia ser, sim.

Aquele que estava na cara que era o chefe da operação falou pra minha mãe e pra mim, que estávamos no chão, que a Victoria tinha se matado com um tiro. "Querem ver a moça? Ela falou 'Viva a Pátria' e deu um tiro na boca." Meu irmão diz que a vimos, mas não, nem minha mãe nem eu quisemos vê-la. Pelo seu jeito de ser, não tenho dúvida de que ela fez o que fez. E duvido que o cara tenha mentido. Ele nos perguntou se queríamos vê-la, e respondemos que não. Foi assim. E sempre me ficou a ideia de que eu a vi se matar com meus próprios olhos. Porque antes a vi combater com garra. Nunca entendi por que o cara nos ofereceu ir lá vê-la; isso é totalmente subjetivo, mas talvez ele não deixasse de ter certa admiração por um inimigo que o enfrentava assim, ou era mais um jeito de nos derrubar, porque não tem a menor graça ver uma pessoa com quem você jantou na véspera lá toda arrebentada. O convite pra ver a Vicki morta é uma coisa tão perversa que você não sabe qual podia ser o motivo; duvido que tenha sido um gesto de amabilidade.

"Querem ver a moça? Ela disse 'Viva a Pátria' e se matou". Respondemos que não; além de tudo, achávamos que logo iam meter um tiro em cada um de nós, que quando saíssemos no terraço iam acabar conosco. Por isso achávamos que era melhor ficarmos lá mesmo, à vista de todos.

Quando eu saí no terraço, o topo dos prédios em volta estava cheio de recrutas. Pra mim, o tiroteio foi uma imensidão. Minha mãe saiu dizendo que eram seus alunos de inglês. E aí o sujeito falou pra ela "cale a boca, senhora, que faz uma semana que estamos com seu filho". Meu irmão, que está desaparecido, tinha dormido em casa e depois saiu pra trabalhar. Pegaram ele nesse mesmo dia. Na véspera, tínhamos feito um bolo pra Vicki, pelo seu aniversário. Nós somos uma família naturalmente afetuosa e não temos barreiras pra nos aproximar das pessoas. Além disso, também estava o "Tito" Molinas, de quem gostávamos muito, então era um grupo que sabíamos que operava dentro da organização mas com o qual também tínhamos uma relação pessoal. Tudo era tão pouco seguro que meu marido ficava doido. Minha irmã mais nova tinha oito anos e sempre brincava num cercadinho com a Victoria, que estava com um ano e meio ou dois, e a Vicki chegou a pôr a filha ali dentro e cobrir o cercadinho.

O irmão da minha mãe era contra-almirante naquele momento. Quando a poeira baixou, ligaram pra minha tia, a irmã da minha mãe, e pro contra-almirante avisando o que tinha acontecido. Aí minhas duas tias, a irmã da mamãe e a cunhada dela, foram pra delegacia, e minha tia levou as duas meninas. A Victoria ficou mais de um mês com minha tia, até que o avô dela, o comodoro, a procurou. Meu tio se plantou na porta e a defendeu muito acaloradamente, porque ele também tinha cuidado da criança, e só a entregou quando teve completa certeza de que o sujeito era mesmo o avô.

Quando nos tiram da casa, nos enfiam dentro de um baú de caminhão e chegamos ao Campo de Mayo. Minha mãe, meu irmão, meu marido e eu. Mas primeiro ficamos numa casa. Aí torturaram minha mãe, e eu fiquei completamente louca: xinguei os milicos de tudo que é nome. Quanto aos móveis da rua Corro, levaram tudo pra um galpão de não sei que estabelecimento militar, até que o sujeito que tomava conta ligou pra minha tia e falou "venham buscar tudo, porque enquanto eu estiver tomando conta, me responsabilizo de que não falte nada, mas houve uma troca de chefia". Quando fomos depor contra as Juntas Militares, na época do Alfonsín, o Emiliano apareceu lá e falou com minha tia; mostrou pra ela uma foto da Victoria, que já devia ter uns dez anos. Mas em 76 ela era bem bebezona, ainda andava de fralda. Uma morena, com os olhos deste tamanho. A gente nunca sabe quando cai a ficha. Uma hora deve cair pra ela, quando daqui a alguns anos de repente falar "quero conhecer a família que cuidou de mim".

    Fico pensando quantas coisas fizemos e quantas eu faria diferente hoje. Na hora, você vai fazendo o que pode. Depois, quando faz a retrospectiva, se pergunta por que não fui pra tal lugar?, não fiz tal coisa? O pessoal do ERP era militarmente mais preparado e também conseguiu se desarmar de um jeito mais organizado. Mas é bom lembrar que entre nós havia uma base peronista. Pense no que é o peronismo hoje, e você vai entender o que estou dizendo. Eu sei que carece de rigor científico, mas: somos isso. Quando eu saio, minha irmã mais velha já está na Espanha, quer dizer, fugiu pra lá como um dedo-duro. Levou suas duas crianças, de quatro e de seis anos, e nunca lhes falou de nós. Como se pudéssemos contaminá-las. Na verdade, a única que manteve a dinâmica familiar fui eu. Isso é de uma petulância horrível, mas acho que sou a mais coerente do ponto de vista ideológico. Os outros são descolados e progressistas, mas individualistas. E minha mãe é uma menina velha. É professora de inglês e, quando sai da cadeia, dali a pouco vem morar comigo e começa a estudar filosofia e teologia. Eu conheci algumas meninas que estiveram presas com a mamãe, e todas a adoram. Dá pra ver que deu força a muitas delas e foi como uma mãezona. Mas não porque tivesse uma formação ideológica. Dizem que as montoneras, quando se organizavam na prisão, sempre conseguiam mais coisas pra elas. E, em parte, graças à minha mãe. É uma mulher forte, que encara a fera de frente, mas com um posicionamento totalmente anarca. Penei muito pra ela topar fazer a denúncia na Conadep. Na época, minha militância era nos bairros.

    Depois, quando morei no Chaco, tive três filhos em escadinha. Dali a seis anos, me separei. E comecei a trabalhar.

Trabalho numa escola da periferia, onde os alunos me contam como bebem pra ir roubar. A gente costuma ter uma ideia muito intelectual da exclusão. A maioria de nós, que militamos e continuamos coerentes a certos ideais e com uma linha de conduta bastante pura, somos pessoas desligadas de tudo, porque não temos quem nos represente.

Quando aconteceu a operação da rua Corro, quem morava na casa era minha mãe, meu irmão Pablo e minha irmã caçula, Milagros. Minha irmã Maricel e o marido, que moravam em Santa Fe, estavam pousando lá porque andavam procurando um apartamento pra se mudar pra capital.

Foi minha irmã Magdalena, que tinha um compromisso muito forte com os *monto* e era oficial médica da organização, quem começou a cooptar minha mãe, que sempre deu muita importância pra todas as decisões dela. Aí minha mãe começou a colaborar ativamente, e minha irmã a conectou com a cúpula dos Montoneros. A certa altura, minha mãe alugou pro Firmenich a sede de uma fazenda chamada Malvinas Argentinas, em La Plata, onde durante dois meses se reuniu a cúpula dos Montoneros. Isso foi em janeiro de 76. Então minha mãe continuou em contato, e chegou uma hora, depois do golpe, em que a gente já não podia ficar mais em La Plata. A participação dela foi mais uma questão de solidariedade com a militância dos filhos do que qualquer outra coisa. Pra chegar nisso, ela deu uma tremenda guinada ideológica; meu pai, que era meio que o contrapeso de toda essa história, já tinha morrido, e aí ela se dedicou a nos apoiar meio que incondicionalmente. Então propuseram que ela alugasse uma casa em Buenos Aires pra dar cobertura legal às reuniões da Direção de Imprensa. Lembro que quando eles vinham, todos nós tínhamos que sair voando, pra ler ou ver tevê. Antes da operação da rua Corro, ficamos sem luz, e apareceu a turma da Segba;[26] ficamos

---

26 Servicios Eléctricos del Gran Buenos Aires, empresa estatal de produção e distribuição de energia elétrica para a região metropolitana de Buenos Aires e La Plata, privatizada e extinta ao longo dos anos 1990. [N.T.]

sem telefone, e apareceu a turma da Entel, e uns sujeitos ficavam varrendo a calçada da casa, mas ninguém notava nada estranho. Supostamente todos esses personagens que apareciam eram mandados pelas empresas. Depois ficamos sabendo que os serviços de Inteligência estavam fazendo o monitoramento. No dia 28, à noite, teve uma tempestade daquelas de dar medo. Às sete da manhã já não estava mais chovendo, minha mãe sai pra levar minha irmã na escola e meu irmão, pro regimento. Na volta, estavam cercando as ruas da redondeza; aí minha mãe entra e diz pros que estavam reunidos "estão cercando as ruas, fazendo um cordão", e eles respondem "deve ser uma operação de rotina". Quando falam isso, minha mãe sobe direto pro meu quarto e diz "estão fazendo uma operação em volta da casa, vai se proteger", e a mesma coisa pra minha irmã. Eu ainda estava no maior ronco. Aí eu me enfio na lavanderia e minha mãe num outro quartinho. Minha irmã estava bem protegida num quarto no terraço. O tiroteio foi foda. Eu estava com minha mãe, embaixo de um colchão, do lado da lavanderia. As balas passavam relando por cima. Foi aí que a doida da minha irmã falou assim pra Vicki: "Me dá uma arma, eu também vou lutar". E ela não deu, e aí meu cunhado agarrou sua calça por trás e falou "você fica aqui". Eu não sabia que ela era a Vicki Walsh nem sabia porra nenhuma do Rodolfo Walsh.

Lá embaixo estão o Coronel, o Salame e a Vicki. A Vicki põe a filha num cercadinho e depois sobe. O Bertrán e o Molinas sobem com ela. Eu só espiando com o rabo do olho. O Bertrán e o Molinas saem da casa, a vinte metros dali passava a ferrovia, eles param um trem e sobem, mas são mortos — não sei se eles saíram porque os outros deviam se proteger e eles eram a linha de frente.

A gente foi falando de tudo isso ao longo dos anos. É que a situação foi tão traumática que ninguém podia acompanhar todos os detalhes. Eu me perguntava como diabos não me matavam. Estava com dezesseis anos, pensava quero me safar dessa, achando que não ia me safar. Em nenhum momento me passou pela cabeça bancar o herói nem pegar uma arma. Xingava em todas as línguas: "Olha a merda em que a gente se meteu". Claro que eu estava preocupado com o destino deles. Porque eles não iam se safar, e não deu outra. O que aconteceu na casa saiu em todas as revistas da época. Ninguém fala do suicídio dela, mas essa é a parte ficcional que o Rodolfo Walsh pode ter encaixado, porque ele estava convencido de que a filha não ia se entregar com vida. Teve uma hora, quando a zona terminou, minha mãe vira e diz "vamos procurar um pano, como uma bandeira branca". Pelos megafones, dizem: "Saiam no terraço com as mãos pro alto, não façam nenhum movimento estranho". Aí minha mãe pega e diz: "São meus alunos de inglês". E lhe respondem: "Cale a boca, senhora, senão a liquidamos agora mesmo". E quando eu desço as escadas, vejo o Salame estirado no chão, sangrando. Ou seja, morto.

Depois não soubemos mais nada. Ficamos desaparecidos. Mas o que aconteceu com a bebê é uma coisa divina. Foi levada pra delegacia do bairro com minha irmã caçula, que estava na escola. Daí ligam da delegacia pra minha tia e dizem "estamos aqui com sua sobrinha e uma bebê". Aí minha tia sai voando pra lá com a mulher do contra-almirante. Na delegacia, falam pra ela "o que fazemos com esta bebê?". E minha tia diz "vou levar comigo"; mas pede que lhe deem "todos os papéis onde conste que estou com a guarda da menina". Ela sabia que a menina era filha da moça que estava em casa. Já sabia de antes. Estava careca de saber de tudo e falou pra minha mãe "essa gente que vive indo na tua casa vai te meter numa merda". O pessoal da delegacia falou assim pra ela — olha como teve gente que agiu certo: "Ótimo, leve com a senhora, porque aqui essa bebê vai ser sequestrada". Era uma batata quente. Não sei se fizeram isso na moral ou porque queriam tirar o peso das costas. E aí minha tia falou "eu vou cuidar dela, sim, mas quero tudo por escrito". Minha tia foi lá, mesmo tendo apoiado o golpe militar *que nos tinha salvado da subversão apátrida*. E dentro desse contexto minha tia vai e pede uma autorização pro juiz, e o juiz dá. Aí ela leva minha irmã e a bebê pra casa. Poucos dias depois, aparece o comodoro Costa, que vai com um sujeito da Marinha, e a minha tia se recusa: "Quem é o senhor?". O Emiliano estava detido em Sierra Chica. Depois, quando o cara provou quem era, ela a entregou pro avô. O Rodolfo Walsh não foi lá buscar a bebê, não podia.

Eu ouvi aquilo com meus próprios ouvidos e minha irmã viu com seus próprios olhos. Uma hora, a Vicki disse "Viva a Pátria" e deu um tiro na boca. Isso é verídico e autêntico. Não tomou nenhuma cápsula de cianureto. Mas não sei se ao mesmo tempo lhe acertaram um tiro de outro lado. Mas que ela disse "Viva a Pátria" e estourou os miolos, isso eu sei. Não sei se a Vicki disse a outra frase que minha irmã escutou, mas eu não escutei. E a Maricel pode ter dito que ela deu um tiro na boca quando na verdade foi na têmpora, mas que ela se deu um tiro, deu mesmo. E nisso tem algo que é indiscutível. O que ela fez a transforma em herói; você não pode relativizar esse fato com outras coisas. A *história da Vicki* é verdade, uma verdade absoluta e testemunhal.

STELLA MARIS GÓMEZ DE GARCÍA DEL CORRO

Quando a diretora da escola da minha sobrinha soube do que tinha acontecido, mandou que a levassem para a delegacia. Aí, como ela tinha nosso telefone, nos ligaram da delegacia pedindo para irmos buscar a menina. Quando cheguei lá — fui com a mulher do dentista, que estava com muito medo —, vi uma bebê sentada num carro e dois policiais arrumando sua roupa. O delegado me falou: "A senhora não poderia levar também essa bebê? Não sabemos o que fazer com ela. Não nos explicaram nada. Podemos lavrar uma ata e depois, qualquer coisa, procuramos a senhora". Na delegacia havia também um tenente que, quando concordamos, nos levou no carro dele. Era o tenente Ernesto María Piñeiro. Quem sabia o nome da bebê era minha sobrinha, mas ela falou para todo mundo que se chamava "Marcela". Eu tinha filhos adolescentes, que ficaram encantados com ela. Dali a pouco se animaram. "Será que não podem deixar ela com a gente? É como uma irmãzinha", diziam. Tinha um ano e pouco e era muito boazinha. Logo se adaptou perfeitamente. Não chorou nem um dia, talvez porque já conhecesse minha sobrinha, "Coco", que também ficou morando conosco. A única coisa que eu sabia dela era que tinham matado sua mãe, ou que sua mãe tinha se matado.

Toda a minha família foi levada. Eu ia visitar o Pablo — que primeiro ficou na Esma — em La Plata, aonde a Magdalena tinha conseguido que o levassem. E o chefe não queria. Um dia fui falar com ele num lugar em Palermo, e disse que tinha posto meu sobrinho numa cela pra que não fugisse. Eu nunca teria feito nada disso. Sou pacífica. Radical. Radical. Não julgo ninguém, mas é muito triste perder familiares. Eu fiz o que pude. Mas meu marido, que era reto em tudo, aceitou que eu fizesse o que fiz, aceitou que eu fosse ver minha irmã em Devoto, que eu fosse ver meus sobrinhos em La Plata. Da primeira vez, fui com a Maricel e a "Coco". E eles estavam contentes, pensando que iam sair. Tinham até feito uma festa pra eles, num lugar aberto.

O tenente era uma pessoa confiável. Fui falar com ele no seu local de trabalho. Havia um galpão com as coisas da rua Corro, os móveis, as bolsas da minha irmã e da minha sobrinha Maricel. Ele me disse: "Por favor, mande um caminhão para recolher tudo isso, porque, se ficar aqui, vão levar. Eu devo ir pra Covunco Centro". Mas o caminhão chegou tarde: as notas de empenho das joias da minha irmã, dos marfins e a máquina de costura tinham desaparecido.

Um dia, quando eu estava na escola, trabalhando no turno da tarde, apareceram aqui o comodoro, uma senhora e o tenente que nos acompanhou na saída da delegacia e que depois pediu transferência para outro lugar (pelo jeito, não queria continuar participando). Meu cunhado, que estava em casa e sabia do caso, mas não participou de nada, não os deixou entrar. Falou: "Sem minha cunhada aqui, ninguém entra". Aí foram me procurar na escola. O comodoro estava com uma senhora amiga, porque, como ele não queria que a Vicki levasse a bebê na casa dele, não conhecia a neta. Sua esposa, sim — quando a via, era em alguma praça —, mas não pôde ir com ele porque estava muito mal, pesava 37 quilos, por causa do desgosto com o filho preso e tudo o que aconteceu. O comodoro trouxe essa senhora, que tinha visto a bebê, para que a reconhecesse. Também estava com ele o tenente que a entregou para mim, por isso eu tinha que devolver a menina. Este aqui é o papel que me deram em Buenos Aires junto com a bebê, e este aqui é o que me deram na delegacia quando a devolvi. Mas antes assinamos uma ata. Achei correto, porque foi em bons termos. O comodoro foi muito amável. Quando fizeram o julgamento das Juntas, fui lá dizer isso mesmo que acabei de contar, e lá estava o Emiliano, já em liberdade — tinha estado preso em Sierra Chica —, e me agradeceu por ter ficado com a filha. Eu falei "um dia você tem que me visitar com ela". Nunca mais a vi. Claro que, se ninguém a reclamasse, eu teria feito a adoção. Mas, nesse caso, diria toda a verdade para a menina. Por isso eu acho que houve gente que agiu de boa-fé.

Quando fui buscar minha sobrinha na delegacia, vi aquela bebê sentada num carro, sendo arrumada; tinham posto nela umas meias de homem com um alfinete preso dos lados. Imagine o que era essa bebê lá. Como é que eu podia não pegar e trazer comigo? Eu acredito que agi certo e que estou agindo certo agora. Se Deus existe, ele é que sabe.

AS SIMETRIAS
ASSIMÉTRICAS

COM ELA ATÉ A MORTE

Rodolfo Walsh não escrevia com aquela desenvoltura com que, durante a Guerra do Paraguai, o general Mansilla preenchia suas páginas numa tenda de campanha ou, no seu gabinete de rapaz bem-nascido, de *robe de chambre* e quepe militar, ditava para o secretário, a quem atribuía a interrupção constante sob a forma de objeção ou conselho, ou seja, era capaz de criar suas *causeries* polemizando com outra pessoa presente. A inibição de escrever, fora de brincadeira, é própria dos escritores, que deixam numerosos testemunhos de que fazê-lo é fruto de uma vontade sempre ameaçada por fraquezas de caráter ou pelas obrigações da vida cotidiana — o que Barthes chama de "gestão" —, as quais costumam culpar, repetidas vezes, nos gêneros íntimos como o diário ou o caderno de anotações. Nos seus últimos anos, Walsh a atribuía aos imperativos da política, mas com uma ilusão de simultaneidade entre escrita e militância que seria possível se ele conseguisse se organizar. Ele enunciava uma e outra como *partes*, uma das quais se impunha por períodos, vividos pela outra como intoleráveis.

"A política se reimplantou violentamente na minha vida. Mas isso em grande parte destrói meu projeto anterior, o ascético gozo da criação literária isolada; o status; a situação econômica; a maioria dos compromissos; muitas amizades etc." (*31 de dezembro de 1968*).

Essa anotação mostra a ação política menos como uma decisão e mais como um assalto, embora os termos do que se perde remetam a valores que Walsh começava a desprezar, entre eles o romance como valor supremo da elite e o prazer narcisista de triunfar numa carreira literária.

Em 1969, ainda esperava uma conciliação: "Preciso recriar os hábitos, as circunstâncias materiais. Um local agradável para trabalhar, uma divisão harmoniosa entre o que devo aos outros e o que devo a mim mesmo. Minha biblioteca, meus papéis, um diário de trabalho" (*27 de agosto de 1969*).

Não é um sonho burguês, e os pronomes possessivos mais parecem aqueles que poderia esgrimir um sujeito vencido por uma conquista ou um proscrito em busca de refúgio do que a marca de um aspirante ao conforto. "Minha biblioteca, meus papéis" soa a grito de resistência: como se, para um marxista, a propriedade deixasse de ser culpada quando levada ao terreno do espírito.

No começo dos anos 1970, numa entrevista a Ricardo Piglia, [1] Walsh faz a crítica do romance burguês e se vê obrigado a explicar seu próprio projeto como se fosse uma *tentação de classe*, ao mesmo tempo em que defende seus trabalhos jornalísticos, talvez para recuperar o sentido do seu passado e agora como precursor de uma sociedade revolucionária. A luta política já não parece aquilo que ameaça a obra, e sim o meio para que esta obtenha eco numa sociedade nova. O período burguês arrastaria o romance à sepultura, e seu final seria "esplendoroso como todos os finais", teoria apocalíptica mas de pompa e circunstância para um gênero que o desvela (ainda anseia a glória de ser o último autor de ficção?), e cospe para o céu do morto (o romance), ele, que ainda parece acreditar no céu das crianças quando se benze maquinalmente ou prescreve uma cruz para o túmulo da filha [2] e, sempre com a divisa da denúncia, assaca sua inocuidade, que equivale a tachá-la de covarde: [...] me fizeram essa pergunta quando apareceu o livro sobre Rosendo. Um jornalista me perguntou por que eu não tinha escrito um romance com aquilo, que daria um excelente romance. Aí estava evidentemente implícita a noção de que um romance sobre esse tema seria sempre melhor, ou de uma categoria superior, do que uma denúncia sobre o mesmo tema. Acho que essa concepção é uma concepção tipicamente burguesa, da burguesia. E sabe por quê? Porque evidentemente a denúncia traduzida para a arte do romance se torna inofensiva, não incomoda em nada, quer dizer, sacraliza-se como arte". Depois, como sempre, o *cálculo*, neste caso em tempo e atenção, ainda que o entusiasmo de estar contando para outro escritor, e um que certamente se faz as mesmas perguntas, ou parecidas, aquilo que o obceca ou pelo menos sobre o que mais ele escreve — mais do que a denúncia, mais do que as mulheres e mais do que o xadrez —, o impeça de *fazer números*: "Agora, no meu caso pessoal, é evidente que eu me formei ou me criei nessa concepção burguesa das categorias artísticas e é difícil admitir que o romance, no fundo, não é uma forma artística superior. Por isso vivo querendo ter tempo pra escrever um romance, partindo evidentemente do pressuposto de que preciso dedicar mais tempo a ele, mais atenção e mais cuidado, do que a uma grande denúncia jornalística, que você escreve ao correr da máquina". Tempo, atenção e cuidado são substantivos de rentistas e aproximam Rodolfo Walsh do Roberto Arlt que no prefácio de *Os lança-chamas* propunha a literatura como pugilismo e lançava a velocidade diante da Underwood, o suor de tinta e o ranger de dentes contra os "bordados" e aqueles escritores que costumam citar Joyce revirando os olhos: "Quantas vezes desejei trabalhar um romance que, como os de Flaubert, fosse composto de panorâmicas telas...! Mas hoje, entre os ruídos de um edifício social que desmorona inevitavelmente, não é possível pensar em bordados. O estilo exige tempo, e se eu escutasse os conselhos dos meus camaradas ocorreria comigo o que acontece com alguns deles: escreveria um livro a cada dez anos, para depois tirar umas férias de dez anos por ter demorado dez anos em escrever cem razoáveis páginas discretas".

No fim da entrevista, e como que ao descuido, Walsh lança uma utopia literária para uma sociedade não capitalista na qual, virado o jogo, o valor do extinto romance seja o do documento e do testemunho "que como todo mundo sabe admite qualquer grau de perfeição". [3] A arte seria a de escolher, montar e compor no interior de uma investigação. Numa sociedade assim, ele seria Borges?

"Muito bem, você ainda quer ser escritor. Deixou de sê-lo em 1969, quando publicou *Rosendo*? Ou foi em 1967, depois de *Um quilo de ouro*? Uma pergunta importante (17.00).

Para dizer a verdade, meus hábitos de escrita começaram a ratear em 1967, quando resolvi encarar o romance. Nesse ano, só terminei um conto.

Mas as coisas mudaram realmente em 1968, quando a política tomou conta de tudo. Aí comecei a ser um escritor político.

O fato é que não posso voltar a 1967; até mesmo minhas ideias sobre 'o' romance mudaram.

Mas também não posso ficar em 1960, nem...

Aquilo foi uma encruzilhada, não?" (*5 de março de 1971*).

Nem em 1959? Como o amante que oculta o nome da amada para resguardá-lo do falatório, Walsh não dá a data nem o nome do espaço de uma epifania, revelando assim que na "encruzilhada" onde suas perguntas sobre literatura e política o situam falta uma: o que acontece quando o escritor-jornalista, com os punhos cheios de verdades perante um poder de fato ou a serviço do imperialismo, trabalha no interior de uma revolução realizada? Esse espaço é Cuba, onde há um homem, Jorge Masetti, que realizou aquilo que Walsh definiu como *a maior façanha do jornalismo argentino*: uma entrevista com Fidel na Sierra Maestra. No prefácio de *Los que luchan y los que lloran* (março de 1969), Walsh descreve esse ex-jornalista da rádio El Mundo que nunca renunciou a falar como um portenho e cuja voz se tornou popular através da rádio Rebelde. E dá sua contribuição ao mito: como seus chefes em Buenos Aires não teriam recebido a reportagem, Masetti volta à serra para fazer uma nova versão. Trata-se, segundo Walsh, de um homem sem nenhuma formação militar, armado com uma .22 que uma camponesa lhe entregou para que se suicidasse em caso de captura, um vietcongue de gravador que percorre as aldeias arrasadas recolhendo a voz "das pequenas gentes", entremeada com a daqueles que no futuro regerão seu destino e a que as estátuas replicarão com pedagógica martelagem. Mas isso foi depois. Em 1959, Jorge Masetti, que morrerá como membro do EGP (Ejército Guerrillero del Pueblo) nas montanhas do seu próprio país, fundou em Havana a agência Prensa Latina, disposto a fazer frente ao monopólio norte-americano da informação e onde, entre tango e mate, Walsh ocupará o posto de chefe de Serviços Especiais no Departamento de Informações. Masetti adota o nome de guerra de "Segundo", pois o "Che" Guevara, que no EGP tinha a patente de Comandante, usava o de "Martín Fierro". Mas a alusão a *Don Segundo Sombra* não deixa de nomear uma hierarquia militar. Nas entrelinhas desse prefácio destinado a fazer a biografia exemplar de outro, Walsh parece sugerir em que série deseja se inscrever para ser lembrado: "A ideia de trazer a luta armada para a Argentina não era nova em Masetti. Nasceu na própria Sierra, e ele a meditou longamente em Havana. Pode-se discutir, e se discute, se o momento escolhido era o apropriado, se a teoria do foco era ou não correta, se a luta armada pode ser estabelecida sem o respaldo de uma sólida organização política. A honestidade de Masetti, a coerência consigo mesmo, a fidelidade ao precedente cubano estão fora de discussão. Ele pertence àquela já longa lista de homens que na América Latina viveram suas ideias até o sacrifício".

Nesse final de epitáfio — que poderia ser o seu próprio —, como nunca deixou de ser um escritor, Walsh deixa transparecer a possibilidade de pular a série de jornalistas-heróis e passar à dos escritores-revolucionários, encabeçada não por Jorge Masetti, mas por José Martí.

Mas tornar-se revolucionário exige uma transformação da vida inteira, e não de um dos seus aspectos. O que será que esse estilista lacônico, formado em leituras laicas de livros nacionais com bárbaros de gênio e livros ingleses e norte-americanos com detetives e garoa, pensa do barroco caribenho erótico e torrencial? A enumeração caótica é para Walsh, assim como para quase todos os cronistas, uma figura retórica à mão, uma forma de posse, de conquista, na qual ele haverá de pôr ordem quando conseguir desentranhar, através da experiência, no seu caso a de uma cidade, Havana, que ele só pode cobrir de lisonjas, na sua chave mais profunda: "cidade aquário, cidade submarina, cidade madrepérola, mandala, cidade coração, cidade arterial, grande cidade ramificada, cidade como árvore, cidade esponja, cidade intestino, cidade mãe cavidosa, cavada e escavada, perfurada de sonhos, buscadora e subterrânea, vagina onde você flui e reflui para sempre, cidade à beira do mar quente, do mar como o seio de uma grande mãe, cidade impregnada de sumos nutrícios, cidade que se apropria de uma parte da alma, cidade que toco sempre lentamente, rua por rua, pedra por pedra, como se toca um corpo de mulher, cidade para percorrer com uma flor entre os dentes, para caminhar com coturnos explosivos, capital do sexo, cidade sempre cheia de bandeiras, comovida e meiga, com tua luz azul, com teus golpes de mar como altos jatos de sêmen, com tua baía cordial de coração, com tuas grandes gatas negras, com imensas prostitutas cheias de babados e sorrisos, grandes fragatas com seu milhar de velas desfraldadas e todos os cheiros e perfumes da terra e essa sabedoria de séculos que sempre brota à beira-mar; Mediterrâneo dos pobres, Lutécia dos negros, grande pecadora do nosso sangue. O que fizeram contigo, coitadinha". Basta!

    Com generosidade, Daniel Link comenta em nota o tom desusado desse texto de 29 de novembro de 1962, que integra outro intitulado "La isla", e o imagina como um exercício de estilo, esclarecendo que a maioria dos seus parágrafos está rubricada com um "N" — de *novela*?, pergunta-se —, para em seguida acrescentar que também há outra rubrica: "fazer dele um personagem". Contudo, saltam aos olhos os lugares--comuns, como a ideia de tocar uma cidade como uma mulher (quantos séculos terá essa metáfora?) ou de que a cidade se apropria de uma parte da alma. Isso sem falar no joguinho entre "cavidosa", "cavada" e "escavada", se bem que "Mediterrâneo dos pobres" e "Lutécia dos negros" poderiam figurar em alguma revista de Jacobo Timerman. Walsh não se sai bem tentando o ziguezaguear trans das palavras como a *Cobra* de Sarduy, nem, como Lezama, fazendo com que um tal Alberto use a casca de dois lagostins para disfarçar manchas numa toalha de mesa e pegar o do prato de um tal Cemí arremedando com a mão o voo de um dragão incendiando as nuvens até cair no mutilado ninho vermelho formado pela meia-lua das beterrabas (o que teria opinado desse parágrafo de *Paradiso*?). Rodolfo Walsh não tem *o son*. Em todo caso, pode fazer da sua enumeração caótica sobre Havana a obra de mais um Carlos Argentino Daneri. Pois sua restrição àquilo que prolifera, rebaixa a precisão e se derrama tem um mestre, Borges, sempre Borges, esse poupador da língua; mas Walsh não é um discípulo qualquer, e sim um asceta que consegue se conter e descrever o máximo de dor com o mínimo de palavras num texto como "Carta a Vicki", no qual nada do que importa ficou fora da sua vontade, rédea curta para cada imagem, cada detalhe — aqui o detalhe não é o que poderia fazer falta ou completar um sentido com sua acumulação. E nessa mestria chega ao extremo de dizer tudo com um sinal de pontuação: "Querida Vicki,". A falta do segundo ponto, descoberta por Daniel Link, transformaria em erro chamar o texto de "carta". Um cabeçalho de praxe, que quase faz o leitor alucinar o ponto faltante, é na realidade a notícia da morte que Walsh contará através de uma síntese extrema — um verdadeiro ponto-final —, embora tenha pensado, certamente, como ocorre diante de um fato incomensurável: "sem palavras".

Pouco tempo depois, a literatura é nostalgia, e Walsh suspeita que a causa não é a política, mas *o projeto de romance*, esse gênero anacrônico mas, ao mesmo tempo, inatingível, cuja realização lhe permitiria superar o grande patrão-padrão, Borges, mas para a qual, suspeita, precisaria de um tempo não alienado pelos ofícios terrestres, mais próprio da aristocracia do que da burguesia. Para esse Walsh que é militante dos Montoneros já não se trata de fazer *um romance que atue*, e sim de fazer *um romance que atue por ele*, com o pseudônimo protegendo-o como um nome de guerra, e, no seu sonho de literato, seu Borges magnífico, mesmo sem ser um romancista, seja substituído por um autor de folhetins que conta façanhas de *compadritos* rurais ou um brutalista de gênio acossado pela coluna diária:

"Não obstante, tenho que escrever esse romance, mesmo que seja 'meu último romance burguês', além de ser o primeiro. Enquanto ele ficar por fazer, será uma barreira.

Para depois, acaricio a ideia de uma literatura clandestina, talvez escrita sob pseudônimo. É difícil eu chegar a conceber isso: vejo, sim, suas enormes possibilidades, mas o problema reside em aproveitá-las ao máximo. Decididamente, teria que ser anônimo (ou pseudônimo), mas poderia o pequeno *pot* (sic) renunciar à vanglória que inundou sua vida por completo?

Um romance, vgr, que comece com uma franca declaração de princípios políticos; brutal na menção de nomes e pessoas, simples na sua leitura (cf. Eduardo Gutiérrez, Arlt)." (*Quinta-feira, 4 de fevereiro de 1970*).

Escrever voando, antes que um rival perspicaz aperte o passo e chegue primeiro à capa, e a adrenalina do ineditismo se imponha mesmo que seja para chegar por último: como autor do romance que fecha o ciclo histórico chamado "burguesia", que é a barreira da literatura que virá, mas no fim das contas não será a procrastinação, que é a arte da demora, e sim a morte que ganhará a parada.

A pergunta pela desistência da escrita, a dúvida entre uma causa literária e uma causa jornalística — era ele quem fazia essas diferenças que depois serão questionadas pelas leituras críticas da sua obra —, merece o registro de uma data nos seus papéis a modo de autoepitáfio como escritor: *março de 1972*, "Eu não escrevo mais".

Não é verdade, e não é que Walsh minta, mas talvez queira aplacar sua angústia, seja apelando à faculdade da escrita de provocar fatos, neste caso, o de anular o dilema com a renúncia a uma das partes em litígio, atuando como um conjuro capaz de provocar um efeito contrário ao anunciado; seja num sentido mais preciso — a militância o exige: *já não escrevo mais como eu*.

Quando Lilia Ferreyra contava como nos seus últimos dias Walsh revezava a redação da "Carta à Junta Militar" com a do seu romance, depois desaparecido, e a construção de uma versão nacional do Scrabble, ele estava desarticulando em ato o triunfo do militante sobre o escritor e o jogador antes do desaparecimento de um único corpo.

Talvez, para ele, a militância fosse mera resistência à escrita, então o projeto político seria a verdadeira evasão de um desejo que insistia, repetidas vezes, mas se derramava na ladainha dos seus obstáculos. Essa seria, na realidade, a origem de um eterno projeto de simetria — entre o escritor político e o "artístico", entre o escritor e o jornalista, entre o político e o escritor — para o qual ele diversas vezes sonhara uma organização que lhe permitisse exercê-lo numa espécie de *sistema de turnos*. Mas nessa simultaneidade final estava a prova de que Rodolfo Walsh, quando o grupo de tarefas da Esma o derrubou na rua — não foi uma imprudência levar na sua pasta a "escritura" da sua casa, mas um último rompante de humor negro e uma divisa —, morreu como síntese, esse fraco marxista.

[1]

"Hoy es imposible en la Argentina hacer literatura desvinculada de la política". In WALSH, Rodolfo. *Un oscuro día de justicia*. Buenos Aires: Siglo XXI, coleção Mínima, 1973. [No Brasil: "Entrevista de Walsh a Ricardo Piglia". In: *Essa mulher e outros contos*. Trad. Rubia P. Goldoni e Sérgio Molina. São Paulo: Editora 34, 2010.]

[2]

O antropólogo forense Carlos Somigliana diz ter visto na sepultura de Vicki Walsh, durante sua exumação em 1988, uma enorme cruz com a inscrição *Sic transit gloria mundi*. Teria sido uma encomenda do pai foragido: o "sua morte foi gloriosamente dela" se debilita ou quase se confessa com essa sentença latina sobre a transitoriedade de toda glória.

[3]

"Seria preciso ver até que ponto a ficção — o conto e o romance — não é por si só a arte literária correspondente a uma determinada classe social num determinado período de desenvolvimento e, nesse sentido e somente nesse sentido, é provável que a arte da ficção esteja chegando a seu esplendoroso final, esplendoroso como todos os finais, no sentido provável de que um novo tipo de sociedade e novas formas de produção exijam um novo tipo de arte mais documental, que se atenha muito mais ao que pode ser mostrado. Já me perguntaram isso, me fizeram essa pergunta, quando apareceu meu livro sobre Rosendo. Um jornalista me perguntou por que eu não tinha escrito um romance com aquilo, que daria um excelente romance. Aí estava evidentemente implícita a noção de que um romance sobre esse tema seria sempre melhor, ou de uma categoria superior, do que uma denúncia sobre o mesmo tema. Acho que essa concepção é tipicamente burguesa, da burguesia. E sabe por quê? Porque evidentemente a denúncia traduzida para a arte do romance se torna inofensiva, não incomoda em nada, quer dizer, sacraliza--se como arte. Agora, no meu caso pessoal, é evidente que eu me formei ou me criei nessa concepção burguesa das categorias artísticas e é difícil admitir que o romance, no fundo, não é uma forma artística superior. Por isso vivo querendo ter tempo pra escrever um romance, partindo evidentemente do pressuposto de que preciso dedicar mais tempo a ele, mais atenção e mais cuidado, do que a uma grande denúncia jornalística, que você escreve ao correr da máquina. Acho que essa concepção é poderosa, logicamente muito poderosa, mas ao mesmo tempo acho que as pessoas mais jovens, formadas em sociedades diferentes, em sociedades não capitalistas ou em sociedades em processo revolucionário, essas pessoas mais jovens vão aceitar com mais facilidade a ideia de que o testemunho e a denúncia são categorias artísticas pelo menos equivalentes e merecedoras do mesmo trabalho e esforço dedicados à ficção, e que no futuro os termos até possam se inverter: que o que realmente venha a ser apreciado como arte seja a elaboração do testemunho ou do documento, que como todo mundo sabe admite qualquer grau de perfeição. Quer dizer, evidentemente essas formas abrem imensas possibilidades artísticas."

FOGO

O fogo costuma acompanhar a insurreição que passa, o levante da multidão, a marcha que se deseja iluminada para guiar os dispersos, o comício ameaçado pelos cavalos de exército e polícia. Com o fogo, o *malón*[27] deixa para trás a tropa que sai no seu encalço e se escarmentam os livros proibidos, ainda que a imprensa burle esse castigo com sua capacidade de esconder e multiplicar. Elemento da aniquilação e do lar, nas mobilizações populares o fogo é ateado nos papéis que costumam ser os da lei, nos pneus que são matéria de barricada, sinal do *passamos por aqui*. Da caverna até cidade sitiada, da Igreja até Dante, o fogo é a substância de um mal castigado. Philippe Mesnard reúne no seu livro *Témoignage en résistance* [Testemunho em resistência] os relatos sobre as altas chaminés que cuspiam labaredas e incandesciam o céu dos campos de concentração nazistas, enquanto o cheiro adocicado da carne queimada era retido para sempre na memória das testemunhas horrorizadas. Alguns diziam ter visto chamas muito altas saindo das chaminés dos crematórios nos campos onde não havia câmaras de gás, e até onde havia; porém as chaminés não cuspiam fogo — os fornos da Topf de Erfurt instalados nos campos eram fumívoros. Se houve fogo, pode ter sido uma única vez, em 4 de fevereiro de 1944, quando a chaminé número IV foi dinamitada durante uma rebelião encabeçada por um tal Gradowsky. Segundo Mesnard, as chamas são metáforas que introduzem na realidade uma distância que facilita sua compreensão, porque o

---

27 Grupos guerreiros de indígenas, sobretudo mapuches e charrúas, que adotavam como tática as incursões rápidas e inesperadas a cavalo nos territórios hostis. [N.T.]

que o testemunho transmite "não é o conhecimento do mundo real, mas o de um mundo real através de um filtro simbólico"; no caso das chamas, o inferno. Mas "por que se deveria descartar tudo o que parece ter uma dimensão ficcional em vez de interrogá-la?".

A testemunha que põe chamas na escrita, assim como o filho que recorre ao imaginário dos contos de fadas, busca uma imagem comum na qual todo o mundo possa reconhecer a dimensão do vivido. Perto do final de *Aparecida*, a Marta Dillon em primeira pessoa diz sonhar que crema os poucos ossos da mãe a céu aberto, com as próprias mãos — num corpo a corpo final —, mãe da qual só lhe restarão o suor e o esforço, na fuligem e na fadiga, para que as fagulhas da sua ida chovessem em cima dela antes da acolhida da Via Láctea. Sabia que estava queimando uma prova. Mas como não livrar, mesmo morta, a vítima de servir para sempre à condenação dos seus carrascos, obrigando a apontar repetidas vezes o nome do assassino, até no silêncio dos seus rastros, a filha desse despojo sagrado que, enterrado, continuaria a chamá-la da sua matéria precária até sua forma final de pó?

Esse último fogo impossível não é o de um sacrifício como o realizado pelo personagem de Tarkovsky, quando incendeia sua casa em nome de um amor maior, naquele relato justificador que a protagonista de *El Dock* quer legar a um menino órfão para que se reconcilie com o suicídio da mãe, já que, para Marta Dillon, o mais atroz talvez *já tenha acontecido*, lá na infância; nem uma vingança, como quando aquele mesmo menino imagina que as cinzas da mãe, levadas pelo vento, chegarão às Nuvens de Magalhães, essas galáxias das quais a Via Láctea arranca correntes de gases e de poeira até que, em milhares de anos, uma explosão de dimensões inimagináveis faça com que algo dessa mãe volte à Terra sob a forma de aniquilação. Contudo, "seu nome no céu" não deixa de se parecer com a elucidação do pequeno sábio de *El Dock*, quando explica que esse gás e essa massa muito densa de poeira são a matéria que forma as novas estrelas: "E por que não me permitir um último poema concreto para minha mãe? Pôr o corpo outra vez antes do final, me sujar de fuligem para transformá-la em pura energia. Que a chama arda de uma vez, que abrase a parte de mim que partiria com ela e que depois não haja rescaldo a soprar nem mais perguntas a fazer nem lugares onde procurá-la porque já não restaria nada salvo meus pés sobre a terra, em transe junto ao fogo, os passos regulares, a dança ritual, as rédeas desbocadas, a memória adormecida; as bandeiras, os papéis e os talismãs, todos para a fogueira. Deixar de ser filha numa alquimia incandescente e que o gozo da liberdade me envolva porque já nos teríamos dado tudo, ela a mim, eu a ela, cada qual a seu tempo, cada uma em sua substância, meu nome no papel, o dela no céu; não mais um fantasma e sim um ancestral". *Seu nome no papel*, como a autora em devir nesse poema de dissolução, a dissolução não como corte que amputa e sim por completude de uma na outra e o fogo como *substância ancestral*, como o primeiro fogo que tudo mudou ao ensinar ao mesmo tempo o calor e a guerra, o alimento e a matança, a fundição para a colher e para a arma.

As *simetrias assimétricas* começarão a fazer parte das estratégias de escrita de Rodolfo Walsh: por exemplo, a "Carta a Vicki" e a "Carta aos meus amigos", os documentos críticos apresentados à organização Montoneros e a "Carta à Junta Militar"; mas principalmente as dos seus editores, que costumam publicá-las a modo de pares e em contiguidade.

Na "Carta a Vicki", a assimetria se encontra no fato de a interlocutora estar morta, o que faz do texto um gesto essencialmente retórico de quem sabe que a escrita é uma inscrição simbólica e uma prorrogação, e que a assimetria será corrigida com a própria morte. "Carta os meus amigos" foi escrita a modo de explicação do evento narrado em "Carta a Vicki" e indicação para sua leitura.

Nos documentos, produto de uma síntese da reflexão coletiva, o nome de Walsh permanece apagado, e a crítica — detalhada e brilhante — àquilo que poderia ser sintetizado como uma política selvagem de investimento de corpos adquire uma dimensão dramática, pois o que seu autor cala é que um desses corpos era o da filha.

"Tive um pesadelo torrencial, com uma coluna de fogo, poderosa mas contida nos seus limites, que brotava de alguma profundeza", escreveu na "Carta a Vicki". Uma coluna de fogo poderosa mas contida nos seus limites, quer dizer um fogo limitado, equivale a um cessar-fogo ou a um fogo que se limita à defesa. É uma frase vinculada metaforicamente com os documentos críticos apresentados à organização Montoneros, nos quais a linguagem despreza toda metáfora para precisar um contribuição a uma hipótese de resistência: "A resistência questiona os efeitos imediatos da ordem social, inclusive por meio da violência, mas, ao se interrogar pelo poder, responde negativamente porque não está em condições de apostar nele. O ponto principal da sua ordem do dia é a preservação das forças populares até que surja uma nova possibilidade de apostar no poder. A consecução desse objetivo de sobrevivência está ligada à desaceleração do confronto militar e à aceleração do confronto político a partir do ingresso de forças atualmente espectadoras". Toda a análise aponta para as medidas voltadas a evitar ser alvo do já evidente plano de aniquilação e reclamar pela paz de modo que a responsabilidade da guerra seja do inimigo, para o qual propõe a retirada de posições que não estejam expostas ao acaso no combate, a dissolução das estruturas penetradas e a "recolocação do quadro penetrado somente quando encontrar uma moradia fechada numa zona onde seja desconhecido, tenha documentação aceitável e cobertura de trabalho". Sua avaliação da ditadura como exército inimigo não apenas evidencia seu eficaz trabalho de contrainteligência, mas discute o triunfalismo da própria organização. Nega o fracasso do aberturismo — o Partido Comunista não participa do conflito, enquanto negocia com o governo através do Partido Intransigente; a Igreja se abstém de apresentar seus protestos, quando não é decididamente cúmplice; os partidos ligados ao PC, embora criticáveis, não estão paralisados pela repressão; os radicais têm vários embaixadores no exterior, onde a situação é vantajosa, já que a ditadura obtém créditos e limpa sua imagem mantendo excelentes relações com a União Soviética — e, ao contrário da análise montonera, apesar do terror que ela exerce, tem estratégias de massa. Embora anonimamente, Walsh ainda fala por todos e em nome de todos — os documentos redigidos por ele são, de certo modo, produto de reflexões coletivas. Ele faz isso para criticar o militarismo, que descobre até mesmo nas supostas críticas internas a esse militarismo, à concepção foquista da política, ao fato de ser a Vanguarda que gera o Movimento, e não o contrário. O plural majestático permite a ele o envolvimento para denunciar a desmedida ambição de poder da organização ("pensamos grande e fazemos grande. Nossa luta é uma guerra. Nossa propaganda tem que chegar a 4 milhões").

Esses documentos, levados à liderança dos Montoneros, foram escritos entre agosto de 1976 e janeiro de 1977. O luto por Vicki assume a forma de uma análise a ser encaminhada para proteger seus companheiros, muitos deles protegidos, por sua vez, por aquele brutal gesto final. [1]

[1]

A partir da queda de Roberto Quieto, em 1975, a liderança dos Montoneros decidiu considerar traidor qualquer militante que fornecesse informação sob tortura e castigar com a pena de morte as consideradas fraquezas perante o inimigo. Porém, segundo o testemunho dos sobreviventes, independentemente da força ou fragilidade dos militantes sob tortura — essa épica literal de "ter colhões" que a *orga* propiciava até nos seus cânticos de praça tomada —, a maioria das quedas os encontrava numa vertiginosa crise política, deixados à intempérie por uma cúpula que considerava a sobrevivência de, talvez, uma centena deles no interior do país e outro tanto no exterior o suficiente para se impor, com o tempo, ao Processo de Organização Nacional. Da luta armada como a máxima expressão da política — conforme a certeira frase de Pilar Calveiro — passou-se à luta armada como a própria política.

A CASA DA RUA CORRO 105 É UMA CASA FEIA num bairro que faz a sesta como em 1976. Maricel Mainer diz que tinha uma entrada imperial. Hoje as janelas estão quase vedadas por grades brancas de feitura barata. A impressão é de blindagem, de segredo selado por persianas. Olho para ela e me detenho um pouco na esquina. Uma mulher se precipita saída de alguma porta e vem me implorar. O quê? Que eu vá embora. Está farta, diz, de tantos visitantes inoportunos que vêm tirar fotografias, tocar sua campainha e fazer perguntas, e ela tem que repetir que tudo aconteceu há muito tempo, mas que ainda hoje tem despesas com os danos. É gentil, com uma gentileza pusilânime mas severa, de alguém que pode exigir algum tipo de sanção menor. É jovem: não poderia ser a antiga proprietária.

— A casa está muito mudada, porque o Exército a reformou — diz Lucy. — Derrubaram um painel que havia na entrada e abriram um rombo no friso de mármore. As portas e as janelas estavam todas esburacadas e a fachada ficou destruída, mas não pelos nossos disparos, isso não tem a menor lógica. Pois se eles até entraram na garagem com um tanquete. Mas, quando eu estava presa, a proprietária foi lá me ver e pediu pra eu lhe pagar o que devia de aluguel. Eu tinha 70 mil pesos da minha aposentadoria atrasada, que mandei meu irmão tirar e pagar pra ela. Depois ainda moveu um processo e nos tirou mais dinheiro ainda.

DAR-SE À MORTE

Na "Carta à Junta Militar", Walsh denuncia a morte de Vicki chamando-a "minha filha" e, embora *o verdadeiro cemitério seja a memória*, é lá que ele deixa inscrito o nome dela através do sobrenome, o seu próprio que se lê na assinatura. O necrológio, no sentido de *quem foi Vicki Walsh*, é reservado ao coronel Roualdes e a Jacobo Timerman, através de duas cartas que Walsh redigiu, segundo Lilia Ferreyra, como parte do mesmo jogo que inclui "Carta aos meus amigos", mas que permanecem sequestradas. Na "Carta à Junta Militar", como a própria Lilia apontou em "Rigor e inteligencia en la vida de Rodolfo Walsh" (*Cuadernos del Peronismo Montonero Auténtico*, s.l., 1979), ele "volta a ser Rodolfo Walsh". Se nela não cala a perda da filha, mas increpa seus culpados, não o faz no tom da vítima que fala por outra, porém convertendo a carta em arma e frisando que Vicki "morreu combatendo-os". A simetria assimétrica salta aos olhos no paradoxo de que aquela "carta" que, numa fantasia dolorosa, aspirava a ser escutada não o foi, enquanto outra cujo único fim era "deixar testemunho de momentos difíceis" evidentemente *foi escutada*, pois houve uma resposta efetiva às acusações que nela constavam: o assassinato do correspondente. Claro que, dentro de uma ficção coletiva, ela *foi escutada* pelos *amigos*. Porque é preciso esclarecer: embora Walsh seja evocado como o herói trágico da própria investigação, aquele que lança sua denúncia contra um acusado nos píncaros do seu poder de fato e paga por isso — até García Márquez cede ao mito de que o *sequestro seguido de morte* teria sido uma resposta ao envio da "Carta à Junta Militar" —, na realidade a carta foi postada em várias agências de correios da cidade, tendo como destinatários determinados periódicos e companheiros no exílio.

A "Carta à Junta Militar" foi comparada a "Eu acuso", de Zola. Em seu livro *O declínio do homem público*, Richard Sennett demonstra o vazio desse ícone da coragem civil; "Eu acuso" não diz nada que já não se soubesse, não abre uma causa, apenas a envolve de retórica para enaltecimento da própria assinatura, é uma peça de autovalorização, ao passo que a "Carta à Junta Militar" é o inventário dos feitos do inimigo, exibidos sob uma luz nova graças aos procedimentos que Walsh vaticinava como literários no relato da matéria real: a organização e a montagem.

Esse sobrenome que se declina do seu pai até suas filhas propõe a Walsh um dilema moderno, não mais o modelo grego em que a genealogia é garantida numa paternidade inferida por dedução, ainda que passível de ser desmentida pelo destino nas mãos dos deuses. Como "Rodolfo Walsh", depois de constatar que suas críticas apresentadas à condução dos Montoneros foram desprezadas, ele se permite abandonar o projeto coletivo para reassumir seu nome de autor. Quando volta a escrever, Rodolfo Walsh o faz com o sobrenome da filha que recebeu como um legado: "Sua morte, sim, sua morte foi gloriosamente dela, e nesse orgulho me afirmo e sou quem dela renasce".

E se ele diz renascer dela é porque essa morte lhe ofereceu uma prorrogação: se Vicki tivesse caído, seu corpo miúdo de moça teria sido um refém com o qual, submetendo-o a tormentos, se tentaria a defecção do pai ou se imporia a ele uma derrota na carne da sua carne, o que — para se antecipar ao inimigo — o teria precipitado a uma morte irmã.

Ninguém quer morrer, e sim interromper o insuportável de uma cena; por isso jogar-se pela janela é uma das formas de suicídio mais populares. Vicki não quer morrer: quer não cair. Não é um pensamento, é um ato. Ela age obedecendo como segunda oficial ou questionando a liderança? Duvida do projeto em que as vidas já não valem nada e dissente até o ponto de se suspeitar especialmente frágil perante as atrocidades do campo?

Seu pai insinua uma resposta quando escreve que ela sempre carregava a cápsula de cianureto "com a que tantos outros conseguiram uma última vitória contra a barbárie". Não se detém nesse fato, mas põe no testemunho do soldado uma *pistola em ação*. Como sempre, a ferramenta da "morte preparada" revela um sentido: recusa a solução química e lugoniana da *orga* e escolhe uma arma que o antropólogo Alejandro Incháurregui reconheceu como "não militar". Daí a morte gloriosamente dela.

Qual foi a última imagem contemplada por Vicki? Viu os soldados baixarem as armas? E como ela fez para não ser capturada viva, e sim disparando em rajadas? Continuou a fazê-lo até ser *imperdoável* e assim garantir a própria morte? Em todo caso, matar-se foi *não morrer como assassina* — não houve mortos entre os inimigos. Essa é a lição de Vicki quanto àquilo que se costuma dizer de passagem "ou se mata ou se deixa matar". Seja como for, ela *não duvidou*. O pai escreveu: "De Juan Antonio o chamou a mãe. Duda [dúvida] era seu sobrenome". Zombava assim de si mesmo, no romance que não terminava, lançando uma pequena piada interna.

Resta essa palavra enigmática numa elegia política, lastro do internato para pobres e órfãos, aquela "salina da alma, podridão da caridade em duzentas noites de idêntico desamor": "pecado". "Ela sabia perfeitamente que, numa guerra com essas características, o pecado não era falar, e sim cair", escreve Walsh.

Na saída dos campos de concentração, a Santa Inquisição Montonera chamou "traidores" os que falaram e "traidoras" as que treparam, mesmo que caladas. Daí a palavra "pecado", de conotação sexual? Contudo, apesar desse "pecado" fora de lugar, Walsh, conhecido por seu especial cultivo do cuidado dos companheiros e ideólogo do seu deslocamento para lugares mais seguros, onde o plano de aniquilação já em curso não os alcançasse, elogia o caminho escolhido por Vicki como o mais justo, o mais generoso e o mais racional, mas esclarece que ela poderia ter escolhido outros que não seriam desonrosos, como aquele em que o campo submetia a pessoa à degradação e ao bloqueio de toda decisão pessoal, mas onde tantas resistiram. Porque houve mulheres que exerceram uma arte da escuridão que as sustentava e lhes permitia ficar em pé diante da ofensa e do avassalamento. As que escreviam poemas na Esma, como Loli Ponce; as que imaginavam, sob um capuz e com as chagas abertas dos grilhões, que haveria um filme, e longe da ascética militante se permitiam não sonhar com o Cine Liberación,[28] mas com outro cinema que poderia se chamar igual (Hollywood), como faziam Lila Pastoriza e Pilar Calveiro, que não se decidiam entre o fascista Jon Voight e o progressista Robert Redford para interpretar o capitão Alfredo Astiz; as que liam os livros proibidos pelo ascetismo vermelho, para arrancar do terror a preciosa

---

28 Movimento cinematográfico fundado pelos realizadores argentinos Fernando Solanas, Octavio Gentino e Gerardo Vallejo no final da década de 1950, propondo um cinema de engajamento crítico ao status quo, com forte caráter anti-imperialista e de denúncia das desigualdades sociais. [N.T.]

migalha de uma risada entre companheiras — Lila Pastoriza conta que, durante algum tempo, pelo acaso de uma biblioteca sequestrada, primaram os livros em torno do tema da ressurreição, que discutiam com o ardor com que antes debatiam os de Frantz Fanon, e que nenhuma delas, quando podia se comunicar, pensou em interpretar a motivação inconsciente daquelas leituras —; as que praticavam uma forma de arte tão pós-moderna como a de reproduzir uma obra existente — assim fazia Norma Arrostito com o *Romanceiro cigano* de García Lorca — e que não poderia ser nomeada com uma palavra da qual abusamos rebaixando seu máximo valor: resistência. Na resistência, *se responde*; suas estratégias são aquelas ditadas por um poder que pressiona quando a vontade foi arrasada. E essas *artes da escuridão* são invenção, ali onde o Outro não apenas não pode, mas não está; já pertencem a outra economia da qual conseguiram se subtrair. Tampouco se tratava de evasão; essa cultura confinada, intermitente em meio ao suplício, construía realidade no presente.

A crítica literária sabe da existência de legados que seu receptor ignora ter recebido, que Colette não leu Balzac, mas o recebeu na atmosfera da sua época. Que aquelas cartas com que Ana María Caruso exerga sua mestria literária a distância, estendendo-a a um futuro que ela não tinha através de uma extrema síntese, talvez ressoem no estilo abrupto e urgente de Albertina Carri, de frase curta e impactante como de quem não tem tempo para a diplomacia, ou nas experimentações verbais de Mariana Eva Perez em cima do slogan "Ligue já". Que o erotismo em ação de Marta Taboada, capaz de propor o *fashion* de verão a partir dos despojos têxteis num campo de concentração, talvez se transmita à obra filha de uma filha que não é filha (Lola Arias).

Se Walsh pode se sentir anonimamente incluído no eufemístico "grupo subversivo fora da lei desde 1975" com que os comunicados do Exército mencionam a organização Montoneros — nomeá-la já seria um elogio —, se seu nome de guerra, "Esteban", lhe permitia reconhecer-se sem ser identificado e "Rodolfo Walsh" era o nome que ele praticamente raptou para voltar a se sentir escritor, é com esse nome próprio que ele aparece nos escritos das H.I.J.A.S. como um talismã, o de um pai literário a ser evocado numa citação não envenenada, sob a qual se busca abrigo.

O Walsh da *outra sentença* — a que o Poder desmente reprimindo as testemunhas que surgem da clandestinidade —, que, por meio de mapas romanescos, reconstrói a cena do crime e decifra nos seus arquivos pessoais chaves ininteligíveis por serem deliberadamente escondidas pelas forças paramilitares e seus aliados, iluminando as entrelinhas da imprensa oficial como, nos velhos policiais, se leem à luz de vela as mensagens escritas com limão, procede de acordo com sua posição política, sua adesão a uma ideia de Povo que ele sustenta e, na sua obra, se dá a ler nas transformações ideológicas, desde *Operação Massacre* até os documentos críticos dirigidos à cúpula dos Montoneros.

Por outro lado, o Poder autoritário sempre recorre ao fundamento de uma verdade para além da *ideologia*, o anátema essencial para denunciar os interesses de quem se opõe a ele.

Ricardo Piglia escreveu sobre "Carta a Vicki": "Talvez esse soldado nunca tenha existido, assim como talvez nunca tenha existido esse homem no trem, o que importa é que estão aí para poder narrar o ponto cego da experiência. Pode ser entendido como uma ficção, decerto tem a forma de uma ficção destinada a dizer a verdade, em que o relato se desloca para uma situação concreta onde há outro, inesquecível, que permite fixar e tornar visível aquilo que se quer dizer". É que Walsh não cultiva um positivismo da prova, por isso seu recruta, assim como o que aparece no relato de Patricia Walsh, é uma testemunha de ficção, não importa se existe ou não na realidade, nem poderia ser considerado ou não "um erro", pois ler uma metáfora ao pé da letra é anular as fronteiras entre a escrita e o mundo. "Esse tipo de atitude", escreve Philippe

Mesnard, "confunde o que é fictício, isto é, aquilo que se afasta da verdade e a traveste, com aquilo que é ficcional, ao utilizar procedimentos e dispositivos que permitem aflorar a dimensão documental dos testemunhos."

Hoje, o Estado foragido, em vez de oferecer suas provas sobre os crimes a ele imputados, é quem exige das vítimas provas e evidências, levantando seu prontuário, violando sua privacidade e, num novo negacionismo, arredondando para baixo a contabilidade do terror, tornando urgente a política walshiana do número, para uma contabilidade da justiça na qual Bartleby *preferiria fazer*.

Em "Essa mulher", de Rodolfo Walsh, há *outra* morta de camisola. É Evita, ou melhor, seu cadáver, que o coronel (logo mencionado com precisão, Carlos Eugenio Moori Koenig) oculta e ama como um fetiche. Tomás Eloy Martínez propõe em *Santa Evita* que a *perversão* de um pai provoca um exíguo legado na filha: "*Eu nunca pude fazer o que queria. Nisso sou igual ao meu pai. Ele também, quando eu já era crescida, vinha sentar-se na beirada da minha cama e me dizia: eu sou um fracassado, filha. Sou um fracassado. Não fomos nós que o fizemos sentir assim. Foi Evita*", teria dito a filha de Carlos Eugenio Moori Koenig. Essa filha é o referente daquela que, em "Essa mulher", aparece como uma vítima passiva da paixão do pai: "*Tem doze anos. Tive que colocá-la nas mãos de um psiquiatra*". "Essa mulher" é uma fusão perfeita entre entrevista jornalística e conto, embora seu autor apresentasse o texto como pertencendo ao segundo gênero. Trata do encontro de dois homens que devem trocar informações — cada um possui alguma que falta ao outro —, e esse fato faz surgir certos objetos da casa sob a forma de uma alegoria: "Um vasinho de porcelana de Viena tem um lascado na base. Uma luminária de cristal está trincada. [...] Na pastora, falta um bracinho". Walsh põe em cena uma alegoria da investigação jornalística utilizando a figura grega político-religiosa do símbolo, que consiste em chegar à verdade por meio do encaixe perfeito de duas metades. Em "Essa mulher", a porcelana de Viena com um lascado na base, a luminária trincada e a pastora sem um dos braços funcionam como uma profecia. As partes faltantes nos fetiches do coronel não aparecerão para se encaixar formando uma peça completa: o narrador não resolverá o enigma.

Walsh descreve o coronel como alguém que "está há vinte anos no serviço de informações, que estudou filosofia e letras, que é um curioso da arte", características que, num espaço literalmente oposto, podem ser atribuídas a ele mesmo. Uísques de parte a parte, bebidos gole a gole ao compasso da trama, parecem aventurar a negociação — o do narrador, sob o impulso constante do anfitrião, que parece querer quebrar a simetria fazendo com que, ao superá-lo em álcool, o outro avance sua confidência, instaurando assim um desequilíbrio de poder. Mas o coronel se angustia com a recordação do cadáver nas mãos dos inimigos e de uma violação que ele cala para não redobrar. Essa recordação produz um *crescendo*, no qual a violência dissolve a simetria num sentido inverso ao planejado pelo coronel, que acaba deixando de reconhecer seu *hóspede*, e este sai "derrotado", mas ainda a tempo de escutar "Essa mulher é minha".

Em "Carta a Vicki", a simetria se desdobra no amor e na liberdade de estar lado a lado num mesmo espaço imaginado: "Sim, tive medo por você, como você teve medo por mim, mesmo sem dizermos um ao outro. [...] Eu te amei, você me amou. [...] Nós nos víamos uma vez por semana; a cada quinze dias. Eram encontros curtos, caminhando pela rua, às vezes dez minutos no banco de uma praça. Fazíamos planos de morar juntos, ter uma casa onde conversar, recordar, ficarmos juntos em silêncio. Pressentíamos, no entanto, que isso não ocorreria, que um daqueles encontros fugazes seria o último, e nos despedíamos simulando coragem, consolando-nos da perda antecipada". Sonhos de uma união mística que o tabu do incesto preservava em sua pureza e na qual Deus fora substituído pela Causa. E semente daquilo que a família biológica transformou em família política, tornando simétricos alguns pais e seus filhos e fundindo-os em outras redes de poder distintas da dos laços familiares, do mesmo lado e no mesmo grupo combatente.

Em "Carta aos meus amigos", lemos: "Minha filha estava disposta a não se entregar com vida. Era uma decisão amadurecida, refletida. Ela sabia, por uma infinidade de testemunhos, o trato que os militares e marinheiros dispensam a quem tem a desgraça de cair prisioneiro: o esfolamento em vida, a mutilação de membros, a tortura sem limites no tempo e no método, que tenta ao mesmo tempo a degradação moral e a delação". Walsh silencia aqui a palavra "violação". A morte de Vicki não apenas a subtrai dos inimigos, mas poupa os companheiros, entre eles seu pai, da ofensa pelo abuso do seu corpo no rito patriarcal dos vencedores. Porém, *mujeres son las nuestras, las demás están de muestra*[29] é o slogan de uma moral cristã compartilhada com o inimigo — dois grupos em confronto costumam ter um rito de coesão para dirimir suas diferenças; neste caso, no corpo das mulheres. Não escapa aos vencedores que a violação, o abuso e a humilhação são modos de derrotar à distância e por delegação. "Mulheres são as nossas" significa — além de uma descarada declaração de propriedade — que, se elas forem pegas, preferirão morrer a trepar com seus captores, como se fosse possível, no *campo*, escolher a morte virtuosa; por outro lado, trepar para não morrer seria um consentimento. Consentimento num campo de concentração? Puta é, para os violadores do *campo*, aquela que, prisioneira e torturada, extorquida na família e ameaçada de morte, trepa, como se nada disso fosse imposto. E puta é, segundo a Inquisição Montonera, que parece não poder nem sequer imaginar a violação sustentada no tempo e no espaço, com a consequente perdurabilidade de certos laços selados por uma profunda desigualdade inicial sob o imperativo de uma força na soberania do seu po-

---

[29] "Mulheres são as nossas, as demais são coisa à toa", canto dos montoneros que supostamente exaltava a coragem e superioridade guerreira das integrantes do movimento. [N.T.]

der, aquela que se deita com o inimigo. Essa desqualificação não é secundária, é estrutural a uma lógica que sustenta um sacrifício desmedido de corpos, seu desperdício tático e seu posterior abandono e sua exposição ao inimigo como descarte combatente. Quem são as demais, as que não são as "nossas"? O objeto dos grupos rivais? Ou nesse *estar de muestra* subjaz o sentido da oferta erótica? Ou, como a linguagem é sempre ambígua, esse "mulheres são as nossas" revela um espaço de pertencimento simbólico — o oposto do desejo de posse perversa do coronel Moori Koenig sobre o cadáver de Evita — em que os corpos e os nomes, no caso dos caídos, fazem parte do patrimônio do grupo ao qual Rodolfo e Vicki pertenciam, e é por isso que se pode dizer *Esta mulher é dele*?

Não é isso que Walsh sugere quando escreve em "Carta aos meus amigos" que a morte de Vicki é *gloriosamente dela* (não "nossa") e que nesse orgulho ele se afirma e renasce; se nesse voltar a ser Rodolfo Walsh de certo modo ele passa a escrever com o sobrenome da filha, inscrevendo-a repetidas vezes, não oculta que, embora Vicki tenha escolhido o mais justo, o mais generoso e racional, ela não morreu para *não faltar* com Walsh, mas fez superar essa marca.

OS TIROS DE BAZUCA FORAM SEGUIDOS DE UM LONGO SILÊNCIO, diz o jornal. "A certa altura, cessou o fogo", diz Lucy. "'De repente', diz o soldado, 'houve um silêncio'", escreve Rodolfo Walsh. O silêncio depois do estrondo ensurdecedor das bazucas não é um silêncio total, ao longe se ouvem os disparos efetuados para matar os que furaram o cerco ao abandonar a casa. O silêncio do cessar-fogo de que fala o jornal indica que, depois da ordem de rendição, os homens de Roualdes respeitam certa etiqueta, antes de os sobreviventes saírem no terraço, para então enfiá-los no baú de um caminhão e sequestrá-los, sobre um fundo de janelas que se fecham precipitadamente, atrás das quais se guarda aquele outro silêncio, o dos vizinhos, que acabam de receber uma lição exemplar: viram quem é o mais forte e o que ele está disposto a fazer. Mas não é nenhum desses silêncios o que ele quer do Silêncio, e sim um silêncio destinado a melhor emoldurar as últimas palavras da filha, para que o leitor acompanhe seu recolhimento. Para isso, faz calar o matraquear dos FAP, o motor dos helicópteros que sobrevoam os terraços e onde se alinham os soldados, o rolar das rodas do tanque que arrebentou a garagem e o eco dos megafones nos quais ruge a voz do coronel Roualdes, que depois teria dito com tenebrosas intenções: "A moça disse 'Viva a pátria', e deu um tiro na boca. Querem vê-la?". Walsh nem sequer tenta descrever, primeiro, o ruído da granada no interior da casa, com a menina sentada entre cadáveres.

 Eu queria a ária de Lucrécia, de Haendel, que acompanha a imagem de Juliane em *Os anos de chumbo*, transportada de maca, a agulha de soro cravada numa veia da mão, banhada em lágrimas depois da morte de Marianne, de ter visto seu rosto ("é preciso andar muito para ver um rosto assim"), seu corpo que algum guarda despendurou de uma corda do teto da sua cela — ou foi um crime? —, na voz da *mezzo* Janet Baker elevada até uma apoteose, como se pudesse existir uma partitura para a dor e um luto fulminante pudesse ser orquestrado com a altura de uma voz num som quase ensurdecedor. Mas é o silêncio escolhido por Rodolfo Walsh o que ensurdece e acompanha as palavras que a moça vai pronunciar, para que elas preservem sua nitidez, recortadas de qualquer outro som possível, um silêncio de igreja, ou melhor, aquele que se guarda junto a um túmulo, um silêncio que grita — quem quiser ouvir, que ouça — "Vocês não nos matam, nós é que escolhemos morrer".

Ele viu a cena *com seus olhos*: o terraço sobre as casas baixas, o céu amanhecendo, o cerco, escreveu. O homem dos dados e da evidência sabe que não amanhece às nove da manhã, hora do começo do ataque à casa da rua Corro. Mas não se engana: antecipa a hora da investida. Justo ele, que em *Operação Massacre* centrou suas denúncias na precisão da hora em que, através do rádio, foi anunciada o início da vigência da Lei Marcial. Às sete da manhã, Vicki está viva, e ele a imagina olhando o céu. Nem os jornais, nem o comunicado do Exército, nem as vozes das testemunhas confirmam essa hora e registram o cerco com a chegada dos primeiros carros às oito. Mas essa morte o liberou do dever insubornável de denunciar, increpar, com os punhos quentes de verdades em papeizinhos que escapam do seu disfarce de jardineiro ou de professor de inglês, que escreve no calor da hora para que ninguém chegue antes dele. Para que amanheça em setembro, tem que ser às sete, porque há um amanhecer da revolução, do fim do capital, do gênero que há de nascer do ocaso do romance, e ele escreve no olhar último da filha, para separá-la do "leite negro da aurora".³⁰ Essa é a verdade do texto. Um amanhecer de fogo, no passado, mas que volta a se anunciar a cada dia. Um símbolo que cega. Olhem para ele.

---

30 Início do poema de Paul Celan "Todesfugue" [Fuga da morte]: "Schwarze Milch der Frühe wir trinken sie abends"; em tradução literal, "Leite negro da aurora nós o bebemos ao anoitecer". Poema provavelmente composto entre 1944 e 1945 que integra seu primeiro livro de poesias, *Der Sand aus den Urnen* [A areia das urnas], publicado em Viena em 1948. Paul Celan inicialmente intitulou o poema como "*Tango da morte*", nome dado a um tango composto por uma orquestra de campo de concentração. [N.T.]

LEITURAS

BASCHETTI, Roberto. *Rodolfo Walsh, vivo*. Buenos Aires: Ediciones de la Flor, 1994.
CALVEIRO, Pilar. *Poder y desaparición, los campos de concentración en Argentina*. Buenos Aires: Colihue, 1995.
CIOLLARO, Noemí. *Pájaros sin luz. Testimonios de mujeres de desaparecidos*. Buenos Aires: Planeta, 2000.
JOZAMI, Eduardo. *Rodolfo Walsh, la palabra y la acción*. Buenos Aires: Norma, col. Militancias, 2006.
MASETTI, Jorge. *Los que luchan y los que lloran*. Buenos Aires: Punto Sur, 1987.
MESNARD, Philippe. *Testimonio en resistencia*. Buenos Aires: Waldhuter, 2011.
SÁNCHEZ, Matilde. *El Dock*. Buenos Aires: Planeta, 1993.
SARMIENTO, Domingo Faustino. *Vida de Dominguito*. Buenos Aires: Ediciones Culturales Argentinas, 1962.
SCHÉRER, René. *La pedagogía pervertida*. Barcelona: Laertes, 1983.
_____; HOCQUENGHEM, Guy. *Álbum sistemático de la infancia*. Barcelona: Anagrama, 1979.
SENNETT, Richard. *El declive del hombre público*. Barcelona: Península, 1978.
VERBITSKY, Horacio. *Rodolfo Walsh y la prensa clandestina (1976-1978)*. Buenos Aires: Ediciones de la Urraca, 1985.
WALSH, Rodolfo. *Ese hombre y otros papeles personales*. Buenos Aires: Ediciones de la Flor, 2007.

OBRIGADA

A Patricia Walsh, por *outro relato*.

A Lucy Gómez de Mainer, Maricel Mainer, Juan Cristóbal Mainer e Stella Gómez de García del Corro, testemunhas em resistência.

Ao "Maco" Somigliana, pelo demônio do documento.

A Daniel Link, que reuniu e editou os papéis de Rodolfo Walsh com a meticulosidade e a inteligência do seu legado.

A Alejandro Incháurregui, pela evidência.

À minha editora, Ana Laura Pérez.

Às mulheres a quem dedico este livro e em recordação das nossas conversas, algumas das quais contam mais de três décadas. Em especial, à memória de Lilia Ferreyra, que me emprestou páginas do diário de Vicki, de onde glosei alguns parágrafos em seu elogio e a fim de deixar aqui palavras dela que não fossem as últimas.

FONTE Guyot
PAPEL Pólen Natural 70 g/m²
IMPRESSÃO Gráfica Loyola

São Paulo, agosto de 2024